1646 신앙고백 1

1646 신앙고백 1

초판 1쇄 인쇄 2022년 8월 25일
초판 1쇄 발행 2022년 8월 31일

지은이 정두성
펴낸이 유동휘
펴낸곳 SFC출판부
등록 제104-95-63000
주소 (06593) 서울특별시 서초구 고무래로 10-5 2층 SFC출판부
Tel (02)596-8493
Fax 0505-300-5437
홈페이지 www.sfcbooks.com
이메일 sfcbooks@sfcbooks.com
기획·편집 편집부
디자인편집 최건호
ISBN 979-11-87942-68-9 (03230)
값 21,000원

잘못 만들어진 책은 언제든지 교환해 드립니다.

원문으로 정리하고 성경으로 설명하기

1646
신앙고백 I

The Westminster
Confession of Faith

정두성 지음

SFC

목차

The Westminster Confession of Faith

이번에 정두성 박사의 1646년 웨스트민스터 신앙고백서 해설집이 출판된 것을 기쁘게 생각합니다. 정두성 박사는 고신대학교 신학과 재학 때부터 학구적인 학생이었고 특히 영어 능력이 탁월했습니다. 학부를 졸업한 그는 다시 고신대학교 기독교교육학과에서 고대교회의 신앙교육에 대해 연구한 후 영국으로 유학하였고, 오랜 수학의 여정을 거쳐 교리교육 분야의 최고 전문가가 되었습니다. 저는 정두성 박사를 아주 자랑스럽게 생각하며, 필립 샤프가 신조사 분야에 큰 업적을 남겼듯이 그가 한국교회의 신조, 교리 및 교리교육 분야에 큰 업적을 남겨주기를 기대합니다. 피선교국인 한국은 서구교회가 겪었던 치열한 신앙고백(교리) 논쟁을 경험하지 못했기 때문에 신조나 신앙고백에 대한 관심이 부족합니다. 그래서 신조나 신앙고백서의 형성과 발전에 대한 이해가 부족하고, 고백서의 내용에 대해서 깊이 알지 못합니다. 이런 현실에서 정두성 박사는 이미 열 가지 교리체계에 따른 『키워드 카테키즘』을 출판한 바 있고, 웨스트민스터 소교리문답서에 대한 안내서, 곧 원문과 역문을 제시하고 해설하는 안내서 『1647 소교리』를 저술한 바 있습니다. 이런 저작들에 대한 호응에 부응하여 이번에 다시 『1646 신앙고백』을 출판하게 된 것입니다. 이 책 또한 원문, 번역, 원문 분석 순으로 웨스트민스터 신앙고백서를 영문과 국문으로 대조하며, 독자들이 원문의 의미를 선명하게 이해할 수 있도록 세심하게 배려하고 있습니다. 이런 점에서 이 책은 신학도들이나 목회자들, 그리고 기독교교리나 신조 혹은 신앙교육에 관심을 가진 이들에게 유용한 안내서가 될 것으로 확신합니다. 이를 시작으로 앞으로 개신교회가 로마 가톨릭과 어떻게 다른가를 설명하고, 개신교회 지역과 지도자들 사이의 차이점이 무엇인가를 선명하게 제시해 주는 개혁교회의 신앙고백 문서들에 대해서도 안내해 주시기를 기대합니다. 이 책에 우리 장로교회가 믿는 신앙의 요체가 선명하게 드러나 있기에 기쁨으로 이 책을 추천합니다.

이상규 교수(고신대학교 명예교수, 백석대학교 석좌교수)

교리교육 선교사라고 불릴 정도로 한국교회 교리교육의 발전을 위해 열정적으로 헌신하고 있는 저자가 웨스트민스터 신앙고백서를 정확히 이해하고 가르칠 수 있도록 그 내용을 원문으로 분석하고 해설하는 수고를 했다. 신구약 말씀의 의미를 올바르게 파악하기 원하는 이들은 번역으로 만족하지 못하고 히브리어와 헬라어 성경을 읽는다. 그런데 장로교의 표준문서인 웨스트민스터 신앙고백서를 원어로 그 뜻을 살피고 곱씹어보는 경우는 드물다. 그런 점에서 이 책이 독특하게 기여하는 바가 있다고 본다. 저자는 영어를 가르쳐온 실력과 경험을 토대로 긴 복문으로 엮어진 신앙고백서의 영어 원문을 잘게 분해하여 그 뜻을 쉽게 풀었다. 그리고 각 장의 핵심 포인트를 잘 짚어주며 성경에 근거하여 해설했다. 웨스트민스터 신앙고백서를 원문으로 더 엄밀하게 고찰하고 가르치려는 이들에게 큰 도움이 되리라고 본다.

박영돈 교수(고려신학대학원 교의학 명예교수, 작은목자들교회 담임목사)

교리교육을 주제로 영국에서 박사학위를 받은 교리교육 선교사로 잘 알려진 정두성 박사님은 우리나라 개신교계에서 처음으로 교리교육 전문연구서인 『교리교육의 역사』를 출간한 신학자입니다. 『1647 소교리』와 『키워드 카테키즘』에 이어, 다음 단계의 교과서 『1646 신앙고백』을 출간한 것을 기뻐합니다. 교리교육은 교회교육의 공인된 교육 과정입니다. 우리나라 장로교회는 목회자를 양성하는 신학교육에서 '교리'와 신학사상을 강조해왔습니다만, 교회교육에서 일반 그리스도인들을 위한 교리'교육'을 제대로, 또 효과적으로 실행하지 못했습니다. 교리교육은 성경이 가르치는 기독교신앙의 개념과 원리를 명확하게 하여 지성적 확신을 가질 수 있도록 돕는 과정입니다. 우리가 믿는 바를 정확하게 고백하고, 다른 사람에게 증언할 수 있는 말의 내용을 갖도록 도와줍니다. 교리교육은 기독교세계관 확립의 기초이므로, 그리스도인의 성숙을 위한 필수 교육과정입니다.

이 책은 복잡한 해설에 중점을 둔 신학서의 형식 대신, 원문의 의미를 정확하게 이해하고 요점을 명료하게 정리하여 기억하도록 돕는 학습서의 방식으로 구성되었습니다. 영어 학습 방법에 익숙한 청소년들과 청년들에게, 또 고등교육을 받은 장년과 은퇴한 노년에게도 유용한 교과서로 활용될 것입니다. 근대 초기 서양의 초등학교는 발췌한 성경구절과 교리문답서를 국어교과서로 사용했다는 점에서, 학생들은 이 교과서로 영어공부도 할 수도 있을 것입니다.

조성국 교수(고신대학교 기독교교육과 교수, 전 고신대학교 부총장)

한국장로교회는 1907년 9월 17일 평양 장대재교회에서 열린 첫날 오후 회무에서 정치위원 기일이 보고하고 길선주가 1년간 채용을 동의하여 채택된 신경례로 일곱 명의 첫 목사고시를 문답하게 된다. 이 12신조의 서문에는 웨스트민스터 신경과 성경요리문답 대소책을 우리의 신학으로 수용하고 있다. 그러나 '신도게요'로 번역되어 한국장로교회의 신경이 된 웨스트민스터 신앙고백서는 역사의 부침을 겪는다. 어떤 교단은 이를 버렸고, 어떤 교단은 수정을 가하였다. 한마디로 웨스트민스터 신앙고백서는 지금 우리 신학의 위치를 가르쳐 주고 있는 것이다. 이렇게 정통신학이 위협받는 시기에 1646년 신앙고백서의 원문 번역과 해설이 책으로 나온 것은 여러모로 의미가 깊다. 성경 원문을 중요시 여기는 것처럼 우리의 신앙고백서를 원문으로 읽고 분석하는 것은 어쩌면 당연한 일인데, 만시지탄을 느끼면서도 이제라도 이런 책 한 권이 나온다는 것을 다행으로 여긴다. 이미 다양한 번역이 나와 있지만 원문을 엄밀하게 번역하고 연구한 이 책으로 말미암아 신앙고백서에 대한 관심과 연구가 더 확장되기를 기대하며, 귀한 작업에 수고하신 정두성 박사에게 치하와 감사의 마음을 전한다.

임종구 목사(푸른초장교회 담임목사/대신대학교 역사신학교수)

친애하는 정두성 박사가 그동안 귀띔해준 귀한 책이 출간된 것을 진심으로 축하합니다. 『1647 소교리』에 이어 『1646 신앙고백』을 출간했고, 곧 『1647 대교리』 출간도 이어질 것입니다. 앞서 출간한 소교리 번역 및 해설서에서부터 그 특징이 뚜렷하게 드러났지만, 이 시리즈는 교리와 고백의 원문 자체의 문장구조를 분석하면서 평이하게 우리말로 번역한 후에 그 원문 내용을 요약하고 성경의 증거구절을 제시하는 방식을 취합니다. 너무나 단순한 이 작업이 의외로 큰 장점이 있습니다. 웨스트민스터 표준문서들이 제법 오래되었기에 영어공부를 위한 목적으로 본서를 살핀다면 그렇게 유익한 문장들은 아닐 것입니다. 하지만 원문 자체를 정확하게 살피기만 해도 1646년에 웨스트민스터에서 모인 이들이 하나님의 말씀이 가르치는 교리를 어떻게 정리하여 고백했는지를 생생하게 느낄 수 있습니다. 우리는 정 박사의 이 연구서를 통해 우리 선배들이 당시에 논쟁하면서 믿는 바를 고백하기 위해 단어 하나하나 허투루 쓰지 않고 정확한 단어를 찾아서 아름답게 표현했고, 게다가 세 문서들 사이에 한 치도 어긋남이 없이 표현했다는 것을 알 수 있습니다. 그런 의미에서 정 박사의 작업은 그 어떤 해설서보다도 더 고백과 문답을 위한 기초자료로서 꼭 필요합니다. 우리 청소년들이, 심지어 영어를 모르는 이들도 이 교과서를 따라가다 보면 자기도 모르는 사이에 하나님께서 주신 교리에 더욱 가까이 다가갈 수 있을 것입니다. 저자의 사사로운 해설이 담기지 않았기에 우리 선배들의 고민과 고백을 생생하게 드러내어 주니, 우리는 선배들과 동일한 고백을 하면서 우리 시대를 어떻게 살아야 할지 고민하기 시작할 것입니다. 한국교회가 침체기에 접어들었고, 그 쇠퇴의 끝을 가늠하기가 쉽지 않습니다. 이런 때에 한국교회의 교리교사 역할을 하고 있는 정 박사의 이 진귀한 교리분석서를 뜯고 맛보고 씹어서 우리 속에서 진리의 빛이 켜지고, 이 세상 속에서 작은 촛불 하나씩을 드는 주의 백성, 주의 교회가 되기를 바라마지 않습니다.

안재경 목사(온생명교회 담임)

정두성 박사가 『1647 소교리: 웨스트민스터 소교리교육서 원문분석』에 이어 『1646 신앙고백: 원문으로 정리하고 성경으로 설명하기』를 출간했다. 나는 평소 교리교육의 중요성을 크게 절감하고 교인들에게 교리를 가르치려고 무척 노력했는데, 이제부터는 이 책을 통해서 더 효과적이고 유용하게 교리를 가르칠 수 있게 되어서 매우 기쁘다. 필시 나는 이 책이 한국교회에 큰 도움이 될 것이라고 믿는다. 이는 저자의 능력과 책 자체의 특성 때문이다. 우선, 저자는 교리교육을 전공한 후 현장에서 많은 경험을 쌓았으며, 오랜 수고와 고민과 학식을 총동원하여 이 책을 썼으므로 독자들이 그 내용을 매우 신뢰할 수 있다. 또한, 어떤 텍스트를 공부하는 가장 좋은 방법은 텍스트 자체를 철저하고 면밀하게 분석해 보는 것인데, 이 책은 다른 교리 학습서와 달리 신앙고백서 원문을 전부 뜯어서 들여다보도록 해 놓았기에 이 책을 따라가다 보면 어느새 신앙고백서를 잘 이해할 수 있게 될 것이다. 그러므로 독자들이 이 책을 일정 기간 숙독한다면 신앙고백서와 영어를 동시에 극대화하여 익힐 수 있게 되리라 믿는다. 더욱이 이 책에는 신앙고백서 각 문구에 대한 정확하면서도 간략한 설명이 들어 있으며, 원문으로 요약하고 성경으로 해설해 주는 항목이 담겨 있어서 신앙고백서의 문항들에 대한 충분하면서도 정확한 학습을 가능하게 해 놓았다. 그러므로 나는 이 책을 강력하게 추천한다.

황원하 목사(대구산성교회 담임)

대체로 교리교육 교재로 유명한 소요리문답과는 달리, 신앙고백서는 어려운 편이다. 성경의 교리를 정교하게 설명하고 진술하기 때문에 문장이 길고 복잡하기 때문이다. 따라서 원문을 한국어로 번역할 때, 그 뜻을 명확하게 전달하기 힘들기에 번역본이 있어도 원문을 참조하는 것이 필수적이다. 바로 이 부분에서 본서의 유용성을 발견할 수 있는데, 고백서 원문을 정교하게 잘 번역한 번역본과, 필요한 영어 구문을 정확하게 해설해 고백서의 원의미를 정확하고 충분히 드러냈기 때문이다. 더불어 길지는 않으면서도 알찬 해설과, 꼭 필요한 성경구절이 덧붙여져 유용성은 훨씬 증가한다. 신앙고백서 원문을 잘 읽고 이해하고 싶은 분들, 그리고 고백서를 성도들에게 정확하게 전달하고 가르치고 싶은 목회자들에게 정말 좋은 자료이다!

이정규 목사(시광교회 담임)

필자(추천인)가 섬기는 교회에서는 매년 당회원 세례교육 워크숍을 가지고 있다. 교역자들과 세례교육을 실제로 담당하는 모든 장로님들이 함께 모여 우리가 전해야 하는 교리의 핵심을 다시금 확인하고 공부하는 시간이다. 이때 나는 본서의 저자인 정두성 목사님을 강사로 모시고 그의 전작 『1647 소교리』를 당회원들과 함께 공부하였는데, 저자는 우리가 가진 신앙적 언어들을 은혜로우면서도 정확한 교리적 개념으로 풀어내어 당회원들은 물론이요 함께 참석한 예비 직분자들에게 큰 감명을 주었다. 특별히 몇 달 전에 있었던 세례 문답을 마무리하며 한 장로님께서 기도를 하시는데, 우리에게 믿음을 주신 하나님께 진심으로 감사해하시는 장로님의 눈에서는 눈물이 흐르고 있었고, 입술로는 우리가 함께 공부했던 믿음의 내용들을 덤덤하게 그러나 분명히 고백해 가셨다. 그리고 그 장로님의 마음에 일었던 영적인 은혜와 진리의 고백은 지금도 우리 교회의 다음 세대에게 아름답게 전수되고 있다. 이런 점에서 나는 저자가 '바늘로 우물을 파는 심정'으로 혼신의 힘을 다해 집필한 저서들과 교리 사역이 얼마나 지역교회에 유익이 되는지를 증언할 수 있고 경험한 목사라 할 수 있다. 그래서 나는 이번에 저자의 신간 『1646 신앙고백』의 출간 소식이 누구보다 반가웠고, 보내주신 원고를 휴가 기간 내내 기쁨으로 마주했다. 한국교회를 돌아보면 "내 백성이 지식이 없으므로 망하는도다"(호4:6)라고 하셨던 하나님의 한탄이 지금도 들려오는 듯하다. 이런 시대 속에서 우리 장로교의 아름다운 유산인 웨스트민스터 신앙고백서를 원문으로 꼼꼼히 분석해가며 그 의미를 성경적으로 명쾌하게 풀어낸 이 책과 저자의 교리 사역은, 지역교회를 더욱 진리로 부요케 하며 흔들리는 세상 속에서 흔들리지 않는 주의 몸 된 교회를 세우는 좋은 도구가 되리라 확신한다.

오재경 목사(포항충진교회 담임)

신앙고백서를 공유한다는 것은 곧 같은 신앙을 공유한다는 의미이다. 그런 의미에서 웨스트민스터 신앙고백서를 우리의 신앙고백서로 받아들이는 것은 17세기 영국 웨스트민스터 총회에 모였던 신자들과 바로 지금 우리나라의 전통적 장로교인들이 시대와 지역의 간극을 넘어 예수 그리스도 안에서 한 형제임을 보여 주는 놀라운 일이다. 그런 만큼 17세기 영어와 현대 영어의 간극, 그리고 근본적으로 영어와 한국어의 간극을 넘어 시도되는 신앙고백서의 번역 작업이야말로 그리스도 안에서 세계의 교회가 연합하는 데 가장 크게 기여하는 일이라고 하겠다. 정두성 박사는 언어와 신학의 양면에서 이 작업을 가장 잘 수행할 수 있는 신학자다. 이러한 의미 있는 작업물이 우리 SFC출판부에서 출간되는 것이 너무나 반갑다. 『1647 소교리』에 이어 이 책이 SFC와 한국교회에 큰 유익이 될 것으로 기대한다.

허태영 목사(전국SFC 대표간사)

신호섭 목사(올곧은교회 담임, 고려신학대학원 교의학 겸임교수)

역사적으로 개혁파 교회들은 성경적 원리하에 성경이 가르치고 믿는 바를 신조(신앙고백서와 교리문답서)를 통해 요약해 왔습니다. 종교개혁 이후 17세기는 가히 신조의 세기라 불릴 정도로 많은 신앙고백서들과 교리문답서들이 제정된 시기입니다. 그 가운데 가장 유명한 7대 신조가 있는데, 하이델베르크 요리문답, 벨직신앙고백서, 도르트 신경(세 일치 신조), 웨스트민스터 신앙고백서, 대요리문답, 소요리문답(웨스트민스터 표준문서들)과 제2스위스 신앙고백서가 그것입니다. 네덜란드 개혁교회는 세 일치 신조를, 스코틀랜드 장로교회는 웨스트민스터 표준문서를 채택했습니다. 그리고 이런 종교개혁적 유산은 하나님의 은혜로 고스란히 한국교회에 전달되었습니다.

1907년 대한예수교장로회 총회는 "웨스트민스터 신앙고백서와 대소요리문답을 성경을 밝히 해석한 책으로 인정한 것으로 우리 교회와 신학교에서 마땅히 가르칠 것으로 알며, 그중에 교리문답은 우리 교회 문답책으로 채용한다."라고 결의한 바 있습니다. 이 결의는 지금까지 단 한 번도 번복되거나 폐기되지 않았습니다. 그렇다면, 적어도 웨스트민스터 신앙고백서와 대소요리문답을 설교하고 가르치지 않는 장로교회가 있다면 그 직무를 유기하는 것입니다. 더욱이 장로교헌법은 크게 교리표준(웨스트민스터 신앙고백서, 대요리문답, 소요리문답)과 관리표준(예배지침, 교회정치, 권징조례, 헌법적 규칙)으로 나뉘는데, 교회의 관리는 철저하게 교리의 표준이라는 토대에 근거해야 합니다. 교회의 예배, 정치, 권징, 각종 규칙들은 철저하게 성경을 밝히 해석한 교리에 근거해야 한다는 말입니다.

그러나 현실은 참혹합니다. 저자가 잘 밝혔듯이, 저자를 포함하여 목회자가 되려고 신학교에서 수련을 받는 신학생들이나, 졸업 후에 현재 목회하고 있는 목사들조차 거의 대부분 웨스트민스터 신앙고백서와 교리문답서를 배워본 적이 없다는 것입니다. 웨스트민스터 표준문서를 우리의 신조로 고백하는 교단에서 이 얼마나 당황스러운 현실입니까? 현실이 이러하니 이들이 목회하는 교회의 성도들이 웨스트민스터 신앙고백서를 알거나 배운다는 것은 기적과도 같은 일입니다. 신학교에서 필수과목으로 가르치지 않으니 목회자 후보생들이 배우지 않게 되고, 배우지 않게 되니 장로교 교리와 신학과는 다른 목회를 하는 일이 다반사입니다. 웨스트민스터 신앙고백서와 대소요리문답은 그저 학생신앙운동(SFC) 강령을 제창할 때 한 번씩 들어보는 구시대의 유물인 것처럼 여겨집니다.

상황이 왜 이렇게 되었습니까? 그것은 교리적 엄밀성을 혐오하는 시대적 문화도 하나의 요인이겠지만, 성경만 있으면 되지 교리나 신조가 뭐 필요하냐는 생각 때문입니다. 하지만 이런 생각은 매우 무지하고 순진한 발상입니다. 왜냐하면 교리는 하나님의 말씀인 성경이 가르치는 교훈의 총체이기 때문입니다. 성경 전체가 교리를 가르치기 때문입니다. 창세기 1장 1절은 선재하신 하나님, 자존하신 하나님, 전능하신 하나님, 삼위로 계신 하나님이라는 교리들을 가르칩니다. 그러니 성경만 믿으면 되지 교리가 뭐 필요하냐는 말처럼 어리석은 말이 없습니다. 신앙고백서나 요리문답은 바로 이런 하나님의 말씀인 성경의 가르침을 체계적으로 요약해 놓은 것입니다. 우리는 이것들을 신앙의 조항들(Articles of Faith), 또는 교의(Dogma)라고 부릅니다. 신학(Theology)이란 이런 교의들을 성경적으로 교의적으로, 역사적으로 실천적으로 연구하는 학문 분야입니다. 따라서 성경은 하나님의 말씀이며, 교리란 하나님 말씀의 가르침이며, 교의란 그 하나님 말씀의 가르침의 체계적인 요약이며, 신학이란 그 체계적인 요약을 학문적인 방식으로 연구하는 것이라 할 수 있습니다. 따라서 성경만 있으면 되지 교리가 뭐 필요하냐고 말한다면, 교의도 신학도 신학교도 나아가 교회도 필요 없다는 말이 됩니다. 반대로 하나님의 말씀인 성경이 있기에 교리도 교의도 신학도 교회도 존재하는 것입니다.

　　교회가 요약한 신앙고백들과 교리문답들은 성경의 중요한 교리들을 요약해서 성경의 올바른 이해에 도움을 주어 신자의 믿음을 증진시킬 뿐만 아니라, 신앙생활의 오류를 바로잡고, 이단의 공격에 맞서 진리를 수호함으로 거짓된 교훈과 생활을 막아주는 데 있어서 공적 표준으로서의 방패 역할을 해 왔습니다. 따라서 체계적인 신앙고백과 교리가 없는 교회나 신자는 신앙과 생활의 순결을 지켜 나감에 있어서 치명적인 약점을 가지게 되며, 나아가 이단의 공격에 속수무책으로 넘어지게 됩니다. 역사적으로 기독교회는 여러 신조와 신앙고백들을 통하여 분열된 것이 아니라, 그것들을 통하여 기독교 신앙에 도전하고 그 정통성을 허물려는 포도원의 여우로부터 교회를 수호하고 지켜왔던 것입니다. 기독교회는 역사적으로 신조와 신앙고백들을 통하여 순수성을 보전해왔고 적들의 공격을 효과적으로 막아냈으며, 하나님의 참된 교회의 모습을 드러내 왔습니다. 참된 기독교 즉 복음은 교리적 믿음에 기초해 있으며 이 교리는 복음에 적합한 응답의 방식을 결정합니다. 환언하면 교리는 마치 인간의 몸에 힘과 형태를 부여하는 뼈와 같아서 교리가 없으면 신앙은 형태가 없고, 약하고 무너지기 쉽습니다. 그러므로 교리 없는 기독교는 그럴듯하고 매력적으로 들릴지 모르지만 매우 그릇된 것이요 비성경적입니다.

웨스트민스터 신앙고백서는 장로교회의 교리 중의 교리입니다. 이런 의미에서 정확한 신앙고백서의 번역은 치명적으로 중요합니다. 신앙고백서의 정확한 해설은 정확한 번역이 전제되어야 가능한 일이기 때문입니다. 우리 교단의 장로교 헌법에 수록된 신앙고백서를 포함하여 많은 번역서들이 출간되었지만, 상당 부분 정확하지 못하고 가독성이 떨어지며, 심지어 이해가 안 되는 비문들이 너무 많습니다. 이런 상황 속에서, 이미 『1647 소교리』를 출간한 바 있는 저자는 또 다시 『1646 신앙고백』이라는 보석 같은 작품을 만들어 냈습니다. 저자는 미국장로교회가 1903년에 수정하여 34, 35장을 추가한 신앙고백서가 아닌, 1646년판 신앙고백서 원문을 번역했습니다. 신앙고백서를 가장 잘 공부하는 방법 가운데 하나는 신앙고백서 해설서가 아니라 원문을 읽는 것입니다. 저자는 376년 전의 이 까다롭고 어려운 신앙고백서 전체를 정확하면서도 가독성 있게 번역해 내는 일을 훌륭하게 해냈습니다. 사실 이런 일은 총회 차원에서 저자와 같은 다수의 전문가들을 둔 번역위원회를 구성하여 오랜 기간 동안 충실하게 수행해야 할 일입니다. 앞으로 수십 년 동안 전 교단 교회들과 목회자들과 성도들이, 우리 후손들이 사용할 교리의 표준 번역작업을 허투루 할 수는 없는 일입니다.

그럼에도 여기 자격 있는 저자에 의한 또 하나의 훌륭한 신앙고백서 번역이 우리 앞에 탄생했습니다. 비록 또 하나의 사역(private translation)이기는 하지만 당분간 이 책 외에 더 권위 있는 웨스트민스터 신앙고백서 번역문을 찾기는 어려울 듯합니다. 이 책이 다른 출판사가 아닌 "우리는 전통적 웨스트민스터 신앙고백서 및 대소요리문답을 우리의 신조로 한다."라고 고백하는 SFC출판부에서 출간된 것은 매우 고무적인 일입니다.

이제 이 책이 개혁주의 장로교 신학과 교리를 사랑하고 가르치려는 우리 교회의 모든 목회자들의 책상 위에 놓이기를 바랍니다. 교회를 치리하는 모든 교회의 장로들이 항상 옆에 두고 읽기를 바랍니다. 아울러 장로교회의 신학적 유산의 풍성함을 맛보기를 원하는 모든 진지한 성도들의 손에 들려지기를 소망합니다. 그 결과 그리스도의 참된 교회들이 더욱 진리의 말씀 위에 굳건히 서서 그리스도의 장성한 분량에 충만하게 이르게 되기를 소망합니다.

2022년 8월 15일
행신동 올곧은교회 목양실에서

필자는 모태신앙으로 어려서부터 대한예수교 장로회 고신교단에 속한 교회에서 신앙생활을 해오고 있다. 이번에 필자는 이 책을 집필하면서 지금껏 교회에 속해 있으면서 어떤 것들이 많이 기억에 남아 있는지를 생각해보았다. 초등 과정에서는 크리스마스와 여름성경학교와 같은 다양한 행사들이 좋았다. 그리고 중고등부 과정에서는 여름, 겨울 수련회가 좋았다. 특히 내가 속한 교단의 학생신앙운동(SFC)에서 주최하는 연합수련회가 기억에 많이 남는다. 고신대학교 신학과를 재학하던 대학생 시절에는 매주 목사님, 장로님, 집사님들을 따라 다양한 교회의 일에 참여하는 것들이 좋았다.

대학 3학년 때부터 교육전도사 사역을 했다. 두 교회에서 각각 2년 정도씩 사역을 하면서, 대학을 졸업하고, 동 대학원 기독교교육학과에서 석사 학위를 취득했다. 4년을 조금 넘는 기간 동안 교육전도사 사역을 하면서는 매주 말씀을 준비하고, 그 내용을 가르칠 수 있다는 것이 너무 좋았다. 2002년 영국으로 유학을 나와서부터는 학업은 물론 생존을 위해 다양한 일들을 병행해야 했다. 이 과정에서 주일은 한 주의 고단함을 벗고 공식적으로 쉴 수 있는 날이었고, 교회는 이러한 쉼을 제공하는 장소였다. 이때는 나와 비슷한 형편과 처지로 영국에서 생활하고 있는 목회자 유학생들과 매주 만나서 이런저런 이야기 나누면서 서로 위로하고 위로받던 것이 좋았다.

그러던 중 영국 현지에서 유학원을 운영하게 되었고, 이 사업체를 통해 만나게 된 유학생들 중에서 기독교인들을 중심으로 학사관을 운영하게 되었다. 그리고 2009년에는 한인 유학생들을 섬기고 훈련하는 목적으로 영국 현지에서 교회를 개척했다. 이 교회에서는 매주 유학생들에게 설교를 통해 힘과 용기를 줄 수 있다는 게 좋았고, 비록 항상 풍성하게는 준비하지 못했지만 매주 그들에게 아내가 정성스럽게 준비한 한식을 제공할 수 있어서 좋았다.

이런 식으로 학업과 사업과 사역을 병행하면서 2015년 영국 웨일즈 대학에서 신학 박사학위를 받았다. 그리고 2016년부터는 3년간 고려신학대학원에서 목사가 되기 위한 훈련을 받았고, 강도사 과정을 거쳐 2021년 봄에 고신 교단에서 목사 안수를 받았다.

목사 안수를 받은 후 필자는 현재 교리교육 교수 선교사라는 이름으로 사역하고 있다. 교리교육이 필요한 곳이라면 어디든지 찾아가서 도움을 주는 것이 이 사역의 목적이다. 또한 교리교육을 잘하고 싶은 분들에게 이 분야에 있어서 지금까지 필자가 연구하고 정리한 것을 전수해 주는 것도 이 사역의 중요한 핵심 중의 하나다. 필자가 이번에 이 책을 출판하는 것도 이러한 목표에 따른 사역의 한 방향이라 할 수 있다. 따라서 필자는 나름의 기대와 소망을 갖고 이 책의 내용을 정리했다. 그리고 출판된 책을 어떻게 좀 더 효과적으로 사용할지 계속해서 고민하고 있다.

그런데 이 책의 내용을 정리하면 할수록 필자의 마음속에 맺히는 안타까움이 있었다. 그것은 교리교육에 대한 필자의 경험에 관한 문제였다. 2009년 영국에서 교회를 개척하게 된 계기 중 하나가 교리교육이었다. 필자는 석사 논문에서 초대 교회의 교리교육에 관한 주제를 다뤘다. 그리고 박사 논문에서는 동일한 주제를 좀 더 폭넓게 다뤘다. 이렇게 교리교육을 주제로 박사 과정을 밟으면서 연구하는 교리교육을 실제 교회에서 적용하고 싶었다. 그래서 예배 후 2부 순서에서는 교리교육에 집중했다. 교회에 출석하는 성도들이 대부분 영어를 배우러 유학 온 학생들이다 보니 이들에게 웨스트민스터 소교리교육서를 영어 원문으로 가르쳤다. 하이델베르크 교리교육서는 영어 번역본을 사용했다. 그리고 이렇게 학생들을 가르치던 내용과 그 방식을 살려서 한국에 있는 몇몇 관심 있는 목회자들과 성도들에게 소교리문답 원문 특강을 줌(zoom)으로 진행하게 되었고, 결국 그렇게 정리된 원고로 『1647 소교리』를 출간했다. 그리고 이러한 경험과 축적된 정보들을 정리해서 『1646 신앙고백』을 출판할 수 있게 되었다. 이뿐만 아니라 현재 대교리교육서도 이와 유사한 방식으로 출판을 위해서 원고를 정리하고 있다.

필자는 교리교육 선교사로 사역하면서 교육과 집필에 있어서 적지만 나름의 성과들이 있음에 항상 감사한다. 그런데 이러한 감사와 함께 언제나 마음 한구석에는 안타까움이 자리를 잡고 있다. 교리교육 사역을 하면서 필자에게 밀려오는 안타까움은 바로 어려서부터 웨스트민스터 신앙고백서와 대·소교리문답을 우리의 신조로 한다고 고백하는 교단에서 자라고, 배우고, 신학교를 가고, 목사가 되었지만 지금껏 우리의 신조를 교회에서도, 그리고 신학교에서도 정식으로 배워본 기억이 없다는 것이다. 원문에 관한 정보는 아니더라도, 신앙고백서와 대교리문답, 그리고 소교리문답 중에서 그 어떤 하나도 지금껏 출석했던 교회에서 정식으로 배워본 경험이 전혀 없다는 것이다. 돌이켜 보면 지금껏 신앙생활을 하면서 가졌던 좋은 기억들 중 대부분이 교회의 행사들과 신앙의 선후배들과의 친교에 관한 것들이었지, 우리가 꼭 알고, 믿어야 할 것이 무엇인지를 잘 배울 수 있었던 좋은 시간이었다고 기억할 만한 것이 딱히 떠오르지 않는다는 것이다.

더 안타까운 것은 이것이 단지 필자만 느끼는 감정이 아니라는 것이다. 3년의 신학대학원 재학시절 중에 2년 동안은 동 신학대학원에서 학생이면서 동시에 교수 사역을 할 수 있는 기회가 있었다. 이때 필자가 지도하던 전도사님들도 비슷한 고백을 했었다. 신대원에 와서 전도사 사역을 시작했고, 교회의 필요에 따라 교리교육을 해야 하는데, 지금껏 배워본 적이 없는 것을 자신들이 가르쳐야 한다는 것이 답답하다고들 했던 것 같다. 이와 같은 이야기는 목사들 사이에서도 마찬가지인 것 같다. 교리교육에 관하여 한국과 연계된 사역을 시작한 2016년부터 꽤 많은 목사들을 만날 수 있었다. 이분들 중 대부분이 교리교육의 중요성과 필요성을 절감하고 있었고, 이를 실제 사역에서 잘 풀어내기 위해 상당한 노력들을 하고 있었다. 그런데 이분들과 조금만 깊이 대화를 하다 보면 대부분이 '나도 배운 적이 없는 것을 가르치려고 하니 쉽지가 않습니다'라고 말씀하셨다. 그뿐 아니라 이분들은 '요즘 다양한 책들이 나오는데 다양한 설명들과 표현들을 나의 것으로 정리하기가 만만치 않습니다. 뭔가 기준이 되는 자료가 있었으면 좋겠습니다'라고까지 말씀하신다.

그런데 조금만 달리 생각해보면 필자를 포함한 여러 신학도들과 목회자들이 느끼는 이러한 안타까움이 바로 우리가 이 일을 감당해야 할 시대적인 동기가 아닌가 한다. 더 이상 우리 교회에서 우리의 신조를 배우지 못해서 안타깝다는 말이 나오지 않도록 하는 것이 이 세대 사역자들의 일이 아닌가 한다. 이러한 차원에서 필자는 웨스트민스터 신앙고백서를 원문으로 풀어서 정리한 이 책이 교회의 사역자들과 가정의 부모들이 우리의 신조를 바로 이해하고, 교회와 가정에서 우리가 믿음으로 고백해야 할 것을 잘 가르치는 데 조금이라도 도움이 되길 소망한다.

The Westminster
Confession of Faith

Chapter I

Of the Holy Scripture

성경에 관하여

<원문>

I. Although the light of nature and the works of creation and providence do so far manifest the goodness, wisdom, and power of God, as to leave men unexcusable; yet are they not sufficient to give that knowledge of God and of His will, which is necessary unto salvation. Therefore it pleased the Lord, at sundry times, and in divers manners, to reveal Himself, and to declare that His will unto His Church; and afterwards, for the better preserving and propagating of the truth, and for the more sure establishment and comfort of the Church against the corruption of the flesh, and the malice of Satan and of the world, to commit the same wholly unto writing: which maketh the Holy Scripture to be most necessary; those former ways of God's revealing His will unto His people being now ceased.

<번역>

비록 본성의 빛과 창조와 섭리의 사역들이 하나님의 선하심과 지혜와 능력을 그렇게도 잘 나타내주어서 사람들을 변명할 수 없는 상태가 되게 한다고 할지라도, 그것들은 하나님과 그분의 의지에 관해 구원에 필수적인 그 지식을 주기에는 충분하지 않다. 그러므로 여러 때에 그리고 여러 방식들로 자신을 계시하시는 것과 그분의 교회에 대한 그분의 그 뜻을 선포하는 것이 주님을 기쁘시게 했으며, 그리고 그 후에는 진리를 더 잘 보존하고 전파하기 위한 용도로, 그리고 육체의 부패와 사탄과 세상의 악의에 대항하여 교회의 더 확실한 설립과 위로를 위한 용도로, 그 동일한 것 전부를 글로 적어 두는 것이 주님을 기쁘시게 했는데, 이것이 성경을 가장 필수적이게 만드는 것은 하나님께서 그분의 뜻을 그분의 백성들에게 계시하시는 이전의 방식들이 지금은 중지되었기 때문이다.

<원문분석>

1. Although the light of nature and the works of creation and providence do so far manifest the goodness, wisdom, and power of God, as to leave men unexcusable;

- the light of nature '본성의 빛'으로 하나님께서 모든 사람들에게 주신 종교심과 양심 같은 것을 말한다.
- so far manifest 그렇게도 잘 나타내주다.
- so ~, as to~ '그렇게 ~해서, ~하다'로 as to는 결과를 나타내는 to 부정사로 이해하면 된다.
- unexcusable 변명할 수 없는
- leave men unexcusable 사람들을 변명할 수 없는 상태로 남겨두다.
- 비록 본성의 빛과 창조와 섭리의 사역들이 하나님의 선하심과 지혜와 능력을 그렇게도 잘 나타내주어서, 사람들을 변명할 수 없는 상태로 남겨둔다고 할지라도

2. yet are they not sufficient to give that knowledge of God and of His will, which is necessary unto salvation.

- yet are they not sufficient to give '그러나 그것들은 ~을 주기에 충분하지는 않다'이며, 부사 yet이 문장 앞으로 나가면서 주어와 동사가 도치되었다.
- , which is necessary unto salvation. 콤마(,) which가 계속적 용법으로 사용된 관계대명사다. 그러나 자연스러운 한국어 표현을 위해서는 한정적용법처럼 해석하는 것이 좋다.
- 그러나 그것들은 구원에 필수적인 하나님과 하나님의 뜻에 관한 지식을 주기에는 충분하지는 않다.

3. Therefore it pleased the Lord, at sundry times, and in divers manners, to reveal Himself, and to declare that His will unto His Church;

- it pleased the Lord ~ to reveal~, and to declare ~; to commit ~ 가주어-진

주어 구조로 전체 문맥은 '~을 계시하는 것과, ~을 선포하는 것과, ~을 글로 남기는 것은 주님을 기쁘시게 했다.'로 이해하면 된다.

- **at sundry times** 여러 때에
- **in divers manners** 여러 방식들로, 다양한 방식들로
- **to reveal Himself** 자기 자신을 계시하는 것
- **to declare that His will unto His Church** 그분의 교회에 대한 그분의 그 뜻을 선포하는 것
- 그러므로 여러 때에, 여러 방식들로, 자기 자신을 계시하는 것과 그분의 교회에 대한 그분의 그 뜻을 선포하는 것이 주님을 기쁘시게 했다.

4. and afterwards, for the better preserving and propagating of the truth, and for the more sure establishment and comfort of the Church against the corruption of the flesh, and the malice of Satan and of the world, to commit the same wholly unto writing.

- **and afterwards** 그리고 그 후에는
- **for the better preserving ~, and for the more sure ~.** for는 용도를 나타내는 전치사이다.
- **for the better preserving and propagating of the truth** 진리를 더 잘 보존하고 전파하기 위한 용도로
- **for the more sure establishment and comfort of the Church** 교회의 더 확실한 설립과 위로를 위한 용도로
- **against the corruption of the flesh** 육체의 부패에 대항하여
- **(against) the malice of Satan and of the world** 사탄과 세상의 악의에 대항하여
- **commit ~ (un)to writing** 적어 놓다.
- **the same** to reveal Himself, and to declare that His will unto His Church에서 Himself와 His will과 동일한 것으로 여호와께서 계시하신 자기 자신과 스스로가 교회에 선포하신 자신의 뜻을 말한다.
- 그리고 그 후에는 진리를 더 잘 보존하고 전파하기 위한 용도로, 그리고 육체의

부패와 사탄과 세상의 악의에 대항하여 교회의 더 확실한 설립과 위로를 위한 용도로, 그 동일한 것 전부를 글로 적어 두는 것이 (주님을 기쁘시게 했다).

5. which maketh the Holy Scripture to be most necessary; those former ways of God's revealing His will unto His people being now ceased.

- : which ~ Therefore부터 시작되는 앞 문장 전체를 받는 관계대명사이다.
- which maketh the Holy Scripture to be most necessary 이것이 성경을 가장 필수적이게 만든다.
- those former ~ being now ceased. 'those former~'가 주어인 독립분사구 문으로 because those former ways of God's revealing His will unto His people is now ceased의 의미다.
- 이것이 성경을 가장 필수적이게 만드는 것은 하나님께서 그분의 뜻을 그분의 백성들에게 계시하시는 이전의 방식들이 지금은 중지되었기 때문이다.

<원문>
II. Under the name of Holy Scripture, or the Word of God written, are now contained all the books of the Old and New Testament, which are these:

<번역>
구약과 신약의 모든 책들이 성경 혹은 기록된 하나님의 말씀이라는 이름 아래 현재 포함되어 있는데, 그것들은 다음과 같다.

<원문>

Of the Old Testament:

Genesis Exodus Leviticus Numbers Deuteronomy Joshua Judges Ruth I. Samuel II. Samuel I. Kings II. Kings I. Chronicles II. Chronicles Ezra Nehemiah Esther Job Psalms Proverbs Ecclesiastes The Song of Songs Isaiah Jeremiah Lamentations Ezekiel Daniel Hosea Joel Amos Obadiah Jonah Micah Nahum Habakkuk Zephaniah Haggai Zechariah Malachi

<번역>

구약의 (책들)

창세기, 출애굽기, 레위기, 민수기, 신명기, 여호수아, 사사기, 룻기, 사무엘상, 사무엘하, 열왕기상, 열왕기하, 역대상, 역대하, 에스라, 느헤미야, 에스더, 욥기, 시편, 잠언, 전도서, 아가, 이사야, 예레미야, 예레미야애가, 에스겔, 다니엘, 호세아, 요엘, 아모스, 오바댜, 요나, 미가, 나훔, 하박국, 스바냐, 학개, 스가랴, 말라기

<원문>

Of the New Testament:

The Gospels according to Matthew Mark Luke John The Acts of the Apostles Paul's Epistles To the Romans Corinthians I. Corinthians II. Galatians Ephesians Philippians Colossians Thessalonians I. Thessalonians II. To Timothy I. To Timothy II. To Titus To Philemon The Epistle to the Hebrews The Epistle of James The first and second Epistles of Peter The first, second, and third Epistles of John The Epistle of Jude The Revelation of John

<번역>

신약의 (책들)

마태복음, 마가복음, 누가복음, 요한복음, 사도행전, 로마서, 고린도전서, 고린도후서, 갈라디아서, 에베소서, 빌립보서, 골로새서, 데살로니가전서, 데살로니가후서, 디모데전서, 디모데후서, 디도서, 빌레몬서, 히브리서, 야고보서, 베드로전서, 베드로후서, 요한일서, 요한이서, 요한삼서, 유다서, 요한계시록

<원문>

All which are given by inspiration of God, to be the rule of faith and life.

<번역>

모든 것이 하나님의 감동으로 주어져서, 믿음과 삶의 법칙이 된다.

<원문>

III. The books commonly called Apocrypha, not being of divine inspiration, are no part of the canon of the Scripture; and therefore are of no authority in the Church of God, nor to be any otherwise approved, or made use of, than other human writings.

<번역>

보통 외경이라고 불리는 책들은 신적으로 영감된 것이 아니기에 성경의 정경의 부분이 아니고, 그러므로 하나님의 교회에서 권위가 없기에, 인간의 다른 글들과 조금이라도 다르게 인정되거나, 혹은 사용되어서는 안 된다.

<원문분석>

1. The books commonly called Apocrypha, not being of divine inspiration, are no part of the canon of the Scripture;

- commonly 보통 (참고, ordinary: 통상적인)

- Apocrypha 외경

- not being of divine inspiration because the books commonly called Apocrypha are not of divine inspiration의 분사구문

- 보통 외경이라고 불리는 책들은 신적으로 영감된 것이 아니기에 성경의 정경의 부분이 아니다.

2. and therefore are of no authority in the Church of God, nor to be any otherwise approved, or made use of, than other human writings.

- ~are of no authority in the Church of God, nor to be any otherwise approved~ ~are of no authority in the Church of God와 nor (are) to be any otherwise approved~가 are 하나로 묶여 있다. 따라서 이 둘은 각각 따로 해석할 것이 아니라, '원인-결과'로 묶어서 해석하는 것이 바람직하다고 본다.

- nor (are) to be any otherwise approved~ are to는 be to 용법의 의무로 부정을 나타내는 nor와 함께 쓰였기에 '~해서는 안 된다'로 해석한다.

- otherwise ~ than ~와 다르게

<원문>

IV. The authority of the Holy Scripture, for which it ought to be believed and obeyed, dependeth not upon the testimony of any man, or Church; but wholly upon God (who is truth itself) the author thereof: and therefore it is to be received because it is the Word of God.

<번역>

성경의 권위는, 성경을 위해서 그것이 믿어져야 하고, 순종되어야 하는데, 어떠한 사람이나 교회의 증거에 의존하지 않고, 전적으로 (진리 자체이신) 하나님께 의존하는데, 이는 하나님께서 저자이시기 때문이며, 그러므로 성경이 하나님의 말씀이기 때문에 성경의 권위는 받아들여져야 한다.

<원문분석>

1. The authority of the Holy Scripture, for which it ought to be believed and obeyed, dependeth not upon the testimony of any man, or Church

- The authority of the Holy Scripture 성경의 권위

- for which it ought to be believed and obeyed 관계대명사 which는 the Holy Scripture를 선행사로 받고, it는 the authority를 받는다.

- it ought to be believed 웨스트민스터 신앙고백서의 일반적인 문체로 볼 때 '믿어져야 한다'는 it is to be believed로도 충분한 표현이 된다. 그럼에도 ought to를 사용한 것은 그 중요성을 더욱 강조하기 위함인 것으로 여겨진다.

- dependeth not upon the testimony of any man, or Church 어떤 사람이나 교회의 증거에 의존하지 않는다.

- 성경을 위해서 성경의 권위는 믿어져야 하고 순종되어야 하는데, 이 권위는 어떠한 사람이나 교회의 증거에 의존하지 않는다.

2. but wholly upon God (who is truth itself) the author thereof: and therefore it is to be received because it is the Word of God.

- but wholly (dependeth) upon God 전적으로 하나님께 의존하는데

- who is truth itself 그는 진리 자체이시다.

- thereof 그것에 관하여, 그러한 까닭으로

- the author thereof 저자인 까닭으로

- and therefore it is to be received because it is the Word of God. 문맥상 앞의 it은 '성경의 권위'를 그리고 뒤따라오는 it은 '성경'을 뜻한다고 여겨진다.

<원문>

V. We may be moved and induced by the testimony of the Church to a high and reverent esteem of the Holy Scripture. And the heavenliness of the matter, the efficacy of the doctrine, the majesty of the style, the consent of all the parts, the scope of the whole (which is, to give all glory to God), the full discovery it makes of the only way of man's salvation, the many other incomparable excellencies, and the entire perfection thereof, are arguments whereby it doth abundantly evidence itself to be the Word of God: yet notwithstanding, our full persuasion and assurance of the infallible truth and divine authority thereof, is from the inward work of the Holy Spirit bearing witness by and with the Word in our hearts.

<번역>

우리는 교회의 증거에 의해 성경을 높고 경외롭게 존중하도록 감동받고 유도될 수도 있다. 그리고 내용의 천상성, 교리의 유효성, 문체의 장엄성, 모든 부분들의 일치, 전체의 의도(그것은 하나님께 모든 영광을 돌리는 것), 사람의 구원에 대한 유일한 방법에 관하여 그것이 만들어내는 전체 줄거리, 다른 많은 비교할 수 없는 탁월함들, 그리고 그러한 까닭에 의한 전체의 완전성은 성경이 그것들로 성경 자체가 하나님의 말씀이라고 풍부히 입증하는 논지들인데, 그럼에도 불구하고 그러한 까닭에 의한 오류가 있을 수 없는 진리와 신적인 권위에 대한 우리의 완전한 설득과 확신은 우리의 심정 속에서 말씀에 의해, 그리고 말씀과 함께 증언하시는 성령의 내적 사역에 기인한다.

<원문분석>

1. We may be moved and induced by the testimony of the Church to a

high and reverent esteem of the Holy Scripture.

- may ~일 수도 있다.

- be moved and induced~ to~ to~로 감동받고 유도되다.

- esteem 존중, 존경

- to a high and reverent esteem to는 방향을 나타내는 전치사로 '높고 경외롭게 존중하는 방향으로' 정도로 이해하면 될 것이다.

- 우리는 교회의 증거에 의해 성경을 높고 경외롭게 존중하도록 감동받고 유도될 수도 있다.

2. And the heavenliness of the matter, the efficacy of the doctrine, the majesty of the style, the consent of all the parts, the scope of the whole (which is, to give all glory to God), the full discovery it makes of the only way of man's salvation, the many other incomparable excellencies, and the entire perfection thereof, are arguments whereby it doth abundantly evidence itself to be the Word of God:

- the heavenliness of the matter 내용의 천상성

- the efficacy of the doctrine 교리의 유효성

- the majesty of the style 문체의 장엄성

- the consent of all the parts 모든 부분들의 일치

- scope 의도

- the scope of the whole 전체의 의도

- the full discovery 전체 줄거리

- the full discovery (that) it makes of the only way of man's salvation '사람의 구원에 대한 유일한 방법에 관하여 그것이 만들어내는 전체 줄거리'로 생략된 that은 형용사절을 이끄는 접속사다.

- the many other incomparable excellencies 다른 많은 비교할 수 없는 탁월함들

- the entire perfection thereof 그러한 까닭에 의한 전체의 완전성

- whereby 한정용법의 관계 부사로 '그것에 의한'으로 해석

- it doth abundantly evidence itself to be the Word of God 그것(성경)은 그 자체(성경)가 하나님의 말씀이라고 풍부히 입증한다.

- 그리고 내용의 천상성, 교리의 유효성, 문체의 장엄성, 모든 부분들의 일치, 전체의 의도(그것은 하나님께 모든 영광을 돌리는 것), 사람의 구원에 대한 유일한 방법에 관하여 그것이 만들어내는 전체 줄거리, 다른 많은 비교할 수 없는 탁월함들, 그리고 그러한 까닭에 의한 전체의 완전성은 성경이 그것들로 성경 자체가 하나님의 말씀이라고 풍부히 입증하는 논지들이다.

3. yet notwithstanding, our full persuasion and assurance of the infallible truth and divine authority thereof, is from the inward work of the Holy Spirit bearing witness by and with the Word in our hearts.

- yet notwithstanding 그러나 그럼에도 불구하고

- infallible 오류가 있을 수 없는 (fallible: 오류가 있을 수밖에 없는)

- thereof 그러한 까닭에 의한

- is from~ ~에 기인한다.

- the inward work 내적사역

- the Holy Spirit bearing witness the Holy Spirit (who is) bearing witness으로 '증언하시는 성령님'이란 뜻이다.

- by and with the Word by the Word and with the Word 말씀에 의해서 그리고 말씀과 함께

- heart 심정 (참고, mind: 마음)

- 그럼에도 불구하고 그러한 까닭에 의한 무오한 진리와 신적인 권위에 대한 우리의 완전한 설득과 확신은 우리의 심정 속에서 말씀에 의해, 그리고 말씀과 함께 증언하시는 성령의 내적 사역에 기인한다.

VI. The whole counsel of God concerning all things necessary for His own glory, man's salvation, faith, and life, is either expressly set down in Scripture, or by good and necessary consequence may be deduced from Scripture: unto which nothing at any time is to be added, whether by new revelations of the Spirit, or traditions of men. Nevertheless we acknowledge the inward illumination of the Spirit of God to be necessary for the saving understanding of such things as are revealed in the Word: and that there are some circumstances concerning the worship of God, and government of the Church, common to human actions and societies, which are to be ordered by the light of nature and Christian prudence, according to the general rules of the Word, which are always to be observed.

<번역>

하나님 자신의 영광, 사람의 구원, 믿음, 그리고 생명을 위해 필수적인 모든 것들에 관한 하나님의 협의 전체는 성경 안에 명시적으로 적혀있거나, 선하고 필수적인 결과에 의해 성경으로부터 추론될 수도 있기에, 그 위에는 그 어떠한 때에라도, 성령의 새로운 계시들에 의해서든 사람들의 전통들에 의해서든 간에, 아무것도 더해져서는 안 된다. 그럼에도 불구하고 우리는 하나님의 영의 내적 조명이 말씀 안에서 계시되는 그러한 것들에 대한 구원하는 이해를 위해 필수적이라는 것과, 인간의 행위들과 사회들에 공통적인 하나님의 예배와 교회의 감독에 관한 약간의 환경들이 있다는 것을 인정하는데, 그 환경들은 언제나 준수되어야 하는 말씀의 일반적인 법칙들을 따라 본성의 빛과 기독교의 신중함에 의해 규정되어야 한다.

<원문분석>

1. The whole counsel of God concerning all things necessary for His own glory, man's salvation, faith, and life, is either expressly set down in Scripture, or by good and necessary consequence may be deduced from Scripture:

- The whole counsel of God 하나님의 협의 전체

- all things (which are) necessary for ~을 위해 필수적인 모든 것들

- either A or B A이거나 B

- expressly 명시적으로

- set down ~을 적어두다. 인쇄하다.

- by good and necessary consequence 선하고 필수적인 결과에 의해

- may be ~일 수도 있다.

- deduce 추론하다

- 하나님 자신의 영광, 사람의 구원, 믿음, 그리고 생명을 위해 필수적인 모든 것들에 관한 하나님의 협의 전체는 성경 안에 명시적으로 적혀있거나, 선하고 필수적인 결과에 의해 성경으로부터 추론될 수도 있다.

2. unto which nothing at any time is to be added, whether by new revelations of the Spirit, or traditions of men.

- unto which nothing at any time is to be added 'unto which'는 '성경에'나 '성경 위에'로 해석하며, 'is to be added'는 be to용법의 의무로 해석한다.

- at any time 어떠한 때에라도

- whether A or B A이든 B이든 간에

- by new revelations of the Spirit 성령의 새로운 계시들에 의해서

- (by) traditions of men 사람들의 전통들에 의해서

- 그 위에는 그 어떠한 때에라도, 성령의 새로운 계시들에 의해서든 사람들의 전통들에 의해서든 간에, 아무것도 더해져서는 안 된다.

3. Nevertheless we acknowledge the inward illumination of the Spirit of God to be necessary for the saving understanding of such things as are revealed in the Word:

- Nevertheless 그럼에도 불구하고

- acknowledge A to B A가 B라는 것을 인정하다.

- the inward illumination of the Spirit of God 하나님의 영의 내적 조명

- the saving understanding 구원하는 이해

- such things as are revealed ~ as는 such things를 선행사로 받는 주격 관계대명사이다. '계시되는 그러한 것들'

- 그럼에도 불구하고 우리는 하나님의 영의 내적 조명은 말씀 안에서 계시되는 그러한 것들에 대한 구원하는 이해를 위해 필수적이다.

4. and that there are some circumstances concerning the worship of God, and government of the Church, common to human actions and societies,

- and that we acknowledge the inward illumination of the Spirit of God to be~ : and that~으로 '그리고 (우리는 하나님의 영의 내적 조명이) that~ 이라는 것을 (인정한다.)'의 뜻이다.

- there are some circumstances 약간의 환경들이 있다.

- the worship of God 하나님의 예배

- government (하나님의) 통치, (교회의, 윗사람의) 감독

- the worship of God, and government of the Church 하나님의 예배와 교회의 통치를 하나의 정관사 the로 묶고 있다는 것에 주의할 필요가 있다.

- common to human actions and societies ,(which are) common to human actions and societies으로 문법적으로 볼 때 계속적용법으로 '그것은 인간의 행위들과 사회들에 공통적인데'이지만, 부드러운 한국어 표현을 위해 한정적용법으로 번역해도 의미상 크게 문제되지는 않는다.

- 인간의 행위들과 사회들에 공통적인 하나님의 예배와 교회의 감독에 관한 약간

의 환경들이 있다는 것을 (인정한다).

5, ,which are to be ordered by the light of nature and Christian prudence, according to the general rules of the Word, which are always to be observed.

- , which are to be ordered~ ',whcih'는 circumstances를 선행사로 받는 계속적 용법의 관계대명사이다.
- are to be ordered 의무를 나타내는 be to 용법으로 '규정되어야 한다'로 해석한다.
- the light of nature 본성의 빛
- Christian 기독교의(a), 경건한(a), 기독교인(n)
- the general rules of the Word 말씀의 일반적인 법칙들
- which are always to be observed '언제나 준수되어야 하는'
- 그 환경들은 언제나 준수되어야 하는 말씀의 일반적인 법칙들을 따라 본성의 빛과 기독교의 신중함에 의해 규정되어야 한다.

<원문>

VII. All things in Scripture are not alike plain in themselves, nor alike clear unto all: yet those things which are necessary to be known, believed, and observed for salvation, are so clearly propounded and opened in some place of Scripture or other, that not only the learned, but the unlearned, in a due use of the ordinary means, may attain unto a sufficient understanding of them.

<번역>

성경에 있는 모든 것들이 그것들 자체로 똑같이 평이하지도 않고, 똑같이 모두에

게 명료하지도 않지만, 구원을 위해 알려지고, 믿어지고, 준수될 필요가 있는 것들은 성경의 이곳저곳에서 너무나 명료하게 제기되고 공개되기에, 배운 자들은 물론 배우지 못한 자들도 통상적인 수단들의 합당한 사용으로 그것들에 대한 충분한 이해에 이를 수도 있다.

<원문분석>

1. All things in Scripture are not alike plain in themselves, nor alike clear unto all:(p) yet those things which are necessary to be known, believed, and observed for salvation, are so clearly propounded and opened in some place of Scripture or other,

- alike 똑같이(ad), 닮다(a)
- are not alike plain in themselves 그 자체들로 똑같이 평이하지는 않다.
- nor alike clear unto all 똑같이 모두에게 명료하지도 않다.
- which are necessary to be known, believed, and observed 알려지고, 믿어지고, 준수될 필요가 있는
- propound 제출하다, 제기하다. 제의하다.
- in some place of Scripture or other '성경의 어떤 곳 혹은 다른 곳에서'의 의미로, '성경 이곳저곳에서'로 번역한다.
- 성경에 있는 모든 것들이 그것들 자체로 똑같이 평이하지도 않고, 똑같이 모두에게 명료하지도 않지만, 구원을 위해 알려지고, 믿어지고, 준수될 필요가 있는 것들은 성경의 이곳저곳에서 너무나 명료하게 제기되고 공개된다.

2. that not only the learned, but the unlearned, in a due use of the ordinary means, may attain unto a sufficient understanding of them.
- so A that B~ 아주 A해서 B하게 된다.
- the learned/ the unlearned 'the + 형용사'의 형태로 복수 보통명사를 말하며, '~하는 사람들'로 해석한다. 따라서 'the learned'는 '배운 사람들'로, 'the unlearned'는 '배우지 못한 사람들'이 된다.

- in a due use 합당한 사용으로
- the ordinary means '통상적인 수단'인데 이것을 은혜의 외적이고 통상적인 수 단인 말씀, 성례, 기도를 말하는 것으로 오해해서는 안 된다. 이는 성경에 대한 통상적인 사용법으로 성경을 읽고, 설교를 듣는 것을 말한다.
- may 가능성을 나타내는 조동사이다.
- attain (un)to ~에 도달하다. ~에 이르다.
- 배운 자들은 물론 배우지 못한 자들도 통상적인 수단들의 합당한 사용으로 그 것들에 대한 충분한 이해에 이를 수도 있다.

<원문>

VIII. The Old Testament in Hebrew (which was the native language of the people of God of old), and the New Testament in Greek (which, at the time of the writing of it was most generally known to the nations), being immediately inspired by God, and, by His singular care and providence kept pure in all ages, are therefore authentical; so as, in all controversies of religion, the Church is finally to appeal unto them. But, because these original tongues are not known to all the people of God, who have right unto, and interest in the Scriptures, and are commanded, in the fear of God, to read and search them, therefore they are to be translated into the vulgar language of every nation unto which they come, that the Word of God dwelling plentifully in all, they may worship Him in an acceptable manner; and, through patience and comfort of the Scriptures, may have hope.

<번역>

히브리어(그것은 옛 하나님의 백성의 모국어였다)로 된 구약과 헬라어(그것은 신약이 기록될 당시에 나라들에서 가장 일반적인 것으로 알려졌었다)로 된 신약은 하나님에 의해 직접 영감되고, 그분의 기묘한 보호와 섭리에 의해 모든 시대에서 순순하게 지켜져서, 그러한 이유로 믿을 만하기에, 교회는 모든 종교 논쟁에 있어서 최종적으로는 신약과 구약에 호소해야 한다. 그러나 이 원어들이 성경전서에 대한 권리와 권한을 가지며, 하나님에 대한 두려움으로 그것들을 읽고 탐구하도록 명령받은 하나님의 백성들 모두에게 알려진 것은 아니기에, 그러므로 성경전서는 그것들이 들어가는 모든 나라의 대중어로 번역되어, 하나님의 말씀이 모두 안에 풍성하게 거함으로, 그들이 용납 가능한 방식으로 그분을 예배하고, 인내와 성경전서의 위로를 통해 소망을 가지도록 해야 한다.

<원문분석>

1. The Old Testament in Hebrew (which was the native language of the people of God of old), and the New Testament in Greek (which, at the time of the writing of it was most generally known to the nations), being immediately inspired by God, and, by His singular care and providence kept pure in all ages, are therefore authentical;

- The Old Testament ~, and the New Testament, being ~ inspired ~, and kept ~, are therefore authentical 분사구문인 'being ~ inspired ~, and kept ~,'이 주어와 동사 사이에 삽입된 구조다. 여기서 분사구분의 시제는 메인 동사 are의 시제를 따라 현재다.

- immediately 직접적으로(신학), 즉시 (참고, immediate general revelation: 직접일반계시, mediate general revelation: 간접일반계시)

- being immediately inspired~, and~ (being) kept pure 직접 영감되고, 순수한 상태로 지켜지기에

- in all ages 모든 시대에서

- singular 기묘한, 단일한, 단수의

- authentical 믿을 만 한, 진짜의, 진품의
- 히브리어(그것은 옛 하나님의 백성의 모국어였다)로 된 구약과 헬라어(그것은 신약이 기록될 당시에 나라들에 가장 일반적으로 알려졌었다)로 된 신약은 하나님에 의해 직접 영감되고, 그분의 기묘한 보호와 섭리에 의해 모든 시대에서 순순하게 지켜져서, 그러한 이유로 믿을 만하다.

2. so as, in all controversies of religion, the Church is finally to appeal unto them.
- so as 그래서
- all controversies of religion 모든 종교 논쟁들
- is finally to appeal unto them '결국 그것들에 호소해야 한다'는 뜻이며, them 은 신약과 구약을 말한다.
- 교회는 모든 종교 논쟁들에 있어서 최종적으로는 신약과 구약에 호소해야 한다.

3. But, because these original tongues are not known to all the people of God, who have right unto, and interest in the Scriptures, and are commanded, in the fear of God, to read and search them,
- are not known to all the people of God not과 all의 연결은 모두가 다 그렇지 않다는 전체부정의 의미가 아니라, 모두가 다 그런 것은 아니라는 부분부정의 의미다. 즉 이는 하나님의 모든 백성들에게 알려지지 않았다는 뜻이 아니라, 하나님의 모든 백성들에게 알려지지는 않았다는 뜻이다.
- Scriptures 성경전서 (Scripture: 66권 각 권의 성경)
- interest 합법적인 권한, 이권, 소유권, 흥미
- who have right unto the Scriptures 성경전서에 대한 권리를 가진 (백성)
- who have interest in the Scriptures 성경전서에 대한 권한을 가진 (백성)
- who are commanded to read and search them 성경전서를 읽고 탐구하도록 명령받은 (백성)
- in the fear of God 하나님에 대한 두려움으로

- 그러나 이 원어들이 성경전서에 대한 권리와 권한을 가지며, 하나님에 대한 두려움으로 그것들을 읽고 탐구하도록 명령받은 하나님의 백성들 모두에게 알려진 것은 아니기에,

4. therefore they are to be translated into the vulgar language of every nation unto which they come, that the Word of God dwelling plentifully in all, they may worship Him in an acceptable manner; and, through patience and comfort of the Scriptures, may have hope.

- **they are to be translated into** '그것들은 ~로 번역되어야 한다'인데, they는 Scriptures(성경전서)를 말하는 것으로, 성경 66권 모두가 다 번역의 필요와 가치에 있어서 동일하게 중요하다는 의미를 포함하고 있다.
- **the vulgar language** 대중언어
- **every nation unto which they come** 성경전서가 들어가는 모든 나라
- **the Word of God dwelling plentifully in all** 종속절 안의 독립분사구문으로 '하나님의 말씀이 모두 안에 풍성하게 거함으로'로 정도로 해석하면 된다.
- **that ~ they may worship ~ and, ~ may have hope.** 목적을 나타내는 두 개의 부사절을 동등하게 나열한 것으로 '그들이 ~을 예배하고, 소망을 갖도록 하기 위해서'의 뜻이다.
- **through patience and comfort of the Scriptures** 이 부분의 관주구절을 볼 때 '성경전서의 인내와 위로를 통해서'가 아니라, '인내와 성경전서의 위로를 통해서'로 해석하는 것이 좋을 듯하다.[1]
- 그러므로 성경전서는 그것들이 들어가는 모든 나라의 대중어로 번역되어, 하나님의 말씀이 모두 안에 풍성하게 거함으로, 그들이 용납 가능한 방식으로 그분을 예배하고, 인내와 성경전서의 위로를 통해 소망을 가지도록 해야 한다.

---

1. "For whatsoever things were written aforetime were written for our learning, that we through patience and comfort of the scriptures might have hope."(KJV), " For everything that was written in the past was written to teach us, so that through the endurance taught in the Scriptures and the encouragement they provide we might have hope."(NIV)

<원문>

IX. The infallible rule of interpretation of Scripture is the Scripture itself: and therefore, when there is a question about the true and full sense of any Scripture (which is not manifold, but one), it must be searched and known by other places that speak more clearly.

<번역>

성경 해석의 오류가 있을 수 없는 법칙은 성경 자체인데, 그러므로 어떤 성경의 참되고 완전한 의미(그것은 여러 가지가 아니라, 하나다)에 대하여 질문이 있을 때면, 그것은 더 명료하게 말하는 다른 곳들에 의해 탐구되고, 알려져야 한다.

<원문분석>

1. The infallible rule of interpretation of Scripture is the Scripture itself:

- **infallible** 오류가 있을 수 없는 (fallible: 오류가 있을 수밖에 없는)

- **The infallible rule of interpretation of Scripture** '성경 해석의 오류가 있을 수 없는 법칙'인데, 여기서 성경(Scripture)은 성경전서(Scriptures)에 포함된 66권 각 권 모두를 말한다.

- **the Scripture itself** '그 성경 자체'로 해석하고자 하는 성경 그 자체가 해석의 오류가 있을 수 없는 법칙이라는 뜻이다. 예를 들어 마태복음을 해석할 때는 마태복음 자체가, 요나서를 해석하려 할 때는 요나서 자체가 바로 그 법칙이라는 뜻이다. 참고로 이를 '성경 그 자체'로 번역하면 그 의미는 이 항에서 말하는 것과 달라지기에, 주의할 필요가 있다.

- 성경 해석의 오류가 있을 수 없는 법칙은 그 성경 자체이다.

2. and therefore, when there is a question about the true and full sense of any Scripture (which is not manifold, but one), it must be searched and

known by other places that speak more clearly.

- when there is a question about '우리는 성경에 질문이 있을 때'인데, question 은 '질문'과 '의문'으로 모두 번역이 가능하다. 그러나 이 부분은 '질문'으로 번역하는 것이 좋을 듯하다. '질문'은 그 사실을 모르기 때문에 생기는 궁금함이지만, '의문'은 그 사실에 대한 다소 의심스럽고 회의적인(skeptical) 마음 때문에 생기는 것이기 때문이다. 성경은 우리에게 언제든지 질문은 허용한다. 그러나 성경의 진리에 의문을 품는 것은 바람직하지 않다.

- the true and full sense of any Scripture 어떤 성경의 참되고 완전한 의미

- which is not manifold, but one 그것은 여러 가지가 아니라, 하나다

- it must be searched '그것은 탐구되어야 한다'로, 이는 크게 두 가지를 말하는데, 하나는 하나님께서 우리에게 성경을 탐구할 수 있도록 허용해 주신 것이고, 다른 하나는 성경이 탐구 가능한 하나님의 말씀이라는 것이다. 그런데 우리가 성경을 탐구할 때 중요한 것은 이 탐구가 전적으로 앞서 언급한 스스로가 성경에 대하여 갖는 질문에 대한 답을 찾기 위한 목적이어야지, 성경에 대해 어떠한 의문을 제기하는 수단이어서는 안 되다는 것이다.

- by other places that speak more clearly '더 명료하게 말하는 다른 곳들에 의해'인데, 성경의 유비(anlaogia Scriptura)와 신앙의 유비(analogia Fidei)가 이러한 성경 해석의 원칙을 잘 말해준다. 성경의 유비란 모호한 성경 구절을 해석함에 있어서 동일한 가르침과 사건을 다루는 모호하지 않고 명확한 구절을 참고하여 해석하는 것을 말하며, 신앙의 유비란 모호한 성경 구절을 해석함에 있어서 동일한 교리적 가르침을 다루는 모호하지 않고 명확한 구절의 해석을 통상적으로 그 해석에 적용하는 것을 말한다.

- 그러므로 어떤 성경의 참되고 완전한 의미(그것은 여러 가지가 아니라, 하나다)에 대하여 질문이 있을 때면, 그것은 더 명료하게 말하는 다른 곳들에 의해 탐구되고, 알려져야 한다.

X. The supreme judge by which all controversies of religion are to be determined, and all decrees of councils, opinions of ancient writers, doctrines of men, and private spirits, are to be examined; and in whose sentence we are to rest; can be no other but the Holy Spirit speaking in the Scripture.

<번역>

모든 종교 논쟁들이 종결되어야 하고, 교회회의들의 모든 결의들, 고대 저자들의 견해들, 사람들의 교리들, 그리고 사사로운 영들이 검토되어야 할 뿐 아니라, 우리가 그의 판결에 의존할 수밖에 없는 최고의 재판관은 다른 어떤 것도 아닌, 성경 안에서 말씀하시는 성령을 제외하고는 다른 그 무엇도 될 수 없다.

<원문분석>

1. The supreme judge by which all controversies of religion are to be determined

- **The supreme judge** 이 항은 The supreme judge가 주어이고, can be가 주동사인 한 문장이다.
- **by which** '(선행사)에 의해서'라는 뜻인데, 한정적용법으로 쓰인 경우는 한국말로 직접 번역이 안 되는 경우가 많다.
- **determine** 결정하다. 종결시키다.
- **are to be determined** 종결되어야 한다.
- (그것에 의해서) 모든 종교 논쟁들이 종결되어야 하는 최고의 재판관

2. and all decrees of councils, opinions of ancient writers, doctrines of men, and private spirits, are to be examined

- **and all decrees~ examined** and (The supreme judge by which) all decrees of councils~, are to be examined의 구조이다.

- **all decrees of councils** 교회회의들의 모든 결의들, 교회회의들의 모든 신조들

- **opinions of ancient writers** 고대 저자들의 견해들

- **doctrines of men** 사람들의 교리들

- **private spirits** 사사로운 영들

- (그것에 의해서) 교회회의들의 모든 결의들, 고대 저자들의 견해들, 사람들의 교리들, 그리고 사사로운 영들이 검토되어야 할 (최고의 재판관)

3. and in whose sentence we are to rest; can be no other but the Holy Spirit speaking in the Scripture.(z)

- **sentence** 판결, 선고

- **rest in(on)** 의존하다. 믿다. ~달려있다.

- **in whose sentence we are to rest** 우리가 그의 판결을 신뢰할 수밖에 없는

- **but** ~을 제외하고는

- **Holy Spirit (who is) speaking in the Scripture** 성경 안에서 말씀하시는 성령님

- 우리가 그의 판결에 의존할 수밖에 없는 최고의 재판관은 다른 어떤 것도 아닌, 성경 안에서 말씀하시는 성령님을 제외하고는 다른 그 무엇도 될 수 없다.

<원문으로 요약하고 성경으로 해설하기>

1. 하나님께서 이 땅의 모든 사람 안에 심어주신 본성의 빛(WLC 2)과 세상에서 객관적으로 드러나 있는 하나님의 창조와 섭리의 사역들은 그 어느 사람도 하나님을 의심하거나 거부할 수 없을 정도로 그분의 선하심과 지혜와 능력을 분명하게 보여준다.

"이는 하나님을 알 만한 것이 그들 속에 보임이라 하나님께서 이를 그들에게 보이셨느니라 창세로부터 그의 보이지 아니하는 것들 곧 그의 영원하신 능력과 신성이 그가 만드신 만물에 분명히 보여 알려졌나니 그러므로 그들이 핑계하지 못할지니라"(롬1:19-20)

2. 하나님께서는 구원에 관한 필수적인 지식은 본성의 빛과 창조와 섭리의 사역을 넘는 성령의 특별한 방식을 통해 자신의 백성들에게 전달하셨다.

"우리가 이것을 말하거니와 사람의 지혜가 가르친 말로 아니하고 오직 성령께서 가르치신 것으로 하니 영적인 일은 영적인 것으로 분별하느니라 육에 속한 사람은 하나님의 성령의 일들을 받지 아니하나니 이는 그것들이 그에게는 어리석게 보임이요, 또 그는 그것들을 알 수도 없나니 그러한 일은 영적으로 분별되기 때문이라"(고전2:13-14)

3. 성경은 구원에 관한 필수적인 지식을 더 잘 보존하고, 전파할 뿐 아니라, 교회를 세우고 위로할 목적으로 하나님께서 자신의 선하시고 기뻐하시는 뜻으로 자기의 백성들에게 제공하신 것이다.

"그 모든 일을 근원부터 자세히 미루어 살핀 나도 데오빌로 각하에게 차례대로 써 보내는 것이 좋은 줄 알았노니 이는 각하가 알고 있는 바를 더 확실하게 하려 함이로라"(눅 1:3-4)

4. 성경의 기록은 완료되었다. 따라서 성경 이전에 하나님께서 그의 백성들에게 계시하시던 그 방법들은 모두 중지되었다.

"옛적에 선지자들을 통하여 여러 부분과 여러 모양으로 우리 조상들에게 말씀하신 하나님이 이 모든 날 마지막에는 아들을 통하여 우리에게 말씀하셨으니 이 아들을 만유의 상속자로 세우시고 또 그로 말미암아 모든 세계를 지으셨느니라"(히1:1-2)

5. 성경전서(Scriptures)는 39권의 구약 성경(Scripture)과 27권의 신약 성경으로 되어있는데, 이 각 권들은 모두 하나님의 감동으로 주어졌으며, 믿음과 삶의 법칙이 된다. 그래서 66권 각 권은 모두 기록된 하나님의 말씀이라고 한다. 이 66권의 성경전서 외에는 그 어떤 책도 하나님의 영감으로 된 것이 없기에, 그 어떤 책도 하나님의 기록된 말씀으로 인정되어서는 안 된다.

"모든 성경은 하나님의 감동으로 된 것으로 교훈과 책망과 바르게 함과 의로 교육하기에 유익하니"(딤후3:16)

6. 성경의 권위는 전적으로 성경 자체에 있다. 그 이유는 성경이 하나님의 말씀이라는 것과 성경의 저자가 하나님이시라는 것에 있다.

"또 우리에게는 더 확실한 예언이 있어 어두운 데를 비추는 등불과 같으니 날이 새어 샛별

이 너희 마음에 떠오르기까지 너희가 이것을 주의하는 것이 옳으니라 먼저 알 것은 성경의 모든 예언은 사사로이 풀 것이 아니니 예언은 언제든지 사람의 뜻으로 낸 것이 아니요 오직 성령의 감동하심을 받은 사람들이 하나님께 받아 말한 것임이라" (벧후1:19-21)

7. 우리는 교회의 올바른 증거 사역은 물론, 성경 자체의 탁월함에 의해 성경을 존중하게 될 수 있다. 물론 그것만으로도 성경은 충분히 존중될 수 있다. 그러나 성경이 하나님의 순수한 말씀인 것과 그 모든 내용이 오류가 있을 수 없는 진리인 것을 확신하게 되는 것은 전적으로 우리의 심정 속에서 그 말씀과 함께 증언하시는 성령님의 내적 사역에 기인한다.

"너희는 주께 받은 바 기름 부음이 너희 안에 거하나니 아무도 너희를 가르칠 필요가 없고 오직 그의 기름 부음이 모든 것을 너희에게 가르치며 또 참되고 거짓이 없으니 너희를 가르치신 그대로 주 안에 거하라"(요일2:27)

"오직 하나님이 성령으로 이것을 우리에게 보이셨으니 성령은 모든 것 곧 하나님의 깊은 것까지도 통달하시느니라 사람의 일을 사람의 속에 있는 영 외에 누가 알리요 이와 같이 하나님의 일도 하나님의 영 외에는 아무도 알지 못하느니라 우리가 세상의 영을 받지 아니하고 오직 하나님으로부터 온 영을 받았으니 이는 우리로 하여금 하나님께서 우리에게 은혜로 주신 것들을 알게 하려 하심이라" (고전 2:10-12)

8. 성경은 충분하다. 따라서 성령에 의해서든, 교회의 전통에 의해서든 그 어떤 것도 성경에 무엇인가를 더할 수 있다고 말해서는 안 된다. 그러면서도 우리는 성경에 직접적으로 언급되어 있지는 않지만, 구원의 문제를 이해하기 위해 꼭 필요한 것들이나, 교회의 예배 의식들은 물론 사회의 다양한 영역들에 관해 교회가 방향을 제시해야 하는 경우들이 많이 있다는 것 또한 무시해서는 안 된다. 이러한 경우에 있어서 그 방향을 규정하는 원칙은 언제나 성경의 말씀이 제시하는 일반적인 법칙들에 있어야 한다는 것이다.

"그러나 우리나 혹은 하늘로부터 온 천사라도 우리가 너희에게 전한 복음 외에 다른 복음을 전하면 저주를 받을지어다 우리가 전에 말하였거니와 내가 지금 다시 말하노니 만일 누구든지 너희가 받은 것 외에 다른 복음을 전하면 저주를 받을지어다"(갈1:8-9)

"그런즉 형제들아 어찌할까 너희가 모일 때에 각각 찬송시도 있으며 가르치는 말씀도 있으며 계시도 있으며 방언도 있으며 통역함도 있나니 모든 것을 덕을 세우기 위하여 하라" (고전14:26)

9. 성경이 명료하다는 것은 성경의 모든 표현이 다 평이하다거나, 누구에게나 다 분명히 이해될 정도로 쉽다는 뜻이 아니다. 성경의 명료성은 다름 아닌 성경의 핵심적인 내용인 구원에 관한 지식이 성경을 직접 읽거나, 혹은 그 내용을 들을 때 누구나 충분히 이해할 수 있게 분명하다는 것에 있다.

"또 그 모든 편지에도 이런 일에 관하여 말하였으되 그 중에 알기 어려운 것이 더러 있으니 무식한 자들과 굳세지 못한 자들이 다른 성경과 같이 그것도 억지로 풀다가 스스로 멸망에 이르느니라"(벧후3:16) "주의 말씀은 내 발에 등이요 내 길에 빛이니이다……주의 말씀을 열면 빛이 비치어 우둔한 사람들을 깨닫게 하나이다"(시119:105,130)

10. 히브리어로 기록된 39권의 구약 성경과 헬라어로 기록된 27권의 신약 성경은 모두 하나님에 의해 직접 영감되었다. 비록 현재 모든 성경이 다 최초의 원본은 남아 있지 않고, 다양한 필사본들만 남아 있지만, 그럼에도 불구하고 현재의 66권 성경전서가 여전히 믿을 수 있는 것은 하나님께서 모든 시대에 걸쳐 모든 성경을 그분의 기묘한 보호와 섭리로 지키셨기 때문이다.

"진실로 너희에게 이르노니 천지가 없어지기 전에는 율법의 일점 일획도 결코 없어지지 아니하고 다 이루리라"(마5:18)

11. 66권의 성경전서는 이 성경전서가 들어가는 모든 나라의 대중 언어로 번역되어야 하는데, 이는 그들이 자국어로 된 성경을 통하여 하나님의 말씀을 더욱 풍성히 누리고, 자신들의 언어로 하나님을 합당하게 예배할 뿐 아니라, 자국어로 된 성경전서를 통해 위로를 받고, 소망을 가지도록 하기 위함이다.

"무엇이든지 전에 기록된 바는 우리의 교훈을 위하여 기록된 것이니 우리로 하여금 인내로 또는 성경의 위로로 소망을 가지게 함이니라"(롬 15:4)

12. 성경을 해석하는 오류가 있을 수 없는 유일한 법칙은 바로 성경으로 성경을 해석하는 것이다. 여기에는 크게 두 가지의 원칙이 있는데, 하나는 명료하지 않

는 내용을 더욱 명료한 부분을 통해 해석하는 것이고, 다른 하나는 성경 전체가 가르치는 교리에 부합하여 해석하는 것이다. 신학적으로 전자를 성경의 유비(anlaogia Scriptura)라고 하고, 후자를 신앙의 유비(analogia Fidei)라고 한다.

"먼저 알 것은 성경의 모든 예언은 사사로이 풀 것이 아니니 예언은 언제든지 사람의 뜻으로 낸 것이 아니요 오직 성령의 감동하심을 받은 사람들이 하나님께 받아 말한 것임이라"(벧후1:20,21)

"여러 성으로 다녀 갈 때에 예루살렘에 있는 사도와 장로들이 작정한 규례를 그들에게 주어 지키게 하니"(행16:4)

13. 성경의 해석과 적용에 있어서 최고의 재판관은 성경 안에서 말씀하시는 성령님이시다.

"예수께서 대답하여 이르시되 너희가 성경도, 하나님의 능력도 알지 못하는 고로 오해하였도다"(마22:29)

"서로 맞지 아니하여 흩어질 때에 바울이 한 말로 이르되 성령이 선지자 이사야를 통하여 너희 조상들에게 말씀하신 것이 옳도다"(행28:25)

16

Chapter II

Of God, and of the Holy Trinity
하나님에 관하여, 그리고 거룩한 삼위일체에 관하여

<원문>

I. There is but one only, living, and true God: who is infinite in being and perfection, a most pure spirit, invisible, without body, parts, or passions, immutable, immense, eternal, incomprehensible, almighty, most wise, most holy, most free, most absolute, working all things according to the counsel of His own immutable and most righteous will, for His own glory; most loving, gracious, merciful, long-suffering, abundant in goodness and truth, forgiving iniquity, transgression, and sin; the rewarder of them that diligently seek Him; and withal, most just and terrible in His judgments, hating all sin, and who will by no means clear the guilty.

<번역>

오직 한 분이시며, 살아계시고, 진실하신 하나님이 계신데, 그분은 존재와 완전함에 있어서 무안하시고, 가장 순순한 영이시며, 보이지 않으시고, 몸이나, 지체나, 격정이 없으시고, 불변하시고, 광대하시고, 영원하시고, 불가해하시고, 전능하시고, 지극히 지혜로우시고, 지극히 거룩하시고, 지극히 자유로우시고, 지극히 절대적이시고, 모든 것들을 그분 자신의 불변하고 지극히 의로우신 의지의 협의에 따라 운행하시는데, 그분 자신의 영광을 위해서 하시며, 그리고 그분은 지극히 사랑을 베푸시고, 은혜로우시고, 자비로우시고, 오래 참으시고, 선하심과 진리에 있어서 풍성하시고, 부정과 범죄행위와 죄를 사하시고, 또한 그분은 자기를 열심히 찾는 자들에게 보답하는 분이시며, 거기에 더해서 그분은 모든 죄를 싫어하시기 때문에 자기의 심판에 있어서는 지극히 공의로우시고 혹독하시며, 그로 인해 그분은 죄책이 있는 자들을 결코 면해주시지 않으실 것이다.

<원문분석>

1. There is but one only, living, and true God: who is infinite in being and perfection, a most pure spirit, invisible, without body, parts, or passions, immutable, immense, eternal, incomprehensible, almighty, most wise, most holy, most free, most absolute, working all things according to the counsel of His own immutable and most righteous will, for His own glory;

- There is but one only~, who~ 이 항은 전체적으로 There is but one only, living, and true God: who is infinite in being and perfection ~; most loving ~; the rewarder of ~; and withal, most just ~.의 틀로, 선행사인 God에 대한 주격관계대명사절 4개를 who is A; B; C; and D의 구조로 정리했다. 이렇게 연결된 네 개의 관계대명사절은 각각 하나님의 다양한 성품 중 독특한 특성을 묶어주는 각각의 카테고리가 된다. 각 카테고리의 핵심을 간단히 정리하면 다음과 같다. 첫 번째는, 존재와 완전함에 있어서 하나님이 어떠한 분이신지, 두 번째는 선하심과 진리에 있어서 하나님이 어떠한 분이신지, 세 번째는 하나님은 자신을 열심히 찾는 자에게 보답하시는 분이시라는 것, 네 번째는 심판에 있어서 하나님이 어떠한 분이신지를 나타내고 있다.

- There is but one only but과 only는 모두 '오직'이라는 뜻으로 두 가지를 동시에 사용함으로 하나님께서는 오직 한 분이심을 강조하고 있다.

- living, and true God (who is) living, and true God으로 one에 대한 추가 설명이다. 여기서 유일하신 하나님에 대해 living과 true를 대표적으로 언급한 이유는 사람들에 의해 만들어진 생명이 없고(dead) 거짓된(false) 신들(gods)을 고려한 것으로 여겨진다.

- in being 존재에 있어서

- who is infinite~, a most pure spirit~, without body~, working all things~ 하나님(God)이 어떤 분이신지를 who is~의 틀로 나열하는데, who is infinite처럼 2형식 형용사 보어의 틀을 통해서는 하나님의 성품이 어떠한지를 묘사하고, who is a most pure spirit처럼 2형식 명사 보어의 틀로는 하나님께서 누구신지

를 나타내며, who is without body처럼 1형식의 틀로는 하나님께서 존재하는 방식에 대해 설명하며, who is working all things처럼 진행형의 틀로는 하나님께서 어떠한 섭리적인 사역을 행하시는지를 나타낸다.

- **without body, parts,(f) or passions** (who is) without body, parts,(f) or passions으로 '(하나님께서는) 몸이나, 지체나, 격정이 없이 (존재하신다)'는 뜻이다.

- **most wise,(n) most holy,(o) most free,(p) most absolute** '(하나님께서는) 지극히 지혜로우시고, 지극히 거룩하시며, 지극히 자유로우시고, 지극히 절대적이시다'는 뜻인데, 이렇게 most를 써서 최상급을 나타낸 것은 그분의 절대적인 성품을 인간이 이해하기 쉽도록 강조한 것이지, 다른 피조물들과 어떠한 비교가 필요하시기 때문이 아니다.

- 오직 한 분이시며, 살아계시고, 진실하신 하나님이 계신데, 그분은 존재와 완전함에 있어서 무한하시고, 가장 순순한 영이시며, 보이지 않으시고, 몸이나, 지체나, 격정이 없으시고, 불변하시고, 광대하시고, 영원하시고, 불가해하시고, 전능하시고, 지극히 지혜로우시고, 지극히 거룩하시고, 지극히 자유로우시고, 지극히 절대적이시고, 모든 것들을 그분 자신의 불변하고 지극히 의로우신 의지의 협의에 따라 운행하시는데, 그분 자신의 영광을 위해서 하신다.

2. most loving, gracious, merciful, long-suffering, abundant in goodness and truth, forgiving iniquity, transgression, and sin;

- **most loving** (who is) most loving으로 여기서 loving은 '사랑하는' 혹은 '애정이 있는'을 의미하는 형용사가 아니라 '사랑하다'는 동사인 love의 현재완료 형태로 진행형을 나타낸다. 따라서 most loving은 '지극히 사랑을 베푸신다'로 해석해야 한다. 참고로 loving이 형용사인 경우는 a loving act(애정 어린 행동), a peace-loving people(평화를 사랑하는 국민)처럼 주로 한정용법으로 쓰인다.

- **abundant in goodness and truth** 선하심과 진리에 있어서 풍성하시다.

- **forgiving iniquity, transgression, and sin** (who is) forgiving iniquity, transgression, and sin로 진행형 틀로서 '하나님께서는 부정과 범죄행위와 죄

를 사하신다'는 뜻이다. forgive는 '사해주다'로, pardon은 '용서하다'로 번역하
며, iniquity는 '부정' 혹은 '악의', transgression은 '범죄행위', sin은 '죄'로 구분
하여 번역한다.

- 지극히 사랑을 베푸시고, 은혜로우시고, 자비로우시고, 오래 참으시고, 선하심
과 진리에 있어서 풍성하시고, 부정과 범죄행위와 죄를 사하시고,

3. **the rewarder of them that diligently seek Him; and withal, most just and terrible in His judgments, hating all sin, and who will by no means clear the guilty.**

- **the rewarder** (who is) the rewarder로 '하나님께서는 보답하는 분이시다'라는
뜻이다.

- **of them that diligently seek Him** 그분을 부지런히 찾는 자들의

- **withal** 이에 더하여, 그 위에 , 게다가

- **most just and terrible in His judgments** (who is) most just and terrible in
His judgments로 '하나님께서는 그분의 심판에 있어서 지극히 공의롭고 혹독
하시다.'라는 뜻이다.

- **terrible** 무시무시한, 혹독한

- **hating all sin** '모든 죄를 싫어하시기 때문에'의 뜻으로 사용된 분사구문이다. 자
기의 심판에 있어서는 지극히 공의로우시고 맹렬하신 이유에 대한 정보를 나타
낸다. 이 부분을 다른 부분들과 같이 '(who is) hating all sin'(그분은 모든 죄를
싫어하신다)로 볼 수 없는 것은 hate가 진행형으로 사용되지 않는 동사이기 때
문이다.

- **by no means** 결코 ~ 아니다.

- **clear** ~의 결백을 증명하다.

- **the guilty** 죄책이 있는 사람들

- **, and who will by no means clear the guilty** '그로 인해 그분은 죄책이 있는 자
들을 결코 면해주시지 않으실 것이다.'

- 또한 그분은 자기를 열심히 찾는 자들에게 보답하는 분이시며, 거기에 더해서

그분은 모든 죄를 싫어하시기 때문에 자기의 심판에 있어서는 지극히 공의로우시고 혹독하시며, 그로 인해 그분은 죄책이 있는 자들을 결코 면해주시지 않으실 것이다.

<원문>

II. God hath all life, glory, goodness, blessedness, in and of Himself; and is alone in and unto Himself all-sufficient, not standing in need of any creatures which He hath made, nor deriving any glory from them, but only manifesting His own glory in, by, unto, and upon them: He is the alone fountain of all being, of whom, through whom, and to whom are all things; and hath most sovereign dominion over them, to do by them, for them, or upon them whatsoever Himself pleaseth. In His sight all things are open and manifest; His knowledge is infinite, infallible, and independent upon the creature, so as nothing is to Him contingent, or uncertain. He is most holy in all His counsels, in all His works, and in all His commands. To Him is due from angels and men, and every other creature, whatsoever worship, service, or obedience He is pleased to require of them.

<번역>

하나님께서는 자신 안에 그리고 스스로 모든 생명과 영광과 선하심과 복되심을 가지고 계시며, 그리고 홀로 자신 안에서 그리고 자신에게 온전히 충만하시며, 자신이 만드신 어떠한 피조물들도 필요로 하지 않으시고, 또한 그것들로부터 어떠한 영광도 끌어내지 않으시고, 오직 그것들 안에서, 그것들에 의해서, 그것들에게로 그리고 그것들 위에 자기 자신의 영광을 분명히 드러내시기에, 그분은 홀로 모든 존재의 근원이셔서, 모든 것들이 그분의 것이며, 그분을 통하여 존재하며, 그

분에게로 존재할뿐더러, 자신이 기뻐하시는 것은 그 무엇이라도 그것들에 의해서나, 그것들을 위해서나, 그것들 위에서 행하시도록 그것들 위에 지극한 주권적 통치권을 가지신다. 그분이 보시기에 모든 것들이 열려있고, 명백한데, 이는 그분의 지식이 무한하고, 오류가 있을 수 없고, 피조물에 의존적이지 않아서 그분에게는 아무것도 우연적이거나 불확실하지 않기 때문이다. 그분은 자신의 모든 협의들, 자신의 모든 사역들 그리고 자신의 모든 명령들에 있어서 지극히 거룩하시다. 그분이 천사들, 사람들, 그리고 모든 다른 피조물들에게 요구하기를 기뻐하시는 그 어떠한 예배나 섬김이나 순종이 그들로부터 그분에게 되는 것은 마땅하다.

<원문분석>

1. God hath all life, glory, goodness, blessedness, in and of Himself; and is alone in and unto Himself all-sufficient, not standing in need of any creatures which He hath made, nor deriving any glory from them, but only manifesting His own glory in, by, unto, and upon them

- God hath~; and is~ 하나님에 대해 God hath~의 틀과 God is~의 틀 두 가지로 나눠서 설명하는 방식이다.

- in and of Himself in Himself는 '자신 안에서,' of Himself는 '스스로'라는 뜻이다.

- not standing in need of any creatures (God is) not standing in need of any creatures으로 stand in need of는 '~가 필요한 상태에 있다,' '~가 결핍된 상태에 있다'는 뜻이다.

- nor deriving any glory from them, (God is) nor deriving any glory from them으로 drive A from B는 'B로부터 A를 끌어내다'라는 뜻이다.

- not A, nor B, but only C A도 B도 아니고, 오직 C다.

- manifesting His own glory (God is) manifesting His own glory로 manifest는 '분명히 드러내다'라는 뜻이다.

- in, by, unto, and upon them '그것들 안에서, 그것들에 의해서, 그것들에게, 그것들 위에'인데, 여기서 them은 creatures(피조물들)을 말한다.

- 하나님께서는 자신 안에 그리고 스스로 모든 생명과 영광과 선하심과 복되심을 가지고 계시며, 그리고 홀로 자신 안에서 그리고 자신에게 온전히 충만하시며, 자신이 만드신 어떠한 피조물들도 필요로 하지 않으시고, 또한 그것들로부터 어떠한 영광도 끌어내지 않으시고, 오직 그것들 안에서, 그것들에 의해서, 그것들에게로 그리고 그것들 위에 자기 자신의 영광을 분명히 드러내신다.

2. : He is the alone fountain of all being, of whom, through whom, and to whom are all things; and hath most sovereign dominion over them, to do by them, for them, or upon them whatsoever Himself pleaseth.

- **콜론(:)** 앞부분과 뒷부분을 원인과 결과의 관계로 이어주는 역할을 한다. 따라서 앞부분의 끝을 '~하기에'로 마무리하며 이어서 해석하면 된다.
- **He is~ ; and hath~** He is~와 He hath~의 두 틀을 사용하여 하나님을 설명하고 있다.
- **the alone fountain of all being** 홀로 모든 존재의 근원
- **of whom are all things** 모든 것들이 그분에게 속한다.
- **through whom are all things** 모든 것들이 그분을 통하여 존재한다.
- **to whom are all things** 모든 것들이 그분에게로 존재한다.
- **(He) hath most sovereign dominion over them** 그분은 그것들 위에 지극한 주권적 통치권을 가지신다.
- **to do by them** 그것들에 의해서 행하도록
- **to do for them** 그것들을 위해서 행하도록
- **to do upon them** 그것들 위에서 행하도록
- **whatsoever Himself pleaseth** 자신이 기뻐하시는 것은 그 무엇이라도
- 그분은 홀로 모든 존재의 근원이셔서, 모든 것들이 그분의 것이며, 그분을 통하여 존재하며, 그분에게로 존재할 뿐더러, 자신이 기뻐하시는 것은 그 무엇이라도 그것들에 의해서나, 그것들을 위해서나, 그것들 위에서 행하시도록 그것들 위에 지극한 주권적 통치권을 가지신다.

3. In His sight all things are open and manifest; His knowledge is infinite, infallible, and independent upon the creature, so as nothing is to Him contingent, or uncertain.

- In His sight 그분이 보시기에

- manifest 명백한(a), 명백히 드러내다(v)

- all things are open and manifest; 여기서 사용된 세미콜론(;)은 앞서 언급한 내용의 이유를 추가로 설명하겠다는 뜻이다.

- infallible 오류가 있을 수 없는 (fallible: 오류가 있을 수밖에 없는)

- independent upon the creature 피조물에 의존적이지 않는

- so as 그래서, 그 결과로

- contingent 우연의, 우발적인, 의도하지 않았음에도 불구하고

- 그분이 보시기에 모든 것들이 열려있고, 명백한데, 이는 그분의 지식이 무한하고, 무오하며, 피조물에 의존적이지 않아서 그분에게는 아무것도 우연적이거나 불확실하지 않기 때문이다.

4. He is most holy in all His counsels, in all His works, and in all His commands.

- in all His counsels 자신의 모든 협의들에서

- in all His works 자신의 모든 사역들에서

- in all His commands 자신의 모든 명령들에서

- 그분은 자신의 모든 협의들, 자신의 모든 사역들 그리고 자신의 모든 명령들에 있어서 지극히 거룩하시다.

5. To Him is due from angels and men, and every other creature, whatsoever worship, service, or obedience He is pleased to require of them.

- is due ~이 당연하다. ~이 마땅하다.

- whatsoever worship, service, or obedience '어떠한 예배나, 봉사나, 순종이

든'으로 이 문장의 주어이다. 부사구인 To him이 문장 앞으로 나가면서 주어가 뒤로 도치되었다.

- (which) He is pleased to require of them. 목적격 관계대명사 which가 생략된 형태이며, 선행사는 whatsoever worship, service, or obedience로 뜻은 '그분이 그들에게 요구하시기를 기뻐하시는'이다.

- 그분이 천사들, 사람들, 그리고 모든 다른 피조물들에게 요구하기를 기뻐하시는 그 어떠한 예배나 섬김이나 순종이 그들로부터 그분에게 되는 것은 마땅하다.

<원문>

III. In the unity of the Godhead there be three persons, of one substance, power, and eternity; God the Father, God the Son, and God the Holy Ghost. The Father is of none, neither begotten, nor proceeding: the Son is eternally begotten of the Father: the Holy Ghost eternally proceeding from the Father and the Son.

<번역>

신격의 일치에 안에는 본질과 능력과 영원성이 하나인 세 위격이 있는데, 아버지 하나님, 아들 하나님, 그리고 성령 하나님이시다. 아버지는 아무에게서도 나시지도 나오시지도 않으시고, 아들은 아버지에게서 영원히 나시고, 성령은 아버지와 아들로부터 영원히 나오신다.

<원문분석>

1. In the unity of the Godhead there be three persons, of one substance, power, and eternity; God the Father, God the Son, and God the Holy Ghost.

- the Godhead (하나님의) 신격

- unity 일치 (union: 연합, join: 결합)
- **there be three persons** '세 위격이 있다'인데, persons가 복수지만 동사는 단수도 복수도 아닌 원형을 사용하고 있다는 것을 주의해서 볼 필요가 있다. 이는 하나님의 세 위격은 인간이 이해하는 복수의 개념으로 설명할 수 없기 때문이다. 대교리문답의 9문답에서도 동일하게 There be three persons in the Godhead라고 표현하고 있다. 반면 소교리문답은 제6문답에서 There are three persons in the Godhead라고 표현하는데, 이는 어린이들에게 문법적인 혼동을 주지 않기 위함으로 여겨진다.
- **(three persons) of one substance** 하나의 본질의 세 위격
- **(three persons) of one power** 하나의 능력의 세 위격
- **(three persons) of one eternity** 하나의 영원성의 세 위격
- **God the Father, God the Son, and God the Holy Ghost** 성경, 사도신경, 신앙고백서, 교리문답은 모두 삼위일체 하나님의 신격의 일치에 있는 세 위격을 아버지 하나님, 아들 하나님, 성령 하나님이라고 칭한다. 성부, 성자, 성령이 아니다.
- 신격의 일치에 안에는 본질과 능력과 영원성이 하나인 세 위격이 있는데, 아버지 하나님, 아들 하나님, 그리고 성령 하나님이시다.

2. The Father is of none, neither begotten, nor proceeding: the Son is eternally begotten of the Father: the Holy Ghost eternally proceeding from the Father and the Son.
- **of none** 아무에게서도
- **is eternally begotten of~** 영원히 ~에게서 나시고
- **of the Father** 아버지에게서
- **(is) eternally proceeding from~** 영원히 ~로부터 나오시고
- **from the Father and the Son** 아버지와 아들로부터
- 아버지는 아무에게서도 나시지도 나오시지도 않으시고, 아들은 아버지에게서 영원히 나시고, 성령은 아버지와 아들로부터 영원히 나오신다.

<원문으로 요약하고 성경으로 해설하기>

1. 살아계시고, 참되신 하나님은 오직 한 분이시다.

"이스라엘아 들으라 우리 하나님 여호와는 오직 유일한 여호와이시니"(신6:4)

2. 하나님께서는 존재와 완전함에 있어서 무한하신 분이시다.

"네가 하나님의 오묘함을 어찌 능히 측량하며 전능자를 어찌 능히 완전히 알겠느냐 하늘
보다 높으시니 네가 무엇을 하겠으며 스올보다 깊으시니 네가 어찌 알겠느냐 그의 크심
은 땅보다 길고 바다보다 넓으니라"(욥11:7-9)

**3. 하나님께서 불변하신다(immutable)는 것은 그분의 존재만을 말하는 것이 아
니라, 그분의 작정과 약속 또한 결코 변하지 않는다는 것을 말한다. 이와 같은
하나님의 불변성은 자신의 신실함에 대한 절대적인 근거가 된다.**

"나 여호와는 변하지 아니하나니 그러므로 야곱의 자손들아 너희가 소멸되지 아니하느니
라"(말3:6)

**4. 하나님께서 영원하시다(eternal)는 것은 시간을 창조하신 분으로서 시간 안에
제한되지 않는 분이라는 뜻이다. 하나님 앞에서는 하루가 천 년 같고, 천 년이
하루 같은 것이 바로 이러한 이유 때문이다(벧후3:8).**

"산이 생기기 전, 땅과 세계도 주께서 조성하시기 전 곧 영원부터 영원까지 주는 하나님이
시니이다"(시90:2)

**5. 하나님께서 불가해하시다(incomprehensible)는 것은 하나님께서 영적인 실
체(a Spirit)이시기 때문에, 존재, 작정, 섭리 등 자신에 관한 모든 것에 있어서 사
람의 이해를 넘어서 실재하신다는 뜻이다.**

"여호와는 위대하시니 크게 찬양할 것이라 그의 위대하심을 측량하지 못하리로다"(시
145:3)

**6. 하나님께서 지극히 지혜로우시고, 지극히 거룩하시고, 지극히 자유로우시고,
지극히 절대적이신데, 여기서 지극히(most)는 단순한 최상급을 의미하는 것이**

아니다. 하나님을 묘사할 때 사용하는 이 지극히(most)라는 표현은 사람이나 다른 피조물들과 비교할 때 그분이 가장 최고의 경지에 계신다는 뜻이 아니다. 이는 그 어떤 대상과도 비교할 수 없는 상태를 말하는 것이며, 동시에 참되고 온전하다는 뜻이다. 이러한 이유로 하나님께서 영광을 받으시기에 합당하시다는 뜻이기도 하다.

"지혜로우신 하나님께 예수 그리스도로 말미암아 영광이 세세무궁하도록 있을지어다 아멘"(롬16:27)

7. 하나님께서는 모든 것을 삼위일체의 거룩한 협의에 따라 운행하신다.

"모든 일을 그의 뜻의 결정대로 일하시는 이의 계획을 따라 우리가 예정을 입어 그 안에서 기업이 되었으니"(엡1:11)

8. 하나님께서는 모든 것을 자신의 영광을 위해 행사하신다. 심지어 악한 이들의 일들 속에서도 하나님께서는 자신의 이 목적을 성취하신다.

"여호와께서 온갖 것을 그 쓰임에 적당하게 지으셨나니 악인도 악한 날에 적당하게 하셨느니라"(잠16:4) "이는 만물이 주에게서 나오고 주로 말미암고 주에게로 돌아감이라 그에게 영광이 세세에 있을지어다 아멘"(롬11:36)

9. 하나님께서는 자기를 열심히 찾는 자들에게 그에 합당한 상을 내리신다.

"믿음이 없이는 하나님을 기쁘시게 하지 못하나니 하나님께 나아가는 자는 반드시 그가 계신 것과 또한 그가 자기를 찾는 자들에게 상 주시는 이심을 믿어야 할지니라"(히11:6)

10. 하나님께서는 심판에 있어서 지극히 공의로우시다.

"우리 하나님이여 광대하시고 능하시고 두려우시며 언약과 인자하심을 지키시는 하나님이여 우리와 우리 왕들과 방백들과 제사장들과 선지자들과 조상들과 주의 모든 백성이 앗수르 왕들의 때로부터 오늘까지 당한 모든 환난을 이제 작게 여기지 마옵소서 그러나 우리가 당한 모든 일에 주는 공의로우시니 우리는 악을 행하였사오나 주께서는 진실하게 행하셨음이니이다"(느9:32,33)

11. 하나님께서는 죄를 미워하시기에, 죄책이 있는 자들을 결코 사면해 주지 않으신다.

"인자를 천대까지 베풀며 악과 과실과 죄를 용서하리라 그러나 벌을 면제하지는 아니하고 아버지의 악행을 자손 삼사 대까지 보응하리라"(출34:7)

12. 하나님께서는 스스로 지극히 영광스러운 분이시기에, 영광을 취하심에 있어서 자신이 만드신 그 어떤 것들의 조력도 필요 없다. 따라서 누군가가 하나님께 영광을 올려드릴 수 있다고 생각하거나, 그러한 말이나 행동을 하는 것은 그 자체로 하나님의 영광에 대한 모독이라 할 수 있다.

"사람이 어찌 하나님께 유익하게 하겠느냐 지혜로운 자도 자기에게 유익할 따름이니라 네가 의로운들 전능자에게 무슨 기쁨이 있겠으며 네 행위가 온전한들 그에게 무슨 이익이 되겠느냐"(욥22:2,3)

13. 창조주 하나님께서는 자신이 만드신 모든 만물들 안에서, 그것들에 의해서, 그것들에게로, 그리고 그것들 위에 스스로 자신의 영광을 분명히 드러내신다.

"이는 만물이 주에게서 나오고 주로 말미암고 주에게로 돌아감이라 그에게 영광이 세세에 있을지어다 아멘"(롬11:36)

14. 하나님께는 그 어떤 것도 우연적이거나 불확실한 것이 없는데, 이는 하나님의 지식이 무한하며, 오류가 있을 수 없고, 피조물들에게 어떠한 의존도 필요하지 않기 때문이다.

"깊도다 하나님의 지혜와 지식의 풍성함이여, 그의 판단은 헤아리지 못할 것이며 그의 길은 찾지 못할 것이로다 누가 주의 마음을 알았느냐 누가 그의 모사가 되었느냐 누가 주께 먼저 드려서 갚으심을 받겠느냐"(롬11:33-35)

15. 하나님께서는 천사들과 사람들, 그리고 다른 모든 피조물들로부터 예배나 섬김이나 순종을 받기에 합당한 분이시다.

"큰 음성으로 이르되 죽임을 당하신 어린 양은 능력과 부와 지혜와 힘과 존귀와 영광과 찬송을 받으시기에 합당하도다 하더라 내가 또 들으니 하늘 위에와 땅 위에와 땅 아래와 바다 위에와 또 그 가운데 모든 피조물이 이르되 보좌에 앉으신 이와 어린 양에게 찬송과 존

귀와 영광과 권능을 세세토록 돌릴지어다 하니 네 생물이 이르되 아멘 하고 장로들은 엎
드려 경배하더라"(계5:12-14)

16. 신격의 일치에는 아버지, 아들, 성령의 세 위격이 계신데, 이 세 위격은 본질과 능력과 영원성이 하나이다.

"증언하는 이가 셋이니"(요일5:7)

"예수께서 세례를 받으시고 곧 물에서 올라오실새 하늘이 열리고 하나님의 성령이 비둘기
같이 내려 자기 위에 임하심을 보시더니 하늘로부터 소리가 있어 말씀하시되 이는 내 사
랑하는 아들이요 내 기뻐하는 자라 하시니라"(마3:16,17)

"그러므로 너희는 가서 모든 민족을 제자로 삼아 아버지와 아들과 성령의 이름으로 세례
를 베풀고"(마28:19)

"주 예수 그리스도의 은혜와 하나님의 사랑과 성령의 교통하심이 너희 무리와 함께 있을
지어다"(고후13:14)

17. 아버지는 아무에게서도 나시지도 나오시지도 않으신다.

"하나님이 모세에게 이르시되 나는 스스로 있는 자이니라 또 이르시되 너는 이스라엘 자
손에게 이같이 이르기를 스스로 있는 자가 나를 너희에게 보내셨다 하라"(출3:14)

18. 아들은 아버지에게서 영원히 나신다.

"말씀이 육신이 되어 우리 가운데 거하시매 우리가 그의 영광을 보니 아버지의 독생자의
영광이요 은혜와 진리가 충만하더라"(요1:14)

"본래 하나님을 본 사람이 없으되 아버지 품 속에 있는 독생하신 하나님이 나타내셨느니
라"(요1:18)

19. 성령은 아버지와 아들로부터 영원히 나오신다.

"내가 아버지께로부터 너희에게 보낼 보혜사 곧 아버지께로부터 나오시는 진리의 성령이
오실 때에 그가 나를 증언하실 것이요"(요15:26)

Chapter III

Of God's Eternal Decree

하나님의 영원한 작정에 관하여

<원문>

I. God from all eternity did, by the most wise and holy counsel of His own will, freely, and unchangeably ordain whatsoever comes to pass: yet so, as thereby neither is God the author of sin, nor is violence offered to the will of the creatures, nor is the liberty or contingency of second causes taken away, but rather established.

<번역>

하나님께서는 영원부터 자기 자신의 의지의 지극히 지혜롭고 거룩한 협의에 의해서 자유롭고 불변하게 일어나는 모든 일들을 정하셨는데, 그것이 그렇게 되는 것은 그렇게 정하심으로 인해 하나님께서 죄의 조성자가 아니시고, 폭력이 피조물들의 의지에 제공되지도 않으며, 제2원인자들의 자유나 우연성이 제거되지 않고 오히려 세워지기 때문이다.

<원문분석>

1. God from all eternity did, by the most wise and holy counsel of His own will, freely, and unchangeably ordain whatsoever comes to pass:

- from all eternity 영원 전부터
- by the most wise and holy counsel of His own will 자기 자신의 의지의 지극히 지혜롭고 거룩한 협의에 의해서
- freely 자유롭게, 값없이
- unchangeably 불변하게
- ordain 정하다. did~ ordain으로 과거형이다. 이는 하나님께서 정하시는 사역이 이미 과거에 완료된 것임을 나타낸다.
- whatsoever comes to pass '일어나는 모든 일들'을 의미하는데, 문자적으로만 보면 '오고 가는 것은 그 무엇이든지'가 된다. 어떠한 일이 발생하는 것은

happen으로도 표현할 수 있다. 그러나 이처럼 comes to pass를 쓴 것은 이 땅에서 일어나는 일이 갑자기 혹은 어떠한 이유도 없이 일어나는 것이 아니라, 그 모든 것이 하나님께서 작정하신 것에서부터 와서 이 땅에서 그대로 실현되고 사라진다는 것을 표현한 것이라 할 수 있다.

- 하나님께서는 영원부터 자기 자신의 의지의 지극히 지혜롭고 거룩한 협의에 의해서 자유롭고 불변하게 일어나는 모든 일들을 정하셨다.

2. yet so, as thereby neither is God the author of sin,(b) nor is violence offered to the will of the creatures, nor is the liberty or contingency of second causes taken away, but rather established.(c)

- as~, so~ '~ 때문에, 그렇게 된다'가 도치된 표현이다.

- yet so 문자적으로만 볼 때 '그럼에도 불구하고 그렇게 된다'인데, 문맥을 고려해서 '그것이 그렇게 되는 것은'으로 번역한다.

- thereby '그것에 의한 것'으로 앞부분에서 하나님께서 영원 전에 모든 것들을 정하신 것에 의해서라는 뜻이다.

- neither is God the author of sin 부정을 나타내는 부서 neither가 문장 앞으로 나가면서 주어인 God과 동사인 is가 도치되었다. 이는 '하나님은 죄의 조성자가 아니시고'로 번역하면 된다.

- nor is violence offered to the will of the creatures 폭력이 피조물들의 의지에 제공되지도 않고

- second cause 제2원인자들

- liberty 자유, 해방 (freedom: 자유로움)

- contingency 우연성

- nor is the liberty or contingency of second causes taken away, but rather established. 제2원인자들의 자유나 우연성이 제거되지 않고 오히려 세워진다.

- 그것이 그렇게 되는 것은 그렇게 정하심으로 인해 하나님께서 죄의 조성자가 아니시고, 폭력이 피조물들의 의지에 제공되지도 않으며, 제2원인자들의 자유나 우연성이 제거되지 않고 오히려 세워지기 때문이다.

<원문>

II. Although God knows whatsoever may or can come to pass upon all supposed conditions, yet hath He not decreed anything because He foresaw it as future, or as that which would come to pass upon such conditions.

<번역>

비록 하나님께서 추정되는 모든 상황에 대해서 일어나기도 하고, 혹은 일어날 수도 있는 것들은 그것이 무엇이든 아신다 하더라도, 그분은 자신이 그것을 미래의 것으로서, 혹은 그러한 상황에서 일어날 것으로서 미리 보셨기 때문에 어떤 것을 작정하신 것은 아니다.

<원문분석>

1. Although God knows whatsoever may or can come to pass upon all supposed conditions,

- God knows knows는 현재형이다. 이는 하나님께서 항상 알고 계신다는 뜻이다. 즉 하나님께서 아시는 것은 당연한 불변의 진리라는 뜻이다.

- whatsoever may come to pass '와서 가기도 하는 그 무엇이냐'로 '일어나기도 하는 것은 그 무엇이냐'의 뜻이다.

- whatsoever may or can come to pass '와서 갈 수도 있는 것은 그 무엇이냐'로 '일어날 수도 있는 것은 그 무엇이냐'의 뜻이다.

- whatsoever may or can come to pass 문자적으로 '와서 가기도 하고, 혹은 와서 갈 수도 있는 모든 것은 그 무엇이냐'이므로 '일어나기도 하고, 혹은 일어날 수도 있는 것들은 그것이 무엇이냐'로 번역한다. 이 표현에서 중요한 한 가지는 or로 이는 두 경우 중에 그 어떤 한 가지라도 해당되면 참이라는 뜻이다.

- upon all supposed conditions '추정되는 모든 상황에 대해서'로 여기서 supposed는 '예상되는,' 혹은 '그렇게 되기로 이미 정해져 있는'이란 의미로

쓰였다.

- 비록 하나님께서 추정되는 모든 상황에 대해서 일어나기도 하고, 혹은 일어날
  수도 있는 것들은 그것이 무엇이든 아신다 하더라도,

2. yet hath He not decreed anything because He foresaw it as future, or as that which would come to pass upon such conditions.(e)

- **(Although~), yet~** '(비록 ~이지만,) 그럼에도 불구하고'의 뜻으로 웨스트민스
  터 신앙고백서에서는 주로 '~에도 불구하고'를 의미하는 양보를 나타내는 종속
  절의 주절 앞에 사용되는데, 현대 영어에서는 생략되는 것이 보통이다.

- **hath He not decreed** '그분은 작정하지 않으셨다'는 뜻의 hath He not
  decreed는 현재완료로 이는 과거에 이미 완료된 사건의 결과가 현재까지 영향
  을 미친다는 것을 의미한다. 여기서는 부정문으로 하나님께서 과거에 작정을
  하실 때 미래로서 어떤 것을 미리 보시고 하신 것이 전혀 없기에, 현재에 그러한
  내용의 작정의 결과가 없는 것이 당연하다는 뜻이다. 하나님의 작정은 전적으
  로 하나님의 자유롭고 선하신 뜻에 근거한 것으로, 하나님의 작정에 영향을 미
  치는 것을 아무 것도 없다. 심지어 하나님께서는 작정을 행하실 때 자신의 예지
  (foreknowledge)를 사용하지 않기로 작정하셨다. 그것이 하나님 자신의 거룩
  하신 뜻의 협의이다. 특히, 이는 하나님의 이중예정에서 더욱 두드러진다.

- **because He foresaw it as future** '그분이 그것을 미래로서 미리 보셨기 때문이
  아니다'는 뜻인데, 여기서 foresee는 문자적으로 '미리 보다'로, '(미래를) 내다
  보다'라는 뜻이다. 일상생활에서는 '(미래를) 내다보다'가 더 널리 통용되지만,
  신학적으로는 주로 '미리 보다'로 번역한다. as future은 '미래로서'다. 이를 '미
  래처럼'(like future)으로 이해하지 않도록 주의해야하다. 왜냐하면 as는 실제자
  격을 말하지만, like는 단순한 가정일 뿐이기 때문이다.

- **as that which would come to pass upon such conditions.** '그러한 상황에서
  일어날 것으로'인데, that은 그것 자체가 어떤 특정한 것을 지적하는 것이 아니
  라, 일반적인 모든 것을 지칭하는 인칭대명사이고, which는 that을 선행사로 받
  는 주격관계대명사다. 그리고 would는 forsaw가 과거형이므로 will을 과거형

으로 시제를 일치시킨 것이다.

- 그분은 자신이 그것을 미래의 것으로서, 혹은 그러한 상황에서 일어날 것으로서 미리 보셨기 때문에 어떤 것을 작정하신 것은 아니다.

<원문>

III. By the decree of God, for the manifestation of His glory, some men and angels are predestinated unto everlasting life, and others fore-ordained to everlasting death.

<번역>

하나님의 작정에 의해, 그분의 영광의 현현을 위해, 몇몇의 사람들과 천사들은 영속적인 생명으로 예정되고, 다른 이들은 영속적인 사망으로 미리 정해진다.

<원문분석>

1. By the decree of God, for the manifestation of His glory,

- **By the decree of God** '하나님의 작정에 의해'로 하나님의 이중예정의 수단이 무엇인지를 나타낸다.

- **for the manifestation of His glory** '그분의 영광의 현현을 위해'로 하나님의 이중예정의 목적을 나타낸다. 여기서 manifestation은 '분명한,' 또는 '분명히 드러내다'는 뜻의 manifest의 명사형이다. 주로 '현현'으로 번역되어 단순히 나타난다는 사실만을 말하는 것이 아니라, 확실하고 분명하게 드러내 보여준다는 것을 부각시키는 표현이다.

- 하나님의 작정에 의해, 그분의 영광의 현현을 위해,

2. some men and angels are predestinated unto everlasting life, and others fore-ordained to everlasting death.

- **some men and angels** 하나님께서 창조하기로 작정하신 사람들과 천사들의 총

수 중에 몇몇을 말한다.

- **predestinate** '예정하다'로 택자들에 대한 하나님의 작정을 표현할 때 사용되는 단어다.

- **are predestinated** are predestinated는 현재시제 수동태이다. 따라서 이는 '예정되었다'가 아니라 '예정된다'이다. 이 표현은 하나님께서 과거에 어떠한 일을 하셨다는 것을 말하는 것이 아니라, 일반적인 사실에 대해 설명하는 것이다.

- **unto everlasting life** 영속적인 생명으로(everlasting: 영속적인, eternal: 영원한, forever: 영구히)

- **others** 하나님께서 창조하시기로 작정하신 사람들과 천사들의 총 수에서 영속적인 생명으로 예정하신 자들을 제외한 모든 이들을 말한다.

- **fore-ordain** '미리 정하다'로 택자들에 대한 작정을 표현할 때 사용되는 predestinate와 대조하여, 유기자들에 대한 하나님의 작정을 표시할 때 사용되는 단어이다. 뿐만 아니라 fore-ordain은 소교리문답 7문과 대교리문답 12문에서 앞으로 일어날 모든 일들(whatsoever comes to pass)에 대한 하나님의 작정을 나타낼 때도 사용된다.

- **(are) fore-ordained** 현재시제 수동태이기 때문에 '미리 정해졌다'가 아니라 '미리 정해진다'로 이해하고 번역해야 한다. 이 또한 are predestinated(예정된다)처럼 과거에 하나님께서 누군가를 영속적인 사망으로 미리 정하셨다는 그 행위에 대해 말하는 것이 아니라, 하나님에 의해서 누군가는 영속적인 사망으로 정해진다는 사실을 말하는 것이다. 보통 이렇게 미리 정해진 자들을 '유기자들'(the reprobate)이라고 하는데, (are) fore-ordained을 통해서 분명히 알 수 있는 사실은 유기자들이 단순히 택자들이 선택되고 남은 자들이 아니라는 것이다. 유기자들도 하나님께서 자신의 선하신 뜻의 협의에 따라 각각 지정해서 미리 정하신 자들이라는 점이다.

- **to everlasting death** 영속적인 사망으로

- 몇몇의 사람들과 천사들은 영속적인 생명으로 예정되고, 다른 이들은 영속적인 사망으로 미리 정해진다.

<원문>

IV. These angels and men, thus predestinated, and fore-ordained, are particularly and unchangeably designed, and their number so certain and definite, that it cannot be either increased or diminished.

<번역>

그런 식으로 예정되고, 미리 정해진 이 천사들과 사람들은 개별적이고 불변하게 계획되며, 그들의 수는 아주 분명하고, 한정되어 있기에 그 수는 증가되거나 감소될 수 없다.

<원문분석>

1. These angels and men, thus predestinated, and fore-ordained, are particularly and unchangeably designed,

- These angels and men, thus (who are) predestinated 문법적으로만 보면 '이 천사들과 사람들, 그들은 그러한 식으로 예정되는데'이지만 부드러운 한국어 표현을 위해 의미에 큰 변화가 없는 한 '그런 식으로 예정된 이 천사들과 사람들'로 번역해도 무방할 듯하다.

- These angels and men, thus (who are) fore-ordained '그런 식으로 미리 정해진 이 천사들과 사람들'

- particularly 개별적으로

- unchangeably 불변하게

- are designed 계획되다. 기획되다.

- 그런 식으로 예정되고, 미리 정해진 이 천사들과 사람들은 개별적이고 불변하게 계획된다.

2. their number so certain and definite, that it cannot be either increased

or diminished.

- **their number** 영속하는 생명으로 예정되는 천사들과 사람들의 총수와 영속하는 사망으로 미리 정해지는 천사들과 사람들의 총수를 말한다.
- **so certain and definite, that~** 'so + 형용사 + that + 주어 + 동사'의 틀로 아주 ~해서 ~하다'는 뜻이다.
- **so certain and definite** 아주 분명하고 한정되어 있어서
- **it cannot be either increased or diminished.** '그것은 증가하거나 줄어들 수 없다'로 cannot은 어떠한 가능성도 기대할 수 없다는 것을 분명히 나타내는 조동사다.
- 그들의 수는 아주 분명하고, 한정되어 있기에 그것은 증가되거나 감소될 수 없다.

<원문>

V. Those of mankind that are predestinated unto life, God, before the foundation of the world was laid, according to His eternal and immutable purpose, and the secret counsel and good pleasure of His will, hath chosen, in Christ, unto everlasting glory, out of His mere free grace and love, without any foresight of faith or good works, or perseverance in either of them, or any other thing in the creature, as conditions, or causes moving Him thereunto: and all to the praise of His glorious grace.

<번역>

인류 중에서 생명으로 예정된 자들을 하나님께서는, 세상의 기초가 놓이기 전에, 자신의 영원하고 불변하는 목적과 자신의 의지의 비밀스런 협의와 선한 즐거움에 따라, 그리스도 안에서, 영속적인 영광에로, 자기의 순수한 값없는 은혜와 사랑으로부터, 자신을 감동시키는 조건들이나 원인으로서 그들이나 피조물 안에 있는 어떤 것의 믿음이나 선행들 혹은 견인에 대한 어떤 선견지명도 없이 선택하

셨는데, 모두를 그의 영광스런 은혜의 찬양에로 선택하셨다.

<원문분석>

1. Those of mankind that are predestinated unto life, God, before the foundation of the world was laid, according to His eternal and immutable purpose, and the secret counsel and good pleasure of His will,

- Those of mankind that~ 이 항 전체는 God이 주어, hath chosen이 주동사, Those of mankind that are predestinated unto life와 all이 목적어인 3형식 문장이다.

- of mankind 인류 중에서

- Those of mankind that are predestinated unto life 관계대명사 that의 선행사는 mankind가 아니라 those이다. 따라서 이 부분은 '모든 인류 중에서 영원한 생명으로 예정되는 자들'로 번역해야 한다. 참고로 만일 that의 선행사를 mankind로 보게 되면 '영원한 생명으로 예정되는 인류 중의 그들'이 되어 하나님께서 예정하신 자들도 또 어떠한 부류들로 나뉠 수 있다는 오해를 낳게 된다.

- before the foundation of the world was laid '세상의 기초가 놓이기 전에'로 여기서 before는 전치사가 아니라, 접속사로 쓰였다.

- according to His eternal and immutable purpose 자신의 영원하고 불변하는 목적에 따라

- (according to) the secret counsel and good pleasure of His will 자신의 의지의 비밀스런 협의와 선한 즐거움에 따라

- 인류 중에서 생명으로 예정된 자들을 하나님께서는, 세상의 기초가 놓이기 전에, 자신의 영원하고 불변하는 목적과 자신의 의지의 비밀스런 협의와 선한 즐거움에 따라

2. hath chosen, in Christ, unto everlasting glory,(i) out of His mere free grace and love, without any foresight of faith or good works, or perseverance in either of them, or any other thing in the creature, as

conditions, or causes moving Him thereunto:(k)

- **hath chosen** hath chosen은 현재완료 형태다. 이는 과거에 완료된 선택의 결과가 변동 없이 여전히 현재에도 남아 있다는 뜻을 내포하는 표현이다.

- **unto everlasting glory** 영속적인 영광으로

- **out of His mere free grace and love** 자기의 순수한 값없는 은혜와 사랑으로부터

- **without any foresight of faith or good works, or perseverance in** 믿음이나 선행들, 혹은 견인에 관한 어떤 선경지명 없이

- **perseverance in** ~에 관한 인내 (persevere in:~을 인내하다)

- **either of them** either (faith or good works, or perseverance in) of them 그들의 믿음이나 선행들, 혹은 견인이든

- **, or any other thing in the creature** ,or (faith or good works, or perseverance in of) any other thing in the creature 혹은 피조물 안에 있는 다른 어떤 것의 믿음이나 선행들, 혹은 견인이든

- **as conditions, or causes** 조건들이나 원인으로서

- **moving Him thereunto:** (which are) moving Him thereunto 문자적으로는 '자신을 거기로 움직이는'인데, 그 의미를 따라 '자신을 감동시키는'으로 번역하면 된다.

- 그리스도 안에서, 영속적인 영광에로, 자기의 순수한 값없는 은혜와 사랑으로부터, 자신을 감동시키는 조건들이나 원인으로서 그들이나 피조물 안에 있는 어떤 것의 믿음이나 선행들 혹은 견인에 대한 어떤 선견지명도 없이 선택하셨다.

3. and all to the praise of His glorious grace.(l)

- **all** hath chosen의 두 번째 목적어이며, Those of mankind that are predestinated unto life(인류 중에서 생명으로 예정된 자들) 모두를 의미한다.

- **to the praise of His glorious grace** '자신의 영광스런 은혜의 찬양에로'로 to를 통해 그들 모두를 선택하신 자신의 뜻을 나타내고 있다.

- 모두를 그의 영광스런 은혜의 찬양에로 선택하셨다.

VI. As God hath appointed the elect unto glory, so hath He, by the eternal and most free purpose of His will, fore-ordained all the means thereunto. Wherefore they who are elected, being fallen in Adam, are redeemed by Christ, are effectually called unto faith in Christ by His Spirit working in due season, are justified, adopted, sanctified, and kept by His power through faith, unto salvation. Neither are any other redeemed by Christ, effectually called, justified, adopted, sanctified, and saved, but the elect only.

〈번역〉

하나님께서 택자들을 영광에로 지정하신 것처럼, 그는 자신의 의지의 영원하고 가장 자유로운 목적에 의해, 거기에 대한 모든 수단들도 그렇게 미리 정하셨다. 그러한 까닭으로 택함을 받은 자들은 비록 아담 안에서 타락했음에도 불구하고 그리스도에 의해 구속되고, 적절한 시기에 역사하는 그의 영에 의해 그리스도 안에 있는 믿음에로 효력 있게 부르심을 받고, 의롭다 함 받고, 양자로 받아들여지며, 성화되고, 그의 능력에 의해 믿음을 통해 구원에로 지켜진다. 오직 택자들을 제외하고는 다른 그 누구도 그리스도에 의해 구속되지 않고, 효력 있게 부르심 받지 않고, 의롭다 함 받지 않고, 양자로 받아들여지지 않고, 성화되지 않고, 구원되지 않는다.

〈원문분석〉

1. As God hath appointed the elect unto glory, so hath He, by the eternal and most free purpose of His will, fore-ordained all the means thereunto.

- As~, so~ ~인 것처럼, 그렇게 ~이다.

- **the elect** 택함을 받은 자들(elect: 당선된, 선출된, 선택된)
- **hath appointed** 지정하셨다(institute: 제정하다. ordain: 정하다)
- **As God hath appointed the elect unto glory** 하나님께서 택자들을 영광에로 지정하신 것처럼
- **by the eternal and most free purpose of His will** 자신의 의지의 영원하고 가장 자유로운 목적에 의해
- **hath fore-ordain** 미리 정하다.
- **all the means thereunto** '거기에 대한 모든 수단들'이다. thereunto가 '게다가'라는 뜻이 있어서 '게다가 모든 수단들도'라고도 할 수 있을 것 같지만, 정관사 (the)가 수단들(means)이 어떠한 것에 의해 한정되고 있다는 정보를 주고 있기에, thereunto가 수단들(means)을 한정한다고 보는 것이 바람직하다. 이러한 차원에서 보면 이는 하나님께서 택자들을 지정하시는 것과 관련한 수단들만을 말하며, 동시에 그 수단들 모두를 말하는 것이 분명해진다.
- 하나님께서 택자들을 영광에로 지정하신 것처럼, 그는 자신의 의지의 영원하고 가장 자유로운 목적에 의해, 거기에 대한 모든 수단들도 그렇게 미리 정하셨다.

2. Wherefore they who are elected, being fallen in Adam, are redeemed by Christ, are effectually called unto faith in Christ by His Spirit working in due season, are justified, adopted, sanctified, and kept by His power through faith, unto salvation.

- **wherefore** 그러한 까닭으로
- **they who are elected** 선택받는 사람들(선택받은 사람들: they who have been elected)
- **being fallen in Adam** 'even though they are fallen in Adam'을 양보를 나타내는 분사구문으로 표현한 것으로 '아담 안에서 타락했음에도 불구하고'인데, 이는 과거에 행한 행동을 말하는 것이 아니라, '아담 안에서 타락한 상태임에도 불구하고'로 현재의 상태를 나타내는 표현으로 이해하면 된다.
- **they~ are redeemed~,** they~ are redeemed~, are effectually called~, are

justified, adopted, sanctified, and (are) kept~의 구조로 택함 받는 자들이 누리게 되는 은덕들(benefits)을 A, B, C, and D의 틀로 나열하고 있다.

- are redeemed by Christ 그리스도에 의해 구속되다.
- are effectually called unto faith in Christ 그리스도 안에 있는 믿음에로 효력 있게 부름 받는다:
- by His Spirit (who is) working 역사하시는 성령님에 의해
- in due season 적절한 시기에, 합당한 시기에
- are justified, adopted, sanctified 의롭다 함 받고, 양자로 받아들여지며, 성화 되어진다.
- kept by His power (are) kept by His power 그의 능력에 의해서 지켜진다.
- through faith, unto salvation 믿음을 통해, 구원에로
- 그러한 까닭으로 택함을 받은 자들은 비록 아담 안에서 타락했음에도 불구하고 그리스도에 의해 구속되고, 적절한 시기에 역사하는 그의 영에 의해 그리스도 안에 있는 믿음에로 효력 있게 부르심을 받고, 의롭다 함 받고, 양자로 받아들여 지며, 성화되고, 그의 능력에 의해 믿음을 통해 구원에로 지켜진다.

3. Neither are any other redeemed by Christ, effectually called, justified, adopted, sanctified, and saved, but the elect only.

- Neither are any other redeemed by Christ 다른 누구도 그리스도에 의해 구속 되지 않는다.
- but the elect only 오직 택자들을 제외하고는
- 오직 택자들을 제외하고는 다른 그 누구도 그리스도에 의해 구속되지 않고, 효력 있게 부르심 받지 않고, 의롭다 함 받지 않고, 양자로 받아들여지지 않고, 성 화되지 않고, 구원되지 않는다.

\<원문\>

VII. The rest of mankind God was pleased, according to the unsearchable counsel of His own will, whereby He extendeth or withholdeth mercy, as He pleaseth, for the glory of His sovereign power over His creatures, to pass by; and to ordain them to dishonour and wrath, for their sin, to the praise of His glorious justice.

\<번역\>

하나님께서는 자신의 피조물들에 대한 자신의 주권적인 능력의 영광을 위해 자신이 기뻐하시는 대로 자비를 늘리거나 보류하시는 자기 자신의 의지의 불가사의한 협의에 따라 인류 중 나머지들을 지나쳐버리시고, 그들을 그들의 죄로 인한 치욕과 진노에로 정하시기를 기뻐하셔서, 자신의 영광스러운 정의를 찬양하게 하셨다.

\<원문분석\>

1. **The rest of mankind God was pleased, according to the unsearchable counsel of His own will, whereby He extendeth or withholdeth mercy, as He pleaseth, for the glory of His sovereign power over His creatures,**

- **The rest of mankind** '인류 중 나머지'로 이들은 제5항에서 언급한 Those of mankind that are predestinated unto life(인류 중에서 생명으로 예정되는 자들)을 제외한 나머지 인류를 말한다.

- **God was pleased~** 이 항 전체는 God was pleased~ to pass by; and to ordain~의 틀로 '하나님께서는 ~을 지나쳐버리시고, ~을 정하시기를 기뻐하셨다'는 뜻이다.

- **unsearchable** 불가사의한

- **whereby** 그것에 의해, 그로써, 계속적 용법의 관계부사로 사용되었으나, 한국

어 어법상 한정적 용법으로 해석하는 것이 더욱 자연스럽다.

- He extendeth or withholdeth mercy 그는 자비를 늘리시거나 보류하신다.

- as He pleaseth 그가 기뻐하시는 대로

- for the glory of His sovereign power over His creatures, 그의 피조물들에 대한 그의 주권적인 능력의 영광을 위해

- 하나님께서는 자신의 피조물들에 대한 자신의 주권적인 능력의 영광을 위해 자신이 기뻐하시는 대로 자비를 늘리거나 보류하시는 자기 자신의 의지의 불가사의한 협의에 따라 인류 중 나머지들을

2. to pass by; and to ordain them to dishonour and wrath, for their sin, to the praise of His glorious justice.

- to pass by; and to ordain God was pleased~ to pass by; and to ordain~의 틀이다.

- to pass by them 그들을 지나쳐버리시다.

- to ordain them to dishonour and wrath 그들을 치욕과 진노에로 정하시다.

- for their sin 그들 자신들의 죄 때문에

- to the praise of His glorious justice 그의 영광스런 공의의 찬양에로

- 그들을 지나쳐버리시고, 그들을 그들의 죄로 인한 치욕과 진노에로 정하시기를 기뻐하셔서, 자신의 영광스러운 정의를 찬양하게 하셨다.

<번역>

이 고귀한 예정의 신비의 교리는 하나님의 말씀에 계시되어 있는 그분의 뜻에 유의하고, 그러한 까닭으로 순종을 표명하는 사람들이 그들의 효력 있는 소명에 대한 확실성으로부터 그들의 영원한 선택을 확신하도록 특별한 신중함과 주의를 가지고 다뤄져야 한다. 만일 그렇게 된다면 이 교리는 하나님에 관한 찬양과 경외와 찬사의 문제와, 진정으로 복음에 순종하는 모든 사람들에게 대한 겸손, 근면, 그리고 풍성한 위로에 관한 문제를 감당해 낼 것이다.

<원문분석>

1. The doctrine of this high mystery of predestination is to be handled with special prudence and care,

- predestination 예정
- this high mystery of predestination 이 고귀한 예정의 신비
- is to be handled 다루어져야 한다. 처리되어야 한다. 통제되어야 한다.
- with special prudence and care 특별한 신중함과 주의를 가지고
- 이 고귀한 예정의 신비의 교리는 특별한 신중함과 주의를 가지고 다뤄져야 한다.

2. that men attending the will of God revealed in His Word, and yielding obedience thereunto, may, from the certainty of their effectual vocation, be assured of their eternal election.

- **that men** that men~ may~ be assured of~의 틀인 목적을 나타내는 종속절이다.
- **attend thereunto** pay attention to ~에 주의하다. ~에 유의하다.
- **men attending the will of God** men (who are) attending the will of God으로 '하나님의 말씀의 유의하는 사람들'을 의미한다.
- **revealed in His Word** (which is) revealed in His Word로 '그분의 말씀에 계시되는'으로 생략된 which의 선행사는 the will of God이다.
- **yield** ~을 표명하다.
- **yielding obedience thereunto** (men who are) yielding obedience thereunto 로 '그러한 까닭으로 순종을 표명하는 사람들'이라는 뜻이다.
- **vocation** 소명
- **from the certainty of their effectual vocation** '그들의 효력 있는 소명에 대한 확실성으로부터'인데, 여기서 certainty(확실성)는 부르심을 받은 자들이 느끼는 확신을 말하는 것이 아니라, 하나님께서 그들을 효력 있게 부르신다는 것이 확실한 사실이라는 것을 의미한다.
- **be assured of~** ~을 확신한다.
- **their eternal election** 그들의 영원한 선택을
- 하나님의 말씀에 계시되어 있는 그분의 뜻에 유의하고, 그러한 까닭으로 순종을 표명하는 사람들이 그들의 효력 있는 소명에 대한 확실성으로부터 그들의 영원한 선택을 확신하도록

3. So shall this doctrine afford matter of praise, reverence, and admiration of God, and of humility, diligence, and abundant consolation to all that sincerely obey the Gospel.

- **So** So가 가정법을 나타내고 있기에, '만일 그렇게 된다면'으로 번역한다. 주절에서 사용된 조동사 shall에 근거해 가정법 현재로 본다.

- shall this doctrine afford~ afford는 '~을 감당할 능력이 된다'는 뜻으로, '이 교리는 ~을 감당할 능력이 될 것이다'라는 의미다.
- matter of praise, reverence, and admiration of God 하나님에 관한 찬양과 경외와 찬사의 문제
- of humility, diligence, and abundant consolation 겸손, 근면, 그리고 풍성한 위로에 관한 문제
- all that sincerely obey the Gospel 진정으로 복음에 순종하는 모든 사람들
- 만일 그렇게 된다면 이 교리는 하나님에 관한 찬양과 경외와 찬사의 문제와, 진정으로 복음에 순종하는 모든 사람들에게 대한 겸손, 근면, 그리고 풍성한 위로에 관한 문제를 감당해 낼 것이다.

<원문으로 요약하고 성경으로 해설하기>

1. 하나님께서는 영원 전에 앞으로 일어날 모든 일들을 작정하셨다.

   "모든 일을 그의 뜻의 결정대로 일하시는 이의 계획을 따라 우리가 예정을 입어 그 안에서 기업이 되었으니"(엡1:11)

2. 하나님께서 작정하신 뜻은 결코 취소되지도, 변경되지도 않는다.

   "하나님은 약속을 기업으로 받는 자들에게 그 뜻이 변하지 아니함을 충분히 나타내시려고 그 일을 맹세로 보증하셨나니"(히6:17)

3. 하나님께서 만물의 창조자이시며, 이 땅에서 일어나는 모든 일이 하나님의 작정에 근거한다고 해서 하나님께서 죄의 조성자가 되시는 것은 아니다.

   "사람이 시험을 받을 때에 내가 하나님께 시험을 받는다 하지 말지니 하나님은 악에게 시험을 받지도 아니하시고 친히 아무도 시험하지 아니하시느니라"(약1:11)

4. 사람이 죄를 짓는 것은 하나님에 의해 그렇게 하도록 조장되는 것이 아니라, 하나님께서 주신 자유의지를 하나님의 영광이 아니라, 자신의 욕심을 성취하려는 목적으로 잘못 사용하기 때문이다.

   "오직 각 사람이 시험을 받는 것은 자기 욕심에 끌려 미혹됨이니 욕심이 잉태한즉 죄를 낳

고 죄가 장성한즉 사망을 낳느니라"(약1:14,15)

5. 하나님께서는 각 사람들의 의지와 그들의 삶 속에서 일어나는 다양한 유연성
   을 통해 자신의 거룩한 작정들을 이루신다.
   "제비는 사람이 뽑으나 모든 일을 작정하기는 여호와께 있느니라"(잠16:33)

   "과연 헤롯과 본디오 빌라도는 이방인과 이스라엘 백성과 합세하여 하나님께서 기름 부으
   신 거룩한 종 예수를 거슬러 하나님의 권능과 뜻대로 이루려고 예정하신 그것을 행하려고
   이 성에 모였나이다"(행4:27,28)

6. 영원하신 하나님께서는 자신의 예지를 통해 앞으로 일어날 모든 것들을 다 아
   신다.
   "그일라 사람들이 나를 그의 손에 넘기겠나이까 주의 종이 들은 대로 사울이 내려오겠나
   이까 이스라엘의 하나님 여호와여 원하건대 주의 종에게 일러 주옵소서 하니 여호와께서
   이르시되 그가 내려오리라 하신지라 다윗이 이르되 그일라 사람들이 나와 내 사람들을 사
   울의 손에 넘기겠나이까 하니 여호와께서 이르시되 그들이 너를 넘기리라 하신지라"(삼
   상23:11,12)

7. 하나님께서는 예지를 작정의 근거로 사용하지 않으셨다. 따라서 그 어떤 것도
   하나님의 작정에 영향을 주는 것은 없다. 하나님의 작정은 전적으로 삼위일체
   하나님의 선하시고 기뻐하시는 뜻에 근거한다.
   "그 자식들이 아직 나지도 아니하고 무슨 선이나 악을 행하지 아니한 때에 택하심을 따
   라 되는 하나님의 뜻이 행위로 말미암지 않고 오직 부르시는 이로 말미암아 서게 하려 하
   사……기록된 바 내가 야곱은 사랑하고 에서는 미워하였다 하심과 같으니라……그런즉
   원하는 자로 말미암음도 아니요 달음박질하는 자로 말미암음도 아니요 오직 긍휼히 여기
   시는 하나님으로 말미암음이니라……그런즉 하나님께서 하고자 하시는 자를 긍휼히 여
   기시고 하고자 하시는 자를 완악하게 하시느니라"(롬9:11,13,16,18)

8. 하나님께서는 자신의 영광을 위해 몇몇의 사람들과 천사들을 영속적인 생명으
   로 예정하셨다.

"그 기쁘신 뜻대로 우리를 예정하사 예수 그리스도로 말미암아 자기의 아들들이 되게 하셨으니 이는 그가 사랑하시는 자 안에서 우리에게 거저 주시는 바 그의 은혜의 영광을 찬송하게 하려는 것이라"(엡1:5,6)

"하나님과 그리스도 예수와 택하심을 받은 천사들 앞에서 내가 엄히 명하노니 너는 편견이 없이 이것들을 지켜 아무 일도 불공평하게 하지 말며"(딤전5:21)

9. 하나님께서는 생명으로 예정하신 자들 외의 다른 이들은 영속적인 사망으로 미리 정하셨다.

"또 왼편에 있는 자들에게 이르시되 저주를 받은 자들아 나를 떠나 마귀와 그 사자들을 위하여 예비된 영원한 불에 들어가라"(마25:41)

"여호와께서 온갖 것을 그 쓰임에 적당하게 지으셨나니 악인도 악한 날에 적당하게 하셨느니라"(잠16:4)

10. 생명으로 예정된 자들과 사망으로 미리 정해진 자들은 모두 개별적이며, 불변하다. 그리고 그 수가 이미 정해져 있기에 그 수가 증가하거나 감소하지 않는다. 따라서 택자가 이후에 버려지는 경우도 없고, 유기자가 이후에 새롭게 선택되는 경우도 없다. 당연히 택자와 유기자가 서로 바뀌는 경우도 결코 없다.

"그러나 하나님의 견고한 터는 섰으니 인침이 있어 일렀으되 주께서 자기 백성을 아신다 하며 또 주의 이름을 부르는 자마다 불의에서 떠날지어다 하였느니라"(딤후2:19)

11. 하나님께서는 자신이 택하신 자들과 유기하신 자들을 각각 개별적으로 다 아신다.

"내가 너희 모두를 가리켜 말하는 것이 아니니라 나는 내가 택한 자들이 누구인지 앎이라 그러나 내 떡을 먹는 자가 내게 발꿈치를 들었다 한 성경을 응하게 하려는 것이니라"(요13:18)

12. 하나님께서는 자신이 사랑하는 자들을 자신의 선하신 즐거움에 따라 영원한 영광과 생명으로 선택하심으로, 자신의 영광스런 은혜를 찬양하게 하셨다.

"이는 그가 사랑하시는 자 안에서 우리에게 거저 주시는 바 그의 은혜의 영광을 찬송하게 하려는 것이라"(엡1:6)

"이는 우리가 그리스도 안에서 전부터 바라던 그의 영광의 찬송이 되게 하려 하심이라"(엡 1:12)

13. 하나님께서는 택자들을 영광으로 지정하셨을 뿐 아니라, 그들이 그 영광에 이르는 수단들도 미리 정하셨다.

"곧 하나님 아버지의 미리 아심을 따라 성령이 거룩하게 하심으로 순종함과 예수 그리스도의 피 뿌림을 얻기 위하여 택하심을 받은 자들에게 편지하노니 은혜와 평강이 너희에게 더욱 많을지어다"(벧전1:2)

"주께서 사랑하시는 형제들아 우리가 항상 너희에 관하여 마땅히 하나님께 감사할 것은 하나님이 처음부터 너희를 택하사 성령의 거룩하게 하심과 진리를 믿음으로 구원을 받게 하심이니"(살전2:13)

"또 미리 정하신 그들을 또한 부르시고 부르신 그들을 또한 의롭다 하시고 의롭다 하신 그들을 또한 영화롭게 하셨느니라"(롬8:30)

14. 하나님께서 택하신 자들을 위해 미리 정하신 영속적인 생명에 이르는 수단들은, 그분이 선택하지 않으신 자들에게는 결코 적용되지 않는다.

"그러나 너희 중에 믿지 아니하는 자들이 있느니라 하시니 이는 예수께서 믿지 아니하는 자들이 누구며 자기를 팔 자가 누구인지 처음부터 아심이러라 또 이르시되 그러므로 전에 너희에게 말하기를 내 아버지께서 오게 하여 주지 아니하시면 누구든지 내게 올 수 없다 하였노라 하시니라"(요6:64,65)

"그들이 우리에게서 나갔으나 우리에게 속하지 아니하였나니 만일 우리에게 속하였더라면 우리와 함께 거하였으려니와 그들이 나간 것은 다 우리에게 속하지 아니함을 나타내려 함이니라"(요일2:19)

15. 창조자 하나님께서 누군가를 생명으로 선택하신 것이 자신의 선하고 기쁘신 뜻에 의한 것인 것처럼, 누군가를 영원한 사망으로 내버려두신 것 또한 창조자 하나님의 선하고 기쁘신 뜻이다.

"토기장이가 진흙 한 덩이로 하나는 귀히 쓸 그릇을, 하나는 천히 쓸 그릇을 만들 권한이 없느냐 만일 하나님이 그의 진노를 보이시고 그의 능력을 알게 하고자 하사 멸하기로 준비된 진노의 그릇을 오래 참으심으로 관용하시고"(롬9:21,22)

"이는 가만히 들어온 사람 몇이 있음이라 그들은 옛적부터 이 판결을 받기로 미리 기록된 자니 경건하지 아니하여 우리 하나님의 은혜를 도리어 방탕한 것으로 바꾸고 홀로 하나이신 주재 곧 우리 주 예수 그리스도를 부인하는 자니라"(유1:4)

16. 하나님께서 인류 중에서 택자를 제외한 나머지를 지나쳐버리신 것은 그들을 죄로 인한 치욕과 진노에로 정하심으로 자신의 영광스러운 정의를 찬양하게 하시기 위함이다.

"성경이 바로에게 이르시되 내가 이 일을 위하여 너를 세웠으니 곧 너로 말미암아 내 능력을 보이고 내 이름이 온 땅에 전파되게 하려 함이라 하셨으니 그런즉 하나님께서 하고자 하시는 자를 긍휼히 여기시고 하고자 하시는 자를 완악하게 하시느니라"(롬9:17,18)

"또한 부딪치는 돌과 걸려 넘어지게 하는 바위가 되었다 하였느니라 그들이 말씀을 순종하지 아니하므로 넘어지나니 이는 그들을 이렇게 정하신 것이라"(벧전2:8)

17. 하나님의 선택의 교의는 특별한 신중함과 주의를 가지고 다뤄져야 한다.

"감추어진 일은 우리 하나님 여호와께 속하였거니와 나타난 일은 영원히 우리와 우리 자손에게 속하였나니 이는 우리에게 이 율법의 모든 말씀을 행하게 하심이니라"(신29:29)

"이 사람아 네가 누구이기에 감히 하나님께 반문하느냐 지음을 받은 물건이 지은 자에게 어찌 나를 이같이 만들었느냐 말하겠느냐"(롬9:20)

"그러므로 형제들아 더욱 힘써 너희 부르심과 택하심을 굳게 하라 너희가 이것을 행한즉 언제든지 실족하지 아니하리라"(벧후 1:10)

Chapter IV

Of Creation

창조에 관하여

<원문>

I. It pleased God the Father, Son, and Holy Ghost, for the manifestation of the glory of His eternal power, wisdom, and goodness, in the beginning, to create, or make of nothing, the world, and all things therein whether visible or invisible, in the space of six days; and all very good.

<번역>

태초에 세상을, 그리고 그 안에 보이는 것이나 보이지 않는 모든 것을, 6일 동안 창조, 즉 무로부터 만드시는 것과, 모든 것을 아주 선하도록 그렇게 하신 것은 그분의 영원한 능력과 지혜와 선하심의 영광의 현현이라는 이유로 아버지와 아들과 성령 하나님을 기쁘시게 했다.

<원문분석>

1. It pleased God the Father, Son, and Holy Ghost, for the manifestation of the glory of His eternal power, wisdom, and goodness,

- It pleased God~ 이 항은 하나의 문장으로 It pleased God ~ to create, or make A; (to create, or make) all very good.의 가주어-진주어 구문이다. 'A를 창조하거나 만드신 것과 모든 것을 아주 좋게 창조하거나 만드신 것이 하나님~을 기쁘시게 했다.'라는 뜻이다.

- for the manifestation of the glory~ for는 목적이 아니라, 이유로 보는 것이 바람직하게 여겨진다. 창조하시는 행위가 하나님 자신을 기쁘시게 하는 이유를 밝히고 있는 것으로 보아 '~의 영광의 현현이라는 이유로'로 번역한다.

- His eternal power, wisdom, and goodness 그분의 영원한 능력, 지혜, 선하심

- ~은 그분의 영원한 능력과 지혜와 선하심의 영광의 현현이라는 이유로 아버지와 아들과 성령 하나님을 기쁘시게 했다.

2. in the beginning, to create, or make of nothing, the world, and all things therein whether visible or invisible, in the space of six days; and all very good.

- **in the beginning** '태초에'라는 뜻으로 창세기 1:1에서 세상의 시작을 알리는 그 시점에서의 태초를 말한다. 참고로 요한복음 1:1의 in the beginning은 오직 영원만이 존재하며, 삼위일체 하나님께서 작정을 세우시는 그때를 말한다. 이 항에서 in the beginning은 바로 뒤에 있는 to create, or make를 수식하며 두 동사가 작동하는 그 시점에 대한 정보를 주고 있다.

- **to create, or make of nothing** '창조하는 것, 즉 무로부터 만드는 것'으로, or은 동격적인 어구를 추가하여 설명할 때 사용되어 '즉'이나, '다시 말해서'의 뜻으로 쓰인다. 여기서 or make nothing은 create의 의미를 설명하고 있다.

- **all things therein** 그 안에 있는 모든 것들

- **whether visible or invisible** whether (which are) visible or (which are) invisible이다. '보이는 것이든 보이지 않는 것이든'으로 생략된 관계대명사의 선행사는 all things이다.

- **in the space of six days** 6일이라는 시간의 공간 안에서

- **all very good** to create, or make all very good의 5형식에서 all은 목적어, very good은 목적 보어다. very good은 all의 상태가 매우 선하다는 뜻이다. 따라서 이를 '선하게 창조하다'라고 번역하면 창조하는 방법이 선한 것으로 오해될 수 있다. 따라서 이는 '선하도록'으로 번역하는 것이 좋을 듯하다.

- 태초에 세상을, 그리고 그 안에 보이는 것이나 보이지 않는 모든 것을, 6일 동안 창조, 즉 무로부터 만드시는 것과, 모든 것을 아주 선하도록 그렇게 하신 것은

<원문>

II. After God had made all other creatures, He created man, male and female, with reasonable and immortal souls, endued with knowledge, righteousness, and true holiness, after His own image; having the law of God written in their hearts, and power to fulfil it: and yet under a possibility of transgressing, being left to the liberty of their own will, which was subject unto change. Beside this law written in their hearts, they received a command, not to eat of the tree of the knowledge of good and evil, which while they kept, they were happy in their communion with God, and had dominion over the creatures.

<번역>

하나님께서는 모든 다른 피조물들을 만드신 후에, 이성적이고 불멸하는 영혼을 가진 사람을 남자와 여자로 창조하셨는데, 그들은 하나님 자신의 형상을 따라서 지혜와 의로움과 참 거룩함을 부여받았고, 그들의 심정에 기록된 하나님의 율법과 그것을 성취할 수 있는 능력을 가졌으나, 변하기 쉬운 그들 자신들의 의지의 자유에 내버려져 있었기에 여전히 죄 범할 가능성 아래 있었다. 그들의 심정에 기록된 이 법 외에, 그들은 선과 악의 지식에 대한 나무를 먹지 말라는 하나의 명령을 받았는데, 그들이 그것을 지키는 동안에는 그들이 하나님과의 교제 안에서 행복했고, 피조물들에 대한 통치권을 갖고 있었다.

<원문분석>

1. After God had made all other creatures, He created man, male and female, with reasonable and immortal souls,

- After God had made all other creatures after와 과거완료(had made)가 종속절의 시제가 주절의 시제보다 먼저라는 것을 분명히 밝혀준다. 따라서 이 부분

은 그 의미를 밝혀 '하나님께서는 모든 다른 피조물들을 만드신 후에'로 번역하는 것이 좋다.

- **He created man, male and female,** He created man, (who is) male and (who is) female,로 문법적으로만 보면 '그분은 남자인 사람과 여자인 사람을 창조하셨다'가 되나, 의미에 변화가 없는 한 자연스런 한국어 표현을 위해 '그분은 사람을 남자와 여자로 만드셨다'로 번역한다. 참고로 '그분은 사람을 남자와 여자로 만드셨다'의 정확한 표현은 He created man male and female로 male앞에 콤마(,)가 없으면 된다.
- **with reasonable and immortal souls** 이성적이고 불멸의 영혼들을 가진
- 하나님께서는 모든 다른 피조물들을 만드신 후에, 이성적이고 불멸하는 영혼을 가진 사람을 남자와 여자로 창조하셨다.

2. **enued with knowledge, righteousness, and true holiness, after His own image; having the law of God written in their hearts, and power to fulfil it: and yet under a possibility of transgressing, being left to the liberty of their own will, which was subject unto change.**
- **, endued with~** , (who were) endued with~; having the law~: and yet under~의 구조로 관계대명사로 연결되는 세 개의 문장을 A; B: and C의 틀로 묶어서 정리했다. Their처럼 대명사를 복수로 받는 것으로 봐서 선행사는 male and female이다. ', (who were)'의 틀로 쓰인 계속적 용법이라 '~인데, 그들은~'으로 해석한다.
- **endued with knowledge, righteousness, and true holiness** '~인데, 그들은 지식과 의로움과 진정한 거룩함을 부여받았다.'
- **after His own image** 그분 자신의 형상을 따라서
- **having the law of God written** '하나님의 법이 기록되었다'인데, 여기서 have는 '~을 가지다'라는 뜻이 아니라, 사역동사로 '~을 ~의 상태가 되게 하다'라는 뜻이다.
- **in their hearts** 그들의 심정에

- yet under a possibility of transgressing 그러나 죄 범할 가능성 아래 있었다.
- being left to the liberty of their own will yet under a possibility of transgressing에 따른 분사구문으로 그들이 죄 범할 가능성 아래에 있게 된 이유를 설명하고 있다. being left~는 '~한 상태로 남겨지다'로 하나님께서 그들이 어떠한 상태에 머물러 있는 것을 허용하신 것을 말한다. 따라서 이 부분은 '그들 스스로의 의지의 자유에 내버려져 있었기에'로 번역한다.
- , which was subject unto change. '그것은 변하기 쉬웠다'로 which의 선행사는 their own will이다.
- be subject (un)to~ ~하기 쉬운
- 그들은 하나님 자신의 형상을 따라서 지혜와 의로움과 참 거룩함을 부여받았고, 그들의 심정에 기록된 하나님의 율법과 그것을 성취할 수 있는 능력을 가졌으나, 변하기 쉬운 그들 자신들의 의지의 자유에 내버려져 있었기에 여전히 죄 범할 가능성 아래 있었다.

3. Beside this law written in their hearts, they received a command, not to eat of the tree of the knowledge of good and evil, which while they kept, they were happy in their communion with God, and had dominion over the creatures.
- Beside this law 이 법과 함께, 이 법과 더불어서, 이 법 외에
- written in their hearts (which was) written in their hearts으로 '그들의 심정들에 기록된'인데, 이처럼 수동태로 표현된 것은 하나님께서 자신의 법을 그들의 심정에 직접 기록해 주셨다는 것을 내포하고 있다.
- they received a command '그들은 하나의 명령을 받았다'로 여기서 부정관사(a)는 '하나'로 번역해야 한다.
- , not to eat of the tree of the knowledge of good and evil, '선과 악의 지식에 대한 나무를 먹지 말 것이라는'으로 이 부분이 콤마(,)로 쌓여 있는 것으로 보아 a command의 동격이다.
- , which while they kept '그것을 지키는 동안에'로 관계대명사 which는 목적격

으로 kept의 목적어이고, 선행사는 a commend이다.

- **in their communion with God** 그들의 하나님과의 교제 안에서, 그들의 하나님과의 교제에 있어서

- **had dominion over the creatures** 피조물들에 대한 통치권을 가지고 있었다.

- 그들의 심정에 기록된 이 법 외에, 그들은 선과 악의 지식에 대한 나무를 먹지 말라는 하나의 명령을 받았는데, 그들이 그것을 지키는 동안에는 그들이 하나님과의 교제 안에서 행복했고, 피조물들에 대한 통치권을 갖고 있었다.

<원문으로 요약하고 성경으로 해설하기>

1. 창조의 사역은 아버지, 아들, 성령, 즉 삼위일체 하나님의 사역이다.

"태초에 하나님이 천지를 창조하시니라 땅이 혼돈하고 공허하며 흑암이 깊음 위에 있고 하나님의 영은 수면 위에 운행하시니라"(창1:1,2)

"태초에 말씀이 계시니라 이 말씀이 하나님과 함께 계셨으니 이 말씀은 곧 하나님이시니라 그가 태초에 하나님과 함께 계셨고 만물이 그로 말미암아 지은 바 되었으니 지은 것이 하나도 그가 없이는 된 것이 없느니라"(요1:1-3)

"그의 입김으로 하늘을 맑게 하시고 손으로 날렵한 뱀을 무찌르시나니"(욥26:13)

"하나님의 영이 나를 지으셨고 전능자의 기운이 나를 살리시느니라"(욥33:4)

2. 하나님께서 세상을 창조하신 목적은 자신의 영광을 드러내심에 있다. 하나님께서는 자신이 창조하신 모든 만물을 통해 자신의 영광을 선명하게 드러내신다.

"창세로부터 그의 보이지 아니하는 것들 곧 그의 영원하신 능력과 신성이 그가 만드신 만물에 분명히 보여 알려졌나니 그러므로 그들이 핑계하지 못할지니라"(롬1:20)

3. 하나님께서 창조하신 모든 만물들은 하나님의 능력과 지혜를 분명하게 나타낸다.

"여호와께서 그의 권능으로 땅을 지으셨고 그의 지혜로 세계를 세우셨고 그의 명철로 하늘을 펴셨으며"(렘10:12)

"여호와여 주께서 하신 일이 어찌 그리 많은지요 주께서 지혜로 그들을 다 지으셨으니 주께서 지으신 것들이 땅에 가득하니이다"(시104:24)

4. 이 세상에 존재하는 모든 만물들 중에 하나님의 뜻과 말씀에 의하지 않은 것은 그 어떤 것도 없다.

"여호와의 말씀으로 하늘이 지음이 되었으며 그 만상을 그의 입 기운으로 이루었도다"(시 33:6)

5. 세상의 모든 만물이 하나님의 창조와 그분의 영광을 밝히 보여주고 있음에도 불구하고 사람은 결코 스스로의 능력이나 지혜로는 그 사실을 분명히 인식할 수 없다. 사람이 이 세계가 하나님의 말씀으로 지어진 줄 알기 위해서는 어떠한 수단이 제공되어야 하는데, 그것이 바로 믿음이다.

"믿음으로 모든 세계가 하나님의 말씀으로 지어진 줄을 우리가 아나니 보이는 것은 나타난 것으로 말미암아 된 것이 아니니라"(히11:3)

6. 하나님께서 창조하신 것들은 보이는 것들뿐이 아니다. 하나님께서는 보이지 않는 것들도 창조하셨다. 심지어 세상의 권력이나 통치자 또한 하나님의 창조의 산물이다. 이러한 모든 것들을 통해 하나님께서는 자신의 영광을 드러내신다.

"만물이 그에게서 창조되되 하늘과 땅에서 보이는 것들과 보이지 않는 것들과 혹은 왕권들이나 주권들이나 통치자들이나 권세들이나 만물이 다 그로 말미암고 그를 위하여 창조되었고"(골1:16)

7. 남자와 여자는 하나님에 의해 각각 다른 성별로 창조된 산물이다. 따라서 그 어떤 사람도 자신의 성별을 창조된 그 상태와 달리 판단하거나 결정할 수 없다. 남자와 여자의 성 정체성을 결정할 수 있는 권한은 오직 사람을 창조하신 하나님께만 있다.

"하나님이 자기 형상 곧 하나님의 형상대로 사람을 창조하시되 남자와 여자를 창조하시고"(창1:27)

8. 하나님께서는 흙으로 그 형태를 빚은 후, 그 코에 생기를 불어 넣으심으로 사람을 창조하셨다. 이렇게 하나님의 생기가 빚어진 몸과 연합한 상태를 성경은 '생령'[2]이라고 하고, 반대로 이것이 분리되는 것을 죽음이라고 한다.

"여호와 하나님이 땅의 흙으로 사람을 지으시고 생기를 그 코에 불어넣으시니 사람이 생령이 되니라"(창2:7)

"흙은 여전히 땅으로 돌아가고 영은 그것을 주신 하나님께로 돌아가기 전에 기억하라"(전 12:7)

9. 하나님께서 각 사람에게 불어 넣으시는 생기는 이성적인 영혼이며, 불멸하는 영혼이다. 사람이 이 땅의 생을 마감한다 할지라도 그 사람의 영혼은 사라지지 않는다.

"예수께서 이르시되 내가 진실로 네게 이르노니 오늘 네가 나와 함께 낙원에 있으리라 하시니라"(눅23:43)

"몸은 죽여도 영혼은 능히 죽이지 못하는 자들을 두려워하지 말고 오직 몸과 영혼을 능히 지옥에 멸하실 수 있는 이를 두려워하라"(마10:28)

10. 하나님께서는 사람을 자신의 형상을 따라 지혜와 의로움과 참 거룩함을 가진 존재로 창조하셨다.

"하나님이 이르시되 우리의 형상을 따라 우리의 모양대로 우리가 사람을 만들고 그들로 바다의 물고기와 하늘의 새와 가축과 온 땅과 땅에 기는 모든 것을 다스리게 하자 하시고"(창1:26)

"하나님을 따라 의와 진리의 거룩함으로 지으심을 받은 새 사람을 입으라"(엡4:24)

11. 하나님께서는 최초의 창조된 사람인 아담과 하와의 심정에 하나님의 자신의 법을 직접 새겨 놓으셨고, 그것을 지킬 수 있는 능력 또한 그들에게 주셨다.

---

2. a living soul(LXE, KJV, ERV), a living creature(ESV), a living being(NASB, NIV, NET), a livng perspn(NLT)

"율법 없는 이방인이 본성으로 율법의 일을 행할 때에는 이 사람은 율법이 없어도 자기가 자기에게 율법이 되나니 이런 이들은 그 양심이 증거가 되어 그 생각들이 서로 혹은 고발하며 혹은 변명하여 그 마음에 새긴 율법의 행위를 나타내느니라"(롬2:14,15)

12. 최초의 창조된 사람인 아담과 하와는 스스로 생각하고 판단해서 행동할 수 있는 자유가 있었다. 그러나 그들의 자유는 주위의 환경과 그들의 상태에 따라 언제든지 변할 수 있었기에, 비록 자발적으로 선을 행할 수도 있었지만, 동시에 언제든지 하나님의 뜻을 거역할 가능성도 있었다.

"여자가 그 나무를 본즉 먹음직도 하고 보암직도 하고 지혜롭게 할 만큼 탐스럽기도 한 나무인지라 여자가 그 열매를 따먹고 자기와 함께 있는 남편에게도 주매 그도 먹은지라"(창3:6)

"내가 깨달은 것은 오직 이것이라 곧 하나님은 사람을 정직하게 지으셨으나 사람이 많은 꾀들을 낸 것이니라"(전7:29)

13. 최초의 창조된 사람인 아담과 하와는 하나님께서 심정에 새겨주신 법과 함께, 선악과를 먹지 말라는 하나의 명령을 받았는데, 그것을 지키는 동안에는 피조물들에 대한 통치권을 자유롭게 사용하며, 하나님과의 행복한 교제를 충만히 누릴 수 있었다.

"선악을 알게 하는 나무의 열매는 먹지 말라 네가 먹는 날에는 반드시 죽으리라 하시니라……여호와 하나님이 흙으로 각종 들짐승과 공중의 각종 새를 지으시고 아담이 무엇이라고 부르나 보시려고 그것들을 그에게로 이끌어 가시니 아담이 각 생물을 부르는 것이 곧 그 이름이 되었더라"(창2:17,19)

"하나님이 그들에게 복을 주시며 하나님이 그들에게 이르시되 생육하고 번성하여 땅에 충만하라, 땅을 정복하라, 바다의 물고기와 하늘의 새와 땅에 움직이는 모든 생물을 다스리라 하시니라 하나님이 이르시되 내가 온 지면의 씨 맺는 모든 채소와 씨 가진 열매 맺는 모든 나무를 너희에게 주노니 너희의 먹을 거리가 되리라 또 땅의 모든 짐승과 하늘의 모든 새와 생명이 있어 땅에 기는 모든 것에게는 내가 모든 푸른 풀을 먹을 거리로 주노라 하시니 그대로 되니라"(창1:28-30)

Chapter V

Of Providence

섭리에 관하여

<원문>

I. God the great Creator of all things doth uphold, direct, dispose, and govern all creatures, actions, and things, from the greatest even to the least, by His most wise and holy providence, according to His infallible fore-knowledge, and the free and immutable counsel of His own will, to the praise of the glory of His wisdom, power, justice, goodness, and mercy.

<번역>

만물의 위대한 창조자이신 하나님께서는 자신의 오류가 있을 수 없는 예지와 자유롭고 불변하는 자기 자신의 의지의 협의를 따라 가장 대단한 것들로부터 심지어 가장 하찮은 것들에 이르기까지 모든 피조물들과 행위들과 일들을 자신의 지혜와 능력과 정의와 선하심과 자비의 영광에 대한 찬양에로 지탱하시고, 지도하시고, 조정하시고, 통치하신다.

<원문분석>

1. God the great Creator of all things doth uphold, direct, dispose, and govern all creatures, actions, and things,

- God the great Creator of all things 만물의 위대한 창조자이시 하나님

- doth 주동사를 강조하는 조동사로 주어가 3인칭 단수인 것과 현재 시제임을 나타낸다.

- uphold 지탱하다. 보존하다. 유지하다. 떠받치다. 지지하다.

- direct 지도하다

- dispose 조정하다. 배치하다.

- all creatures, actions, and things '모든 피조물들, 행위들, 일들'로 uphold, direct, dispose, and govern의 공통 목적어들이다.

- 만물의 위대한 창조자이신 하나님께서는 모든 피조물들과 행위들과 일들을 지

탱하시고, 지도하시고, 조정하시고, 통치하신다.

2. from the greatest even to the least, by His most wise and holy providence, according to His infallible fore-knowledge, and the free and immutable counsel of His own will,

- from the greatest even to the least '가장 대단한 것들로부터 심지어 가장 하찮은 것들에 이르기까지'로 the greatest와 the least는 둘 다 복수 보통명사로 '가장 대단한 것들'과 '가장 하찮은 것들'을 의미한다.

- by His most wise and holy providence 그의 가장 지혜롭고 거룩한 섭리로

- infallible 오류가 있을 수 없는(fallible: 오류가 있을 수밖에 없는)

- fore-knowledge 예지[3]

- immutable 불변하는

- 자신의 오류가 있을 수 없는 예지와 자유롭고 불변하는 자기 자신의 의지의 협의를 따라 가장 대단한 것들로부터 심지어 가장 하찮은 것들에 이르기까지

3. to the praise of the glory of His wisdom, power, justice, goodness, and mercy.

- to the praise of the glory '영광에 대한 찬양에로'로 여기서 to는 목적과 방향을 나타낸다.

- His wisdom, power, justice, goodness, and mercy 자신의 지혜와 능력과 정의와 선하심과 자비

- 자신의 지혜와 능력과 정의와 선하심과 자비의 영광에 대한 찬양에로

---

3. 하나님의 예지(fore-knowledge)의 근거는 그 분이 영원(eternal)하시기 때문이다. 하나님께 있어서 예지의 능력은 그 분에게는 과거, 현재, 미래가 모두 현재로 나타남에 있다. 이는 하나님께서 시간에 속하지 않으시고 시간을 넘어 존재하시기 때문이다. 즉, 그가 영원하시기 때문이다.

<원문>

II. Although, in relation to the fore-knowledge and decree of God, the first Cause, all things come to pass immutably, and infallibly: yet, by the same providence, He ordereth them to fall out, according to the nature of second causes, either necessarily, freely, or contingently.

<번역>

비록 제1원인자이신 하나님의 예지와 작정과 관련하여 모든 것이 불변하게, 그래서 오류가 있을 수 없게 일어나지만, 동일한 섭리에 의해서 그분은 그것들이 제2원인자의 본성에 따라서 필연적으로나, 자유롭거나, 우연적으로 발생하도록 규정하신다.

<원문분석>

1. Although, in relation to the fore-knowledge and decree of God, the first Cause, all things come to pass immutably, and infallibly:

- in relation to ~와 관련하여

- fore-knowledge 예지

- the first Cause '제1원인자'로 God의 동격이다. 따라서 God, the first Cause는 '제1원인자인 하나님'으로 이해하면 된다.

- come to pass '(어떠한 일이) 일어나다'는 뜻인데, happen처럼 단지 무슨 일이 발생한다는 것을 나타내는 것이 아니라, 일이 발생하게 되는 데는 어떠한 근거가 있다는 것을 의미한다. 이 표현을 통해 알 수 있는 것은 이 세상에서 발생하는 일은 모두가 그 이유와 근거가 있다는 것이다. 다시 말해 이 땅의 모든 일은 어떠한 이유에 따라 나타났다가 정해진 방향으로 지나가는 것이라는 뜻이다.

- immutably, and infallibly 콤마(,) and는 단순한 두 부사의 연결이 아니라, 앞의 부사가 원인이 되어, 뒤의 부사가 결과적으로 일어난다는 뜻을 나타낸다. 따라

서 이는 '불변하게, 그래서 오류가 있을 수 없게'라는 뜻이 된다.

- 비록 제1원인자이신 하나님의 예지와 작정과 관련하여 모든 것이 불변하게, 그 래서 오류가 있을 수 없게 일어나지만

2. yet, by the same providence, He ordereth them to fall out, according to the nature of second causes, either necessarily, freely, or contingently.

- **order** 명하다. 조정하다. 규정하다.

- **fall out** (결과적으로) ~이 발생하다. 제2원인자의 본성에 따라. (비교, come to pass: 제1원인자의 뜻에 따라 발생하다)

- **second causes** 제2원인자

- **necessarily** 필수적으로

- **freely** 자유롭게

- **contingently** 우연히, 계획이나 의도함 없이

- 동일한 섭리에 의해서 그분은 그것들이 제2원인자의 본성에 따라서 필연적으로 나, 자유롭게나, 우연적으로 발생하도록 규정하신다.

<원문>

III. God in His ordinary providence maketh use of means, yet is free to work without, above, and against them at His pleasure.

<번역>

하나님께서는 자신의 통상적인 섭리에 있어서 수단들을 사용하시지만, 그럼에도 그분은 자신의 기뻐하심에 있어서는 그것들 없이, 그것들을 초월해서, 그리고 그것들에 반하여 일하시기에 자유로우시다.

<원문분석>

1. God in His ordinary providence maketh use of means,

- ordinary 통상적인(참고, commonly: 보통)

- in His ordinary providence 자신의 통상적인 섭리에 있어서

- make us of~ ~을 사용하다

- means 수단들

- 하나님께서는 자신의 통상적인 섭리에 있어서 수단들을 사용하신다.

2. yet is free to work without, above, and against them at His pleasure.

- yet 그럼에도 불구하고

- be free to~ ~하기에 자유롭다. 자유롭게 ~하다.

- **without, above, and against them** them은 수단들(means)로 without means(수단들 없이), above means(수단들을 초월해서), against them(수단들에 반하여)라는 뜻이다.

- 그럼에도 그분은 자신의 기뻐하심에 있어서는 그것들 없이, 그것들을 초월해서, 그리고 그것들에 반하여 일하시기에 자유로우시다.

<원문>

IV. The almighty power, unsearchable wisdom, and infinite goodness of God so far manifest themselves in His providence, that it extendeth itself even to the first fall, and all other sins of angels and men; and that not by a bare permission, but such as hath joined with it a most wise and powerful bounding, and otherwise ordering and governing of them, in a manifold dispensation, to His own holy ends; yet so, as the sinfulness thereof proceedeth only from the creature, and not from God, who, being most holy and righteous, neither is, nor can be, the author or approver of sin.

<번역>

하나님의 전능하신 능력과 불가사의한 지혜와 무한한 선하심은 그분의 섭리 안에서 그것들 자체를 그렇게 잘 드러내기에, 섭리는 그 자체로 심지어 첫 번째 타락과 천사들과 사람들의 모든 다른 죄들에까지 확장되며, 단순한 허용에 의해서가 아니라, 섭리와 결합되어 있는 그러한 가장 지혜롭고 능력 있게 억제하는 것과, 만일 그것이 아니라면 그것들에 대해 명령하고 통치하는 것과 같은 것에 의해서 다양한 면의 경륜에 있어서 그분 자신의 거룩한 목적에까지 확장되지만, 그렇게 되는 것은 죄성이 그러한 까닭으로 지극히 거룩하고 의로우셔서 죄의 조성자나 승인자가 아니시며, 그렇게 될 수도 없는 하나님으로부터가 아니라, 오직 피조물로부터 나오기 때문이다.

<원문분석>

1. The almighty power, unsearchable wisdom, and infinite goodness of God so far manifest themselves in His providence, that it extendeth itself even to the first fall, and all other sins of angels and men;

- The almighty power, unsearchable wisdom, and infinite goodness of God 하나님의 속성 중 세 가지인 '전능하신 능력, 불가사의한 지혜, 무한한 선하심'을 하나의 정관사(the)로 묶어서 표현하고 있다.

- so far manifest 그렇게 잘 드러낸다.

- themselves '그것들 자체들'로 앞서 언급한 하나님의 전능하신 능력, 불가사의한 지혜, 무한한 선하심을 의미한다.

- in His providence 그분의 섭리 안에서

- that it extendeth itself~ '~해서, 그것은 그 자체로 확장한다'인데, 여기서 it과 itself는 providence(섭리)를 받는다. 이 항은 크게 세 단락으로 섭리의 확장을 설명한다. 첫 번째 단락은 섭리가 확장되는 시간적인 범위를, 두 번째 단락은 섭리가 확장되는 이유와 동력을, 그리고 마지막 단락은 하나님께서 죄의 조성자나 승인자가 아니시라는 근거를 통해 섭리의 확장이 정당함을 설명한다.

- even to the first fall 심지어 첫 번째 타락까지

- **(to) all other sins of angels and men** 천사들과 사람들의 다른 모든 죄들에까지
- 하나님의 전능하신 능력과 불가사의한 지혜와 무한한 선하심은 그분의 섭리 안에서 그것들 자체를 그렇게 잘 드러내기에, 섭리는 그 자체로 심지어 첫 번째 타락과 천사들과 사람들의 모든 다른 죄들에까지 확장되며

2. **that not by a bare permission, but such as hath joined with it a most wise and powerful bounding, and otherwise ordering and governing of them, in a manifold dispensation, to His own holy ends;**

- **;and that (it extendeth) not by a bare permission,~** 앞부분과 중복되는 it extendeth를 생략했다.
- **a bare permission** '단순한 허용'으로 번역하지만, 이 표현의 의미를 더 잘 파악하기 위해서는 bare가 '노출된, 벗은, 빈, 극소량의'를 뜻한다는 것 기억할 필요가 있다.
- **such as hath joined with it** '그것과 결합되어 있는 그러한'으로 as는 such를 선행사로 받는 주격관계대명사이다.
- **such as hath joined with it a most wise and powerful bounding, and otherwise ordering and governing of them** such a most wise and powerful bounding, and otherwise ordering and governing of them as hath joined with it에서 as 관계대명사절을 such뒤로 당겨 붙인 표현이다.
- **such a most wise and powerful bounding** 각 단어의 품사를 따져 문법적으로 직역하면 '가장 지혜롭고 능력 있는 억제하는 그런 것'이지만, 한국어 표현상 어색한 부분이 있으니, 좀 더 부드럽게 '가장 지혜롭고 능력 있게 억제하는 그런 것'으로 번역하는 것이 좋을 듯하다.
- **otherwise** 만일 ~이 아니라면, 그렇지 않다면
- **(such a most wise and powerful) ordering and governing of them** 그것들에 대해서 (가장 지혜롭고 능력 있게) 명령하고 통치하는 것(과 같은 것)
- **in a manifold dispensation** '다양한 면의 경륜에 있어서'인데, 경륜(dispensation)은 하나님의 섭리(providence)중에서 택자들의 구원에 관한 하

나님의 특별하신 섭리를 뜻한다.

- **to His own holy ends** 그분 자신의 거룩한 목적에까지

- 단순한 허용에 의해서가 아니라, 섭리와 결합되어 있는 그러한 가장 지혜롭고 능력 있게 억제하는 것과, 만일 그것이 아니라면 그것들에 대해 명령하고 통치하는 것과 같은 것에 의해서 다양한 면의 경륜에 있어서 그분 자신의 거룩한 목적에까지 (확장된다.)

3. **yet so, as the sinfulness thereof proceedeth only from the creature, and not from God, who, being most holy and righteous, neither is, nor can be, the author or approver of sin.**

- **yet so, as~** '~ 때문에 ~이다'라는 뜻의 as~, so~를 도치시킨 표현이다. 따라서 이 부분은 '그럼에도 불구하고 그렇게 되는 것은 ~ 때문이다'로 이해하면 된다.

- **thereof** 그러한 까닭으로

- **the sinfulness thereof proceedeth only from the creature, and not from God** '죄성이 그러한 까닭으로 하나님으로부터가 아니라, 오직 피조물로부터 나온다'로 proceed from은 '~로부터 나오다'는 뜻이다. 참고로 2장 3항에서 성령의 발출을 표현할 때 사용된 표현과 같다.

- **God, who~ neither is, nor can be, the author or approver of sin.** 하나님 그분은 죄의 조성자나 승인자가 아니시고, 그렇게 될 수도 없다.

- **being most holy and righteous** 이유를 나타내는 분사구문으로 '지극히 거룩하시고 의로우시기 때문에'로 번역한다.

- 그렇게 되는 것은 죄성이 그러한 까닭으로 지극히 거룩하고 의로우셔서 죄의 조성자나 승인자가 아니시며, 그렇게 될 수도 없는 하나님으로부터가 아니라, 오직 피조물로부터 나오기 때문이다.

<원문>

V. The most wise, righteous, and gracious God doth oftentimes leave for a season His own children to manifold temptations, and the corruption of their own hearts, to chastise them for their former sins, or to discover unto them the hidden strength of corruption, and deceitfulness of their hearts, that they may be humbled; and, to raise them to a more close and constant dependence for their support upon Himself, and to make them more watchful against all future occasions of sin, and for sundry other just and holy ends.

<번역>

지극히 지혜로우시고, 의로우시고, 은혜로우신 하나님께서는 자주 그분의 자녀들을 잠시 동안 다양한 유혹과 자기 자신들의 심정의 부패에 내버려 두셔서 그들의 이전 죄들에 대해 그들을 체벌하시거나, 숨겨져 있는 부패의 힘과 그들 심정의 거짓됨을 그들에게 알게 해 주셔서 그들이 겸손해지게 하시며, 그렇게 하심으로 그들의 지지를 위해 하나님을 더 가까이 그리고 부단히 의존하도록 그들을 일으키시고, 미래의 모든 죄의 상황들에 대비하며, 여러 가지 다른 정의롭고 거룩한 목적을 위해 그들을 더욱 경계하게 하신다.

<원문분석>

1. The most wise, righteous, and gracious God doth oftentimes leave for a season His own children to manifold temptations, and the corruption of their own hearts,

-~God doth~ leave~ His own children to manifold temptations, and the corruption of their own hearts, to chastise~, or to discover~, that they may be humbled; and, to raise~, and to make~. "~한 하나님께서는 그분의

자녀들을 다양한 유혹과 그들의 심정의 타락에 내버려 두심으로, ~체벌하시거나, ~을 밝혀서 그들이 겸손해지도록 하시며, 그렇게 함으로 ~을 일으키시고, ~이 되게 하신다."

- **oftentimes** often의 고어, 자주
- **leave A to B** A를 B에 내버려 두다.
- **for a season** 잠시 동안
- **manifold temptations** 다양한 유혹들
- **the corruption of their own hearts** 그들 자신들의 심정들의 타락
- 지극히 지혜로우시고, 의로우시고, 은혜로우신 하나님께서는 자주 그분의 자녀들을 잠시 동안 다양한 유혹과 자기 자신들의 심정의 부패에 내버려 두신다.

2. to chastise them for their former sins, or to discover unto them the hidden strength of corruption, and deceitfulness of their hearts, that they may be humbled

- **to chastise them for their former sins** chastise는 '징벌하다. 혼내주다. ~에게 체벌을 가하다(for). 심하게 꾸짖다. (고어) 열정 따위를 억제하다.'라는 뜻이며, to chastise는 leave에 따른 결과를 말한다. 이 부분의 표현을 통해 우리는 하나님의 자녀들 앞에 놓인 유혹은 그들이 그 이전에 범한 죄에 대한 체벌이라는 것을 알 수 있다.
- **to discover unto them the hidden strength of corruption, and deceitfulness of their hearts** discover는 '(고어) 밝히다, 나타내다'라는 뜻이다. 따라서 이를 통해 우리는 하나님의 자녀 앞에 놓인 유혹은 그들의 타락의 숨은 강도와 그들의 심정의 거짓됨이 얼마나 심각한지를 보여주는 것임을 알 수 있다.
- **deceitfulness** 거짓됨
- **that they may be humbled** '그들이 겸손하도록'으로 이는 to chastise~, or to discover~의 목적을 나타낸다.
- 그들의 이전 죄들에 대해 그들을 체벌하시거나, 숨겨져 있는 부패의 힘과 그들 심정의 거짓됨을 그들에게 알게 해 주셔서 그들이 겸손해지게 하신다.

3. and, to raise them to a more close and constant dependence for their support upon Himself, and to make them more watchful against all future occasions of sin, and for sundry other just and holy ends.

- ; and, 세미콜론(;) and 콤마(,)는 동등한 내용을 단순히 열거하는 것이 아니라, 앞서 언급한 것들이 원인이 된 결과를 말하겠다는 의미다. 따라서 이는 '그렇게 하심으로'로 번역해 주는 것이 좋다.

- to raise them to~ 그들을 ~로 일으키신다.

- a more close and constant dependence for their support upon Himself 그들의 지지를 위해 그분에 대해 더 가깝고 부단한 의존 (constant: 부단한)

- to make them more watchful 그들을 더욱 경계하게 만들다.

- against all future occasions of sin 미래의 모든 죄의 상황들에 대비하며

- for sundry other just and holy ends 여러 가지 다른 정의롭고 거룩한 목적을 위해 (sundry: 여러 가지의)

- 그렇게 하심으로 그들의 지지를 위해 하나님을 더 가까이 그리고 부단히 의존하도록 그들을 일으키시고, 미래의 모든 죄의 상황들에 대비하며, 여러 가지 다른 정의롭고 거룩한 목적을 위해 그들을 더욱 경계하게 하신다.

<원문>

VI. As for those wicked and ungodly men whom God, as a righteous Judge, for former sins, doth blind and harden, from them He not only withholdeth His grace, whereby they might have been enlightened in their understandings, and wrought upon in their hearts; but sometimes also withdraweth the gifts which they had, and exposeth them to such objects as their corruption makes occasions of sin; and, withal, gives them over to their own lusts, the temptations of the world, and the power of Satan: whereby it comes to pass that they harden themselves, even under those means which God useth for the softening of others.

<번역>

의로우신 재판장으로서 하나님께서 이전의 죄들에 대하여 눈멀게 하시고 완악하게 하시는 그 사악하고 신앙이 없는 자들의 경우에 있어서, 그분은 그들이 이해하는 것에 있어서 계몽되었을 수도 있고, 그들의 심정에서 작동되었을 수도 있는 자신의 은혜를 그들에게 보류시키실 뿐 아니라, 종종 그들이 가졌던 은사들을 그들로부터 거둬들이시며, 그들을 그들의 부패가 죄의 기회들로 만들어버리는 그러한 대상들에 노출시키시며, 거기에 더해서 그들을 그들 자신의 정욕과 세상의 유혹들과, 사탄의 권세에 맡기시는데, 그로써 심지어 하나님께서 다른 이들을 부드럽게 하는 용도로 사용하시는 그러한 수단들 아래에서조차 그들이 자기 스스로를 완악하게 하는 것이 일어난다.

<원문분석>

1. As for those wicked and ungodly men whom God, as a righteous Judge, for former sins, doth blind and harden,

- As for~, He~ not only withholdeth~; but also withdraweth~, and exposeth~; and, withal, gives~. '~의 경우에 있어서, 그분은 ~을 보류할 뿐 아니라, ~을 거둬들이시며, ~에 노출시키시며, 거기에 더해서 ~에 맡기신다.'
- as for~ ~에 관하여, ~의 경우에 있어서
- ungodly 신앙이 없는 (godly: 독실한)
- for former sins 이전에 지은 죄들에 대하여
- blind 눈멀게 하다
- harden 굳게 하다. 완악하게 하다.
- 의로우신 재판장으로서 하나님께서 이전의 죄들에 대하여 눈멀게 하시고 완악하게 하시는 그 사악하고 신앙이 없는 자들의 경우에 있어서

2. from them He not only withholdeth His grace, whereby they might have been enlightened in their understandings, and wrought upon in their hearts; but sometimes also withdraweth the gifts which they had,
- might have been enlightened ~, and wrought upon ~ '계몽되었을 수도 있고, 작동되었을 수도 있는'이라고 번역하지만, 이는 만일 이들이 신실한 자들이었다면 그럴 수도 있었을지 모르지만, 그렇지 않기 때문에 실제 이들에게 이런 일은 일어나지 않았다는 것을 의미한다.
- heart 심정 (참고, mind: 마음)
- withhold ~ from~ ~에게서 ~을 보류하다.
- withdraw ~ from~ ~에게서 ~을 거둬들이다.
- the gifts which they had 그들이 가졌었던 은사들
- 그분은 그들이 이해하는 것에 있어서 계몽되었을 수도 있고, 그들의 심정에서 작동되었을 수도 있는 자신의 은혜를 그들에게 보류시키실 뿐 아니라, 종종 그들이 가졌던 은사들을 그들로부터 거둬들이신다.

3. and exposeth them to such objects as their corruption makes occasions of sin; and, withal, gives them over to their own lusts, the temptations of

the world, and the power of Satan:

- **exposeth them to~** 그들을 ~에 노출시키다.

- **such objects as their corruption makes occasions of sin** 그들의 부패가 죄의 기회들로 만들어버리는 그러한 대상들'로, as는 such objects를 선행사로 받는 목적격 관계대명사로 사용되었다.

- **withal** 거기에 더해, 게다가

- **give them over to~** 그들을 ~에 양도하다. ~에 맡기다.

- **their own lusts** 그들 자신들의 정욕들

- **the temptations of the world** 세상의 유혹들

- **the power of Satan** 사탄의 권세

- 그들을 그들의 부패가 죄의 기회들로 만들어버리는 그러한 대상들에 노출시키시며, 거기에 더해서 그들을 그들 자신의 정욕과 세상의 유혹들과, 사탄의 권세에 맡기신다.

4. whereby it comes to pass that they harden themselves, even under those means which God useth for the softening of others.

- **whereby** 그로써(계속용법), 그로써 ~하는(제한용법)

- **it comes to pass that they harden themselves** it-that 가주어-진주어 구문으로 '그들이 자신들을 완악하게 하는 것이 발생한다'는 뜻이다.

- **comes to pass** 발생하다

- **even under those means** 심지어 그러한 수단들 아래에서조차

- **means which God useth for the softening of others** 하나님께서 다른 이들을 부드럽게 하는 용도로 사용하는 수단들

- 그로써 심지어 하나님께서 다른 이들을 부드럽게 하는 용도로 사용하시는 그러한 수단들 아래에서조차 그들이 자기 스스로를 완악하게 하는 것이 일어난다.

<원문>

VII. As the providence of God doth in general reach to all creatures, so after a most special manner, it taketh care of His Church, and disposeth all things to the good thereof.

<번역>

하나님의 섭리가 일반적으로 모든 피조물에게 미치는 것처럼, 그렇게 지극히 특별한 방식을 따라서 그것은 그분의 교회를 돌보며, 모든 것들이 교회에 관하여 선한 것들이 되도록 조정한다.

<원문분석>

1. As the providence of God doth in general reach to all creatures, so after a most special manner, it taketh care of His Church, and disposeth all things to the good thereof.

- **As~, so~** ~인 것처럼, 그렇게 ~

- **in general** 일반적으로 (ordinary: 통상적인, commonly: 보통)

- **after a most special manner** 지극히 특별한 방식을 따라서 (manner 방식, means: 수단, way: 방법)

- **teketh care of** ~을 돌보다.

- **dispose** 조정하다.

- **thereof** '그것에 관하여, 그러한 까닭으로'로 여기서는 '교회에 관하여'라는 뜻이다.

- **the good** 'the + 형용사'의 형태로 복수보통명사로 쓰여 '선한 것들, 선한 사람들'을 의미한다.

- 하나님의 섭리가 일반적으로 모든 피조물에게 미치는 것처럼, 그렇게 지극히 특별한 방식을 따라서 그것은 그분의 교회를 돌보며, 모든 것들이 교회에 관하여 선한 것들이 되도록 조정한다.

<원문으로 요약하고 성경으로 해설하기>

1. 만물을 창조하신 하나님께서는 자신이 창조한 모든 것들을 능력의 말씀으로 지탱하신다.

   "이는 하나님의 영광의 광채시요 그 본체의 형상이시라 그의 능력의 말씀으로 만물을 붙드시며 죄를 정결하게 하는 일을 하시고 높은 곳에 계신 지극히 크신 이의 우편에 앉으셨느니라"(히1:3)

2. 하나님께서는 자신이 창조한 모든 것을 자신의 뜻을 따라 지도하시고, 조정하시고, 통치하신다.

   "땅의 모든 사람들을 없는 것 같이 여기시며 하늘의 군대에게든지 땅의 사람에게든지 그는 자기 뜻대로 행하시나니 그의 손을 금하든지 혹시 이르기를 네가 무엇을 하느냐고 할 자가 아무도 없도다"(단4:35)

3. 하나님께서는 자신이 창조한 모든 것을 자신이 기뻐하는 대로 지도하시고, 조정하시고, 통치하신다.

   "여호와께서 그가 기뻐하시는 모든 일을 천지와 바다와 모든 깊은 데서 다 행하셨도다"(시135:6)

4. 하나님의 섭리적 사역에 있어서는 그 어떤 피조물의 도움도 필요 없다. 심지어 하나님께서 자신의 형상으로 지으신 사람의 도움도 필요하지 않다. 하나님께서는 오히려 사람이 하나님을 힘입어 살며 기동하며 존재하도록 만물을 지도하시고, 조정하시고 통치하신다.

   "또 무엇이 부족한 것처럼 사람의 손으로 섬김을 받으시는 것이 아니니 이는 만민에게 생명과 호흡과 만물을 친히 주시는 이심이라 인류의 모든 족속을 한 혈통으로 만드사 온 땅에 살게 하시고 그들의 연대를 정하시며 거주의 경계를 한정하셨으니 이는 사람으로 혹 하나님을 더듬어 찾아 발견하게 하려 하심이로되 그는 우리 각 사람에게서 멀리 계시지 아니하도다 우리가 그를 힘입어 살며 기동하며 존재하느니라 너희 시인 중 어떤 사람들의 말과 같이 우리가 그의 소생이라 하니"(행17:25-28)

5. 세상에서 일어나는 그 어떠한 작은 일도 하나님의 섭리적인 사역을 떠나서 일어나는 일은 결코 없다.

"참새 두 마리가 한 앗사리온에 팔리지 않느냐 그러나 너희 아버지께서 허락하지 아니하시면 그 하나도 땅에 떨어지지 아니하리라"(마10:29-31)

6. 하나님의 섭리는 지극히 지혜롭고 거룩하다.

"여호와의 눈은 어디서든지 악인과 선인을 감찰하시느니라"(잠15:3)

"여호와여 주께서 하신 일이 어찌 그리 많은지요 주께서 지혜로 그들을 다 지으셨으니 주께서 지으신 것들이 땅에 가득하니이다"(시104:24)

"여호와께서는 그 모든 행위에 의로우시며 그 모든 일에 은혜로우시도다"(시145:17)

7. 하나님의 섭리는 자신의 오류가 있을 수 없는 예지를 따라 행사된다.

"백성 중의 어리석은 자들아 너희는 생각하라 무지한 자들아 너희가 언제나 지혜로울까 귀를 지으신 이가 듣지 아니하시랴 눈을 만드신 이가 보지 아니하시랴 뭇 백성을 징벌하시는 이 곧 지식으로 사람을 교훈하시는 이가 징벌하지 아니하시랴 여호와께서는 사람의 생각이 허무함을 아시느니라"(시94:8-11)

"하나님이 큰 구원으로 당신들의 생명을 보존하고 당신들의 후손을 세상에 두시려고 나를 당신들보다 먼저 보내셨나니"(창45:7)

8. 하나님의 섭리는 자신의 불변하는 작정을 따라 행사된다.

"모든 일을 그의 뜻의 결정대로 일하시는 이의 계획을 따라 우리가 예정을 입어 그 안에서 기업이 되었으니"(엡1:11)

"여호와께서 나라들의 계획을 폐하시며 민족들의 사상을 무효하게 하시도다 여호와의 계획은 영원히 서고 그의 생각은 대대에 이르리로다"(시33:10,11)

9. 하나님의 섭리의 목적은 전적으로 자신의 영광을 드러내심에 있다.

"여호와의 영이 그들을 골짜기로 내려가는 가축 같이 편히 쉬게 하셨도다 주께서 이와 같이 주의 백성을 인도하사 이름을 영화롭게 하셨나이다 하였느니라"(사63:14)

"그들이 주의 크신 은혜를 기념하여 말하며 주의 의를 노래하리이다"(시145:7)

10. 하나님께서는 교회를 통한 섭리적인 사역을 통해 자신의 지혜를 드러내신다.

"이는 이제 교회로 말미암아 하늘에 있는 통치자들과 권세들에게 하나님의 각종 지혜를 알게 하려 하심이니"(엡3:10)

11. 하나님의 섭리적인 사역은 선한 자들뿐 아니라, 악한 자들을 통해서도 행사되어 하나님의 이름을 온 땅에 드러내신다.

"성경이 바로에게 이르시되 내가 이 일을 위하여 너를 세웠으니 곧 너로 말미암아 내 능력을 보이고 내 이름이 온 땅에 전파되게 하려 함이라 하셨으니 그런즉 하나님께서 하고자 하시는 자를 긍휼히 여기시고 하고자 하시는 자를 완악하게 하시느니라"(롬9:17,18)

12. 하나님께서는 자신의 섭리적인 사역이 제2원인자의 본성에 따라 필연적으로나, 자유롭게나, 우연적으로 행사되도록 규정하셨다.

"만일 사람이 고의적으로 한 것이 아니라 나 하나님이 사람을 그의 손에 넘긴 것이면 내가 그를 위하여 한 곳을 정하리니 그 사람이 그리로 도망할 것이며"(출21:13)

"가령 사람이 그 이웃과 함께 벌목하러 삼림에 들어가서 손에 도끼를 들고 벌목하려고 찍을 때에 도끼가 자루에서 빠져 그의 이웃을 맞춰 그를 죽게 함과 같은 것이라 이런 사람은 그 성읍 중 하나로 도피하여 생명을 보존할 것이니라"(신19:5)

"한 사람이 무심코 활을 당겨 이스라엘 왕의 갑옷 솔기를 맞힌지라 왕이 그 병거 모는 자에게 이르되 내가 부상하였으니 네 손을 돌려 내가 전쟁터에서 나가게 하라 하였으나"(왕상 22:28,34)

13. 하나님께서는 보통 통상적인 수단들을 통해 섭리적인 사역을 수행하신다.

"이는 비와 눈이 하늘로부터 내려서 그리로 되돌아가지 아니하고 땅을 적셔서 소출이 나게 하며 싹이 나게 하여 파종하는 자에게는 종자를 주며 먹는 자에게는 양식을 줌과 같이 내 입에서 나가는 말도 이와 같이 헛되이 내게로 되돌아오지 아니하고 나의 기뻐하는 뜻을 이루며 내가 보낸 일에 형통함이니라"(사55:10,11)

"여호와께서 이르시되 그 날에 내가 응답하리라 나는 하늘에 응답하고 하늘은 땅에 응답하고 땅은 곡식과 포도주와 기름에 응답하고 또 이것들은 이스르엘에 응답하리라"(호 2:21,11)

14. 하나님께서는 자신의 기쁨을 따라 통상적인 수단 없이도 섭리적인 사역을 행사하신다.

"그러나 내가 유다 족속을 긍휼히 여겨 그들의 하나님 여호와로 구원하겠고 활과 칼이나 전쟁이나 말과 마병으로 구원하지 아니하리라 하시니라"(호1:7)

15. 하나님께서는 자신의 기쁨을 따라 통상적인 수단을 초월해서도 섭리적인 사역을 행사하신다.

"그가 백 세나 되어 자기 몸이 죽은 것 같고 사라의 태가 죽은 것 같음을 알고도 믿음이 약하여지지 아니하고 믿음이 없어 하나님의 약속을 의심하지 않고 믿음으로 견고하여져서 하나님께 영광을 돌리며 약속하신 그것을 또한 능히 이루실 줄을 확신하였으니"(롬4:19-21)

16. 하나님께서는 자신의 기쁨을 따라 통상적인 수단에 반해서도 섭리적인 사역을 행사하신다.

"하나님의 사람이 이르되 어디 빠졌느냐 하매 그 곳을 보이는지라 엘리사가 나뭇가지를 베어 물에 던져 쇠도끼를 떠오르게 하고"(왕하6:6)

"총독과 지사와 행정관과 왕의 모사들이 모여 이 사람들을 본즉 불이 능히 그들의 몸을 해하지 못하였고 머리털도 그을리지 아니하였고 겉옷 빛도 변하지 아니하였고 불 탄 냄새도 없었더라"(단3:27)

17. 이 땅에서 나타나는 죄악된 행위들은 하나님의 섭리적인 사역의 결과가 아니다. 왜냐하면 죄는 전적으로 피조물로부터 나오기 때문이다. 이러한 이유로 하나님을 죄의 조성자나 승인자로 보는 것은 잘못이다.

"이는 세상에 있는 모든 것이 육신의 정욕과 안목의 정욕과 이생의 자랑이니 다 아버지께로부터 온 것이 아니요 세상으로부터 온 것이라"(요일2:16)

"네가 이 일을 행하여도 내가 잠잠하였더니 네가 나를 너와 같은 줄로 생각하였도다 그러나 내가 너를 책망하여 네 죄를 네 눈 앞에 낱낱이 드러내리라 하시는도다"(시50:21)

18. 하나님께서는 자주 자신의 자녀들을 잠시 동안 유혹과 심정의 부패에 내버려 두시는데, 이를 통해 하나님께서는 그들이 이전에 지은 죄를 체벌하시기도 하시고, 그들이 스스로 자신의 부패를 깨달아 하나님 앞에서 다시 겸손해지게 하시며, 더욱 하나님만을 의지하고, 죄를 경계하게 하신다.

"그 때에 히스기야가 병들어 죽게 되었으므로 여호와께 기도하매 여호와께서 그에게 대답하시고 또 이적을 보이셨으나 히스기야가 마음이 교만하여 그 받은 은혜를 보답하지 아니하므로 진노가 그와 유다와 예루살렘에 내리게 되었더니 히스기야가 마음의 교만함을 뉘우치고 예루살렘 주민들도 그와 같이 하였으므로 여호와의 진노가 히스기야의 생전에는 그들에게 내리지 아니하니라"(대하32:24-26)

"여호와께서 다시 이스라엘을 향하여 진노하사 그들을 치시려고 다윗을 격동시키사 가서 이스라엘과 유다의 인구를 조사하라 하신지라"(삼하24:1)

"여러 계시를 받은 것이 지극히 크므로 너무 자만하지 않게 하시려고 내 육체에 가시 곧 사탄의 사자를 주셨으니 이는 나를 쳐서 너무 자만하지 않게 하려 하심이라 이것이 내게서 떠나가게 하기 위하여 내가 세 번 주께 간구하였더니 나에게 이르시기를 내 은혜가 네게 족하도다 이는 내 능력이 약한 데서 온전하여짐이라 하신지라 그러므로 도리어 크게 기뻐함으로 나의 여러 약한 것들에 대하여 자랑하리니 이는 그리스도의 능력이 내게 머물게 하려 함이라"(고후12:7-9)

"베드로는 아랫뜰에 있더니 대제사장의 여종 하나가 와서 베드로가 불 쬐고 있는 것을 보고 주목하여 이르되 너도 나사렛 예수와 함께 있었도다 하거늘 베드로가 부인하여 이르되 나는 네가 말하는 것이 무엇인지 알지도 못하고 깨닫지도 못하겠노라 하며 앞뜰로 나갈새 여종이 그를 보고 곁에 서 있는 자들에게 다시 이르되 이 사람은 그 도당이라 하되 또 부인하더라 조금 후에 곁에 서 있는 사람들이 다시 베드로에게 말하되 너도 갈릴리 사람이니 참으로 그 도당이니라 그러나 베드로가 저주하며 맹세하되 나는 너희가 말하는 이 사람을 알지 못하노라 하니 닭이 곧 두 번째 울더라 이에 베드로가 예수께서 자기에게 하신 말씀 곧 닭이 두 번 울기 전에 네가 세 번 나를 부인하리라 하심이 기억되어 그 일을 생각하고 울었더라"(막14:66-72)

"그들이 조반 먹은 후에 예수께서 시몬 베드로에게 이르시되 요한의 아들 시몬아 네가 이 사람들보다 나를 더 사랑하느냐 하시니 이르되 주님 그러하나이다 내가 주님을 사랑하는

줄 주님께서 아시나이다 이르시되 내 어린 양을 먹이라 하시고 또 두 번째 이르시되 요한
의 아들 시몬아 네가 나를 사랑하느냐 하시니 이르되 주님 그러하나이다 내가 주님을 사
랑하는 줄 주님께서 아시나이다 이르시되 내 양을 치라 하시고 세 번째 이르시되 요한의
아들 시몬아 네가 나를 사랑하느냐 하시니 주께서 세 번째 네가 나를 사랑하느냐 하시므
로 베드로가 근심하여 이르되 주님 모든 것을 아시오매 내가 주님을 사랑하는 줄을 주님
께서 아시나이다 예수께서 이르시되 내 양을 먹이라"(요21:15-17)

19. 하나님께서는 사악하고 신앙이 없는 자들에 대해서는 그들이 이전에 지은 죄
들에 대하여 눈멀게 하시고, 완악한 상태에 그대로 내버려 두시기도 하신다.

"그러므로 하나님께서 그들을 마음의 정욕대로 더러움에 내버려 두사 그들의 몸을 서로
욕되게 하게 하셨으니 이는 그들이 하나님의 진리를 거짓 것으로 바꾸어 피조물을 조물주
보다 더 경배하고 섬김이라 주는 곧 영원히 찬송할 이시로다 아멘 이 때문에 하나님께서
그들을 부끄러운 욕심에 내버려 두셨으니 곧 그들의 여자들도 순리대로 쓸 것을 바꾸어
역리로 쓰며 그와 같이 남자들도 순리대로 여자 쓰기를 버리고 서로 향하여 음욕이 불 일
듯 하매 남자가 남자와 더불어 부끄러운 일을 행하여 그들의 그릇됨에 상당한 보응을 그
들 자신이 받았느니라 또한 그들이 마음에 하나님 두기를 싫어하매 하나님께서 그들을 그
상실한 마음대로 내버려 두사 합당하지 못한 일을 하게 하셨으니"(롬1:24,26,28)

"그런즉 어떠하냐 이스라엘이 구하는 그것을 얻지 못하고 오직 택하심을 입은 자가 얻었
고 그 남은 자들은 우둔하여졌느니라 기록된 바 하나님이 오늘까지 그들에게 혼미한 심령
과 보지 못할 눈과 듣지 못할 귀를 주셨다 함과 같으니라"(롬11:7,8)

20. 하나님께서는 사악하고 신앙이 없는 자들에 대해서는 그들이 이전에 하나님
을 이해하는 수단으로 누렸을 수도 있는 은혜를 보류시키신다.

"그러나 깨닫는 마음과 보는 눈과 듣는 귀는 오늘까지 여호와께서 너희에게 주지 아니하
셨느니라"(신29:4)

21. 하나님께서는 사악하고 신앙이 없는 자들에 대해서는 그들이 이전에 하나님
으로부터 받았을 수도 있는 은사들을 거둬들이신다.

"무릇 있는 자는 받아 넉넉하게 되되 없는 자는 그 있는 것도 빼앗기리라"(마13:12)

"무릇 있는 자는 받아 풍족하게 되고 없는 자는 그 있는 것까지 빼앗기리라"(마25:29)

22. 하나님께서는 사악하고 신앙이 없는 자들에 대해서는 그들 스스로 자신들의
부패로 인해 죄에 빠지도록 그들을 그러한 환경에 노출시키신다.

"헤스본 왕 시혼이 우리가 통과하기를 허락하지 아니하였으니 이는 네 하나님 여호와께서
그를 네 손에 넘기시려고 그의 성품을 완강하게 하셨고 그의 마음을 완고하게 하셨음이
오늘날과 같으니라"(신2:30)

"불의의 모든 속임으로 멸망하는 자들에게 있으리니 이는 그들이 진리의 사랑을 받지 아
니하여 구원함을 받지 못함이라 이러므로 하나님이 미혹의 역사를 그들에게 보내사 거짓
것을 믿게 하심은"(살후2:10,11)

23. 하나님께서는 사악하고 신앙이 없는 자들을 그들 자신의 정욕과 세상의 유혹
들과, 사탄의 권세에 맡기시는데, 이러한 이유로 인해 이들은 비록 하나님께서
다른 사람들을 부드럽게 하는 용도로 사용하는 그러한 수단이나 환경들 아래에
서조차 스스로 완악하게 되고 만다.

"내가 바로의 마음을 완악하게 하고 내 표징과 내 이적을 애굽 땅에서 많이 행할 것이
나"(출7:3)

"그러나 바로가 숨을 쉴 수 있게 됨을 보았을 때에 그의 마음을 완강하게 하여 그들의 말을
듣지 아니하였으니 여호와께서 말씀하신 것과 같더라……그러나 바로가 이 때에도 그의
마음을 완강하게 하여 그 백성을 보내지 아니하였더라"(출8:15,32)

"여호와께서 이르시되 가서 이 백성에게 이르기를 너희가 듣기는 들어도 깨닫지 못할 것
이요 보기는 보아도 알지 못하리라 하여 이 백성의 마음을 둔하게 하며 그들의 귀가 막히
고 그들의 눈이 감기게 하라 염려하건대 그들이 눈으로 보고 귀로 듣고 마음으로 깨닫고
다시 돌아와 고침을 받을까 하노라 하시기로"(사6:9,10)

"일렀으되 이 백성에게 가서 말하기를 너희가 듣기는 들어도 도무지 깨닫지 못하며 보기
는 보아도 도무지 알지 못하는도다 이 백성들의 마음이 우둔하여져서 그 귀로는 둔하게
듣고 그 눈은 감았으니 이는 눈으로 보고 귀로 듣고 마음으로 깨달아 돌아오면 내가 고쳐
줄까 함이라 하였으니"(행28:26,27)

24. 하나님께서는 자신의 섭리적인 사역을 통하여 자신의 교회를 돌보며, 모든 것
이 교회에 관하여 선한 것들이 되도록 조정하신다.

"이를 위하여 우리가 수고하고 힘쓰는 것은 우리 소망을 살아 계신 하나님께 둠이니 곧 모
든 사람 특히 믿는 자들의 구주시라"(딤전4:10)

"보라 주 여호와의 눈이 범죄한 나라를 주목하노니 내가 그것을 지면에서 멸하리라 그러
나 야곱의 집은 온전히 멸하지는 아니하리라 여호와의 말씀이니라 보라 내가 명령하여 이
스라엘 족속을 만국 중에서 체질하기를 체로 체질함 같이 하려니와 그 한 알갱이도 땅에
떨어지지 아니하리라"(암9:8,9)

"대저 나는 여호와 네 하나님이요 이스라엘의 거룩한 이요 네 구원자임이라 내가 애굽을
너의 속량물로, 구스와 스바를 너를 대신하여 주었노라 네가 내 눈에 보배롭고 존귀하며
내가 너를 사랑하였은즉 내가 네 대신 사람들을 내어 주며 백성들이 네 생명을 대신하리
니 두려워하지 말라 내가 너와 함께 하여 네 자손을 동쪽에서부터 오게 하며 서쪽에서부
터 너를 모을 것이며...너희의 구속자요 이스라엘의 거룩한 이 여호와가 말하노라 너희를
위하여 내가 바벨론에 사람을 보내어 모든 갈대아 사람에게 자기들이 연락하던 배를 타고
도망하여 내려가게 하리라"(사43:3-5,14)

16

The Westminster
Confession of Faith

Chapter VI

Of the Fall of Man, of Sin, and of the Punishment thereof

사람의 타락에 관하여, 죄에 관하여,
그리고 그런 까닭으로 인한 형벌에 관하여

<원문>

I. Our first parents, being seduced by the subtilty and temptation of Satan, sinned, in eating the forbidden fruit. This their sin God was pleased, according to His wise and holy counsel, to permit, having purposed to order it to His own glory.

<번역>

우리의 첫 번째 부모는 사탄의 교묘함과 유혹에 빠져서 금지된 실과를 먹을 때 죄를 지었다. 하나님께서는 그들의 이러한 죄를 그분 자신의 영광에로 정하기로 목적하셨기 때문에 자신의 지혜롭고 거룩한 협의에 따라서 그것을 허용하시기를 기뻐하셨다.

<원문분석>

1. Our first parents, being seduced by the subtilty and temptation of Satan, sinned, in eating the forbidden fruit.

- **being seduced by~** because they were seduced by~의 분사구문으로 '~에 빠져서'라는 뜻이다.

- **seduce** 꾀다.

- **subtilty** subtlety의 고어 형태로 '교묘함'이다.

- **in eating the forbidden fruit** when they ate the forbidden fruit를 in~ing의 동명사 구문으로 표현한 것이다.

- 우리의 첫 번째 부모는 사탄의 교묘함과 유혹에 빠져서 금지된 실과를 먹을 때 죄를 지었다.

2. This their sin God was pleased, according to His wise and holy counsel, to permit, having purposed to order it to His own glory.

- **This their sin God was pleased to permit.** God was pleased to permit this their sin.에서 permit의 목적어인 this their sin을 문장 앞으로 도치하여 강조한 표현이다.

- **according to His wise and holy counsel** 자신의 지혜롭고 거룩한 협의를 따라서
- **having purposed~** 완료분사구문으로 God was pleased보다 한 시제 더 과거를 나타낸다. 문맥을 따라 볼 때 근거를 나타내고 있기에 'since He had purposed~'로 보아 '그분이 ~목표하셨기 때문에'로 해석한다.
- **order** (신, 운명이) ~을 정하다.
- **having purposed to order it to His own glory** 그것을 자기 자신의 영광으로 정하기로 목적하셨기에
- 하나님께서는 그들의 이러한 죄를 자기 자신의 영광으로 정하기로 목적하셨기 때문에 자신의 지혜롭고 거룩한 협의에 따라서 그것을 허용하시기를 기뻐하셨다.

<원문>

II. By this sin they fell from their original righteousness and communion with God, and so became dead in sin, and wholly defiled in all the parts and faculties of soul and body.

<번역>

이 죄에 의해서 그들은 그들의 원래의 의로움과 하나님과의 교통으로부터 타락했고, 그래서 죄 안에서 죽었으며, 혼과 몸의 모든 부분들과 기능들에서 전부 더 럽혀졌다.

<원문분석>

1. **By this sin they fell from their original righteousness and communion with God,**

- **By this sin** '이 죄에 의해서'로 여기서 이 죄(this sin)은 앞항에서 우리의 첫 번

째 부모가 유혹에 빠져서 금지된 열매를 따 먹은 것을 말한다.

- original righteousness 원래의 의로움, 원의
- they fell from their original righteousness 그들은 원래의 의로움에서 타락했다.
- (they fell from their) communion with God 그들은 그들의 하나님과의 교통에서 타락했다.
- communion 교통 (conversation: 친교, fellowship: 교제)
- 이 죄에 의해서 그들은 그들의 원래의 의로움과 하나님과의 교통으로부터 타락했다.

2. and so became dead in sin, and wholly defiled in all the parts and faculties of soul and body

- ,and so '그래서'로 이는 의미상 '타락의 결과로'를 말한다.
- became dead in sin '죄 안에서 죽은 상태가 되다'로 become은 실질적으로 상태가 완전히 바뀐 것을 분명히 나타낸다.
- , and wholly defiled and는 이 부분도 (became) defiled로 보아야 한다는 것을 나타낸다. 그러나 and 앞에 있는 콤마(,)는 뒤에 따라오는 부사구인 in all the parts and faculties of soul and body가 defiled에만 해당되며, dead와는 단절되어 있다는 것을 나타내는 장치로 사용되었다.
- wholly 전부 (참고, total 전적인)
- defile 더럽히다
- faculty (정신, 신체적) 기능
- in all the parts and faculties of soul and body 영혼과 몸의 모든 부분들과 기능들에 있어서
- 그래서 죄 안에서 죽었으며, 혼과 몸의 모든 부분들과 기능들에서 전부 더럽혀졌다.

<원문>

III. They being the root of all mankind, the guilt of this sin was imputed, and the same death in sin and corrupted nature conveyed, to all their posterity descending from them by ordinary generation.

<번역>

그들이 모든 인류의 뿌리였기 때문에 일반적인 출생에 의해 그들로부터 내려오는 그들의 모든 후손들에게 이 죄의 죄책은 전가되었고, 죄 안에서의 동일한 죽음과 부패한 본성은 전달된다.

<원문분석>

1. They being the root of all mankind, the guilt of this sin was imputed, and the same death in sin and corrupted nature conveyed,

- They being the root of all mankind, the guilt of this sin~.

① They being~ , the guilt of this sin~. 이 문장은 the guilt of this sin이 주어인 복문구조이며, They being the root of all mankind는 이 문장의 종속절로 분사구문의 형태다. 그러면서도 이 분사구문은 주절과 달리 They라는 별도의 주어를 갖고 있다. 이러한 형태의 분사구문을 독립분사구문이라고 한다. 여기서 They는 1항에서 언급된 Our first parents를 말한다. 따라서 그 뜻은 '그들이 모든 인류의 뿌리였기 때문에'가 된다.

② mankind 인류 (man: 사람, human: 인간)

- the guilt of this sin was imputed

① the guilt '죄책'으로 모든 죄에는 죄책과 형벌이 있다. 이것이 죄에 대한 하나님의 신적인 공의(divine justice)다.

② impute '전가시키다'라는 뜻이다. 전가는 이동이나 성질의 변화를 말하는 것이 아니다. 전가는 법정에서 사용하는 용어로 전가시키는 권한은 오직 판사에

게 있다. 'A의 상태를 B에게 전가시킨다'고 판사가 선언하며, 이제 B 또한 A와 동일한 상태로 인정받거나, 취급받게 된다. 이와 같이 아담과 하와의 죄를 그들의 모든 후손들에게 전가시키는 주체는 아담과 하와가 아니라, 하나님이시다. 의의 전가 또한 동일한 원리다. 우리가 믿음을 통해 그리스도께서 율법을 성취하시고 획득하신 의를 전가받는 것도 그리스도께서 우리에게 의를 전가시켜주시는 것이 아니라, 하나님께서 그렇게 선언해주시는 것이다.

③ the guilt of this sin 인류에게 전가된 죄책은 아담과 하와가 지은 모든 죄에 대한 것이 아니라, 하나님께서 주신 행위언약을 어긴 바로 그 최초의 죄에 대한 것이다.

④ the guilt of this sin was imputed 과거형이다. 죄책의 전가는 이미 과거에 완료된 사건이다.

- the same death in sin and corrupted nature conveyed

① the same death in sin 2항의 became dead in sin을 따른 표현으로, 아담과 하와가 타락함으로 죄 안에서 죽은 상태가 되는 바로 그 동일한 죽음이라는 뜻이다.

② corrupted nature (the same) corrupted nature로 아담과 하와가 타락해서 들어간 바로 그 동일한 타락한 본성을 말한다.

③ conveyed (was) conveyed로 '전달되었다'는 뜻이다. 이는 어떠한 변동이나 상태의 변화 없이 그대로 전달된다는 뜻이다. 아담과 하와가 타락함으로 그들의 모든 후손들에게 그 죄책은 전가되었고, 동일한 죽음의 상태와 타락한 본성은 전달되었다.

- 그들이 모든 인류의 뿌리였기 때문에 이 죄의 죄책은 전가되었고, 죄 안에서의 동일한 죽음과 부패한 본성은 전달된다.

2. to all their posterity descending from them by ordinary generation.

- to all their posterity 그들이 모든 후손에게

- (who are) descending from~ ~로부터 내려오는

- by ordinary generation 일반적인 출생에 의해

- **the guilt of this sin was imputed, and the same death in sin and corrupted nature conveyed, to all their posterity descending from them by ordinary generation.** 'the guilt of this sin was imputed to all their posterity descending from them by ordinary generation'과 'the same death in sin and corrupted nature were conveyed to all their posterity descending from them by ordinary generation.'을 중복되는 'to all their posterity descending from them by ordinary generation' 중 하나를 생략하면서 and를 이용하여 하나의 문장으로 만든 것이다. 이는 ', and the same death in sin and corrupted nature conveyed,'를 쉼표로 묶어 놓은 것을 보아 알 수 있다. 따라서 이 문장을 번역할 때는 죄가 전가되는 목적지와 죽음과 본성이 옮겨지는 목적지가 모두 드러날 수 있도록 해야 한다. 이러한 이유로 to all their posterity~를 was imputed나 conveyed보다 먼저 번역하는 것이 바람직하다. 이러한 점을 잘 살피지 않고 번역하게 되면 죽음과 본성이 옮겨지는 목적지는 드러나지만, 전가되는 목적지는 드러나지 않는 문장이 되고 만다.
- 일반적인 출생에 의해 그들로부터 내려오는 그들의 모든 후손들에게

<원문>

IV. From this original corruption, whereby we are utterly indisposed, disabled, and made opposite to all good, and wholly inclined to all evil, do proceed all actual transgressions.

<번역>

모든 실제 범죄행위들은 우리가 모든 선은 완전히 싫어하고, 행할 수 없고, 반대하게 되어버리며, 또한 모든 악에 전적으로 기울게 되는 이 원래의 부패로부터 나온다.

<원문분석>

1. From this original corruption~ do proceed all actual transgressions.

- **From this original corruption~** '이 원래의 부패로부터'의 뜻인 부사구 From this original corruption이 문장 앞으로 나오면서 주어인 all actual transgressions와 동사인 do proceed가 도치되었다.

- **proceed from** ~로부터 나오다.

- **all actual transgressions** 모든 실제 범죄행위들 (sin: 죄, iniquity: 사악)

- 모든 실제 범죄행위들은 이 원래의 부패로부터 나온다.

2. whereby we are utterly indisposed, disabled, and made opposite to all good, and wholly inclined to all evil,

① whereby we are utterly indisposed, disabled, and made opposite to all good,

- **whereby** 그로써(계속용법), 그로써 ~하는(한정용법) 이 항에서는 계속용법으로 사용되었으나, 자연스런 한국어 표현을 위해 한정용법으로 번역한다.

- **utterly** 완전히

- **indisposed** '싫어하는 상태의'로 whereby we are utterly indisposed to all good는 '그로써 우리는 모든 선한 것을 완전히 싫어하는 상태이다'라는 뜻이다.

- **disabled** '무능한 상태의'로 whereby we are utterly disabled to all good는 '그로써 우리는 모든 선한 것에 완전히 무능한 상태이다'라는 뜻이다.

- **made opposite** '~에 반대하게 되다'로 whereby we are utterly made opposite to all good는 '그로써 우리는 모든 선한 것에 완전히 반대하게 된다'라는 뜻이다. 여기서 are made는 5형식 사역동사 make의 수동태로 외부의 힘에 의해서 그렇게 되어 버린다는 의미가 포함되어 있다.

② and wholly inclined to all evil,

- **, and** 모든 선한 것들(all good)과 모든 악한 것들(all evil)을 구분해서 내용을 설명하는 용도로 사용되었다. 따라서 의미상 but으로 이해하는 것이 좋다.

- **wholly** 전적으로

- **be inclined to~** '~게 기울다. ~하는 경향이 있다.'로, wholly inclined to all evil 은 모든 악한 것들에 전적으로 기울다'라는 뜻이다.
- 우리가 모든 선은 완전히 싫어하고, 행할 수 없고, 반대하게 되어버리며, 또한 모든 악에 전적으로 기울게 되는

<원문>

V. This corruption of nature, during this life, doth remain in those that are regenerated; and although it be, through Christ, pardoned and mortified, yet both itself and all the motions thereof are truly and properly sin.

<번역>

이 본성의 부패는 이생 동안에는 중생한 자들 안에 남아 있으며, 비록 그것이 그리스도를 통해 용서되고 억제된다고 하더라도, 그것 자체와 그것으로 인한 모든 행동들은 둘 다 참으로 그리고 당연히 죄다.

<원문분석>

1. This corruption of nature, during this life, doth remain in those that are regenerated

- **corruption of nature** 본성의 부패
- **during this life** '이생 동안에'로 태어나서 죽음에 이르기까지의 기간을 말한다.
- **remain** '남아 있다'의 뜻이다. 그러면서도 이 단어는 단순히 무엇이 있다는 뜻을 넘어 원래 있던 것이 없어지지 않을 뿐만 아니라, 어떠한 상태의 변화도 없이 여전히 그대로 존재한다는 의미가 강하다.
- **those that are regenerated** 중생한 자들
- 이 본성의 부패는 이생 동안에는 중생한 자들 안에 남아 있다.

2. and although it be, through Christ, pardoned and mortified, yet both itself and all the motions thereof are truly and properly sin.

- **pardon** 용서하다. (forgive: 사해주다)

- **mortify** ~에게 굴욕감을 주다. (감정, 육욕 따위)를 극복하다, 억제하다.

- **all the motions thereof** 그것에 근거한 모든 행동들, 그것으로 인한 모든 행동들

- **truly and properly** 참으로 그리고 당연히

- 비록 그것이 그리스도를 통해 용서되고 억제된다고 하더라도, 그것 자체와 그것으로 인한 모든 행동들은 둘 다 참으로 그리고 당연히 죄다.

<원문>

VI. Every sin, both original and actual, being a transgression of the righteous law of God, and contrary thereunto, doth, in its own nature, bring guilt upon the sinner; whereby he is bound over to the wrath of God, and curse of the law, and so made subject to death, with all miseries spiritual, temporal, and eternal.

<번역>

원죄와 자범죄의 모든 죄는 하나님의 의로운 율법에 대한 범죄행위며 그것을 반대하기에 그것 자체의 본질에 있어서 그 죄인에게 죄책을 가져다주는데, 그로써 그는 하나님의 진노와 율법의 저주에 넘겨져서, 영적이고, 현세적이고, 영원한 모든 비참함을 동반한 사망에 속하게 된다.

<원문분석>

1. Every sin, both original and actual, being a transgression of the righteous law of God, and contrary thereunto, doth, in its own nature, bring guilt upon the sinner;

- **Every sin, both original and actual,** both original and actual(원죄와 자범죄

둘 다)는 Every sin의 동격이다. 따라서 이 부분은 '원죄와 자범죄의 모든 죄'로 해석한다.

- being a transgression of the righteous law of God, and contrary thereunto
  being a transgression~, and (being) contrary~ 두 개의 분사구문을 하나로 묶은 표현이다. '~에 대한 범죄행위이며, ~을 반대하기에'

- a transgression of the righteous law of God '하나님의 의로운 율법에 대한 범죄행위'인데, 부정관사(a)는 앞의 every와 연결되어 '어떠한 죄라도 그 하나하나가 모두'라는 의미를 잘 표현하고 있다.

- contrary thereunto '그것에 반대하는'으로 thereunto는 앞서 언급한 righteous law of God과 연결되어 있다.

- in its own nature '그것 자체의 본질에 있어서'로 모든 죄의 본질을 말한다.

- bring guilt upon the sinner '그 죄인에게 죄책을 가져다준다'인데, 여기서 the sinner는 포괄적인 의미의 죄인을 통칭하는 것이 아니라, 모든 죄(every sin)와 a transgression과 연결된 표현으로 어떤 특정한 죄를 지은 바로 그 사람을 말하는 것이기 때문에, 정관사(the)를 살려서 '그 죄인'으로 번역해야 한다. 이렇게 번역해야만 모든 죄가 그 각각의 죄에 따라 그 죄를 지은 바로 그 사람에게 그것에 마땅한 죄책을 가져다준다는 원리를 잘 전달할 수 있다.

- 원죄와 자범죄의 모든 죄는 하나님의 의로운 율법에 대한 범죄행위며 그것을 반대하기에 그것 자체의 본질에 있어서 그 죄인에게 죄책을 가져다준다.

2. whereby he is bound over to the wrath of God, and curse of the law, and so made subject to death, with all miseries spiritual, temporal, and eternal.

- ; whereby 계속적 용법의 관계부사. '그로써'

- is bound over to~ '~에 넘겨지다'로 해석되는데, 이는 당연히 그렇게 될 수밖에 없다는 의미를 내포하고 있다.

- the wrath of God 하나님의 진노

- curse of the law 율법의 저주

- **, and so (is) made subject to death** 'be subject to'(~에 속하다)가 사역동사 make의 수동태와 함께 쓰여 '~에 속하게 되다'라는 뜻이다. 이는 단지 상태가 그렇게 변하는 것을 넘어, 외부의 어떠한 힘에 의해 그렇게 되어 버린다는 뜻을 내포하고 있다. 콤마(,) and는 앞서 언급한 내용의 결과로 그렇게 된다는 뜻을 나타내기에 '~해서, ~하게 된다'는 식으로 번역하는 것이 좋다.

- **with all miseries spiritual, temporal, and eternal** with all miseries (which are) spiritual, temporal, and eternal으로 '영적이고, 현세적이고, 영원한 모든 비참함들과 함께'라는 뜻이다.

- **temporal** 현세적인 (temporary: 일시적인, 임시의)

- **eternal** 영원한 (for ever: 영구히, everlasting: 영속적인)

- 그로써 그는 하나님의 진노와 율법의 저주에 넘겨져서, 영적이고, 현세적이고, 영원한 모든 비참함을 동반한 사망에 속하게 된다.

<원문으로 요약하고 성경으로 해설하기>

1. 우리의 최초의 부모인 아담과 하와가 지은 첫 번째 죄는 사탄의 교묘함과 유혹에 빠져서 하나님께서 금하신 열매를 먹은 것이다.

   "여호와 하나님이 여자에게 이르시되 네가 어찌하여 이렇게 하였느냐 여자가 이르되 뱀이 나를 꾀므로 내가 먹었나이다"(창3:13)

   "뱀이 그 간계로 하와를 미혹한 것 같이 너희 마음이 그리스도를 향하는 진실함과 깨끗함에서 떠나 부패할까 두려워하노라"(고후11:3)

2. 하나님께서는 죄를 싫어하신다. 따라서 하나님께서는 결코 죄를 용납하지 않으신다. 그러나 하나님께서는 인간이 죄를 짓는 행위는 허용하신다. 이처럼 하나님께서 인간이 죄 짓는 것을 허용하시는 것은 이를 통해 자신의 영광을 드러내시기 위함이다.

   "하나님이 모든 사람을 순종하지 아니하는 가운데 가두어 두심은 모든 사람에게 긍휼을 베풀려 하심이로다"(롬11:32)

3. 인류의 최초의 부모인 아담과 하와가 지은 그 첫 번째 죄의 책임은 선악과를 만드신 하나님께도 아니고, 그들을 유혹한 사탄에게도 아니라, 전적으로 유혹에 빠져서 하나님께서 금하신 행위를 한 그들에게 있다.

"내가 깨달은 것은 오직 이것이라 곧 하나님은 사람을 정직하게 지으셨으나 사람이 많은 꾀들을 낸 것이니라"(전7:29)

4. 인류의 최초의 부모인 아담과 하와는 하나님께서 금하신 열매를 먹는 그 첫 번째 죄로 인해 그들의 원래의 의로움과 하나님과의 교통에서 타락했다.

"여자가 그 나무를 본즉 먹음직도 하고 보암직도 하고 지혜롭게 할 만큼 탐스럽기도 한 나무인지라 여자가 그 열매를 따먹고 자기와 함께 있는 남편에게도 주매 그도 먹은지라 이에 그들의 눈이 밝아져 자기들이 벗은 줄을 알고 무화과나무 잎을 엮어 치마로 삼았더라 그들이 그 날 바람이 불 때 동산에 거니시는 여호와 하나님의 소리를 듣고 아담과 그의 아내가 여호와 하나님의 낯을 피하여 동산 나무 사이에 숨은지라"(창3:6-8)

5. 하나님께서 정하신 죄의 결과는 죽음이다.

"선악을 알게 하는 나무의 열매는 먹지 말라 네가 먹는 날에는 반드시 죽으리라 하시니라"(창2:17)

"그는 허물과 죄로 죽었던 너희를 살리셨도다"(엡2:1)

"죄의 삯은 사망이요 하나님의 은사는 그리스도 예수 우리 주 안에 있는 영생이니라"(롬6:23)

6. 죄로 인해 사람은 전적으로 타락했다. 이는 사람의 혼은 물론 몸의 모든 부분들과 그 기능들 모두가 하나님께서 만드신 최초의 선한 상태에서 더렵혀졌음을 말한다.

"깨끗한 자들에게는 모든 것이 깨끗하나 더럽고 믿지 아니하는 자들에게는 아무 것도 깨끗한 것이 없고 오직 그들의 마음과 양심이 더러운지라"(딛1:15)

"여호와께서 사람의 죄악이 세상에 가득함과 그의 마음으로 생각하는 모든 계획이 항상 악할 뿐임을 보시고"(창6:5)

"만물보다 거짓되고 심히 부패한 것은 마음이라 누가 능히 이를 알리요마는"(렘17:9)

"기록된 바 의인은 없나니 하나도 없으며 깨닫는 자도 없고 하나님을 찾는 자도 없고 다 치우쳐 함께 무익하게 되고 선을 행하는 자는 없나니 하나도 없도다 그들의 목구멍은 열린 무덤이요 그 혀로는 속임을 일삼으며 그 입술에는 독사의 독이 있고 그 입에는 저주와 악독이 가득하고 그 발은 피 흘리는 데 빠른지라 파멸과 고생이 그 길에 있어 평강의 길을 알지 못하였고 그들의 눈 앞에 하나님을 두려워함이 없느니라 함과 같으니라"(롬3:10-18)

"모든 사람이 죄를 범하였으매 하나님의 영광에 이르지 못하더니"(롬3:23)

7. 아담과 하와가 한 혈통인 인류의 뿌리이기에 일반적인 출생 방법을 통해 아담의 죄책은 그의 모든 후손들에게 전가된다.

"인류의 모든 족속을 한 혈통으로 만드사 온 땅에 살게 하시고 그들의 연대를 정하시며 거주의 경계를 한정하셨으니"(행17:26)

8. 일반적인 출생 방법을 통해 아담과의 동일한 죽음이 그의 모든 후손들에게 전달된다.

"그러므로 한 사람으로 말미암아 죄가 세상에 들어오고 죄로 말미암아 사망이 들어왔나니 이와 같이 모든 사람이 죄를 지었으므로 사망이 모든 사람에게 이르렀느니라 죄가 율법 있기 전에도 세상에 있었으나 율법이 없었을 때에는 죄를 죄로 여기지 아니하였느니라 그러나 아담으로부터 모세까지 아담의 범죄와 같은 죄를 짓지 아니한 자들까지도 사망이 왕노릇 하였나니 아담은 오실 자의 모형이라 그러나 이 은사는 그 범죄와 같지 아니하니 곧 한 사람의 범죄를 인하여 많은 사람이 죽었은즉 더욱 하나님의 은혜와 또한 한 사람 예수 그리스도의 은혜로 말미암은 선물은 많은 사람에게 넘쳤느니라 또 이 선물은 범죄한 한 사람으로 말미암은 것과 같지 아니하니 심판은 한 사람으로 말미암아 정죄에 이르렀으나 은사는 많은 범죄로 말미암아 의롭다 하심에 이름이니라 한 사람의 범죄로 말미암아 사망이 그 한 사람을 통하여 왕 노릇 하였은즉 더욱 은혜와 의의 선물을 넘치게 받는 자들은 한 분 예수 그리스도를 통하여 생명 안에서 왕 노릇 하리로다 그런즉 한 범죄로 많은 사람이 정죄에 이른 것 같이 한 의로운 행위로 말미암아 많은 사람이 의롭다 하심을 받아 생명에 이르렀느니라 한 사람이 순종하지 아니함으로 많은 사람이 죄인 된 것 같이 한 사람이 순종하심으로 많은 사람이 의인이 되리라"(롬5:12-19)

"사망이 한 사람으로 말미암았으니 죽은 자의 부활도 한 사람으로 말미암는도다 아담 안에서 모든 사람이 죽은 것 같이 그리스도 안에서 모든 사람이 삶을 얻으리라"(고전 15:21,22)

9. 일반적인 출생 방법을 통해 아담의 타락한 본성이 그의 모든 후손들에게 전달된다.

"내가 죄악 중에서 출생하였음이여 어머니가 죄 중에서 나를 잉태하였나이다"(시51:5) "사람이 어찌 깨끗하겠느냐 여인에게서 난 자가 어찌 의롭겠느냐"(욥15:14)

10. 최초의 부모로부터 전달될 원래의 부패는 사람이 선을 완전히 싫어하고, 행할 수 없고, 반대하게 하는 근원이다.

"내 속 곧 내 육신에 선한 것이 거하지 아니하는 줄을 아노니 원함은 내게 있으나 선을 행하는 것은 없노라"(롬7:18)

"육신의 생각은 하나님과 원수가 되나니 이는 하나님의 법에 굴복하지 아니할 뿐 아니라 할 수도 없음이라"(롬8:7)

"전에 악한 행실로 멀리 떠나 마음으로 원수가 되었던 너희를"(골1:21)

11. 최초의 부모로부터 전달될 원래의 부패는 사람이 모든 악에 전적으로 기울게 되는 근원이다.

"여호와께서 그 향기를 받으시고 그 중심에 이르시되 내가 다시는 사람으로 말미암아 땅을 저주하지 아니하리니 이는 사람의 마음이 계획하는 바가 어려서부터 악함이라 내가 전에 행한 것 같이 모든 생물을 다시 멸하지 아니하리니"(창8:21)

"기록된 바 의인은 없나니 하나도 없으며 깨닫는 자도 없고 하나님을 찾는 자도 없고 다 치우쳐 함께 무익하게 되고 선을 행하는 자는 없나니 하나도 없도다"(롬3:10-12)

12. 최초의 부모로부터 전달될 원래의 부패는 사람이 실제 행하는 모든 범죄행위들의 근원이다.

"그 때에 너희는 그 가운데서 행하여 이 1)세상 풍조를 따르고 공중의 권세 잡은 자를 따랐으니 곧 지금 불순종의 아들들 가운데서 역사하는 영이라 전에는 우리도 다 그 가운데서 우리 육체의 욕심을 따라 지내며 육체와 마음의 원하는 것을 하여 다른 이들과 같이 본질상 진노의 자녀이었더니"(엡2:2,3)

"마음에서 나오는 것은 악한 생각과 살인과 간음과 음란과 도둑질과 거짓 증언과 비방이니"(마15:19)

13. 일반적인 출생을 통해 태어나는 모든 인류 속에 있는 본성의 부패는 이생 동안에는 중생한 자들에게도 동일하게 남아 있고, 그 기능 또한 동일하다.

"만일 우리가 죄가 없다고 말하면 스스로 속이고 또 진리가 우리 속에 있지 아니할 것이요 만일 우리가 우리 죄를 자백하면 그는 미쁘시고 의로우사 우리 죄를 사하시며 우리를 모든 불의에서 깨끗하게 하실 것이요 만일 우리가 범죄하지 아니하였다 하면 하나님을 거짓말하는 이로 만드는 것이니 또한 그의 말씀이 우리 속에 있지 아니하니라"(요일1:8-10)

"우리가 율법은 신령한 줄 알거니와 나는 육신에 속하여 죄 아래에 팔렸도다 내가 행하는 것을 내가 알지 못하노니 곧 내가 원하는 것은 행하지 아니하고 도리어 미워하는 것을 행함이라 만일 내가 원하지 아니하는 그것을 행하면 내가 이로써 율법이 선한 것을 시인하노니 이제는 그것을 행하는 자가 내가 아니요 내 속에 거하는 죄니라 내 속 곧 내 육신에 선한 것이 거하지 아니하는 줄을 아노니 원함은 내게 있으나 선을 행하는 것은 없노라 내가 원하는 바 선은 행하지 아니하고 도리어 원하지 아니하는 바 악을 행하는도다 만일 내가 원하지 아니하는 그것을 하면 이를 행하는 자는 내가 아니요 내 속에 거하는 죄니라 그러므로 내가 한 법을 깨달았노니 곧 선을 행하기 원하는 나에게 악이 함께 있는 것이로다 내 속사람으로는 하나님의 법을 즐거워하되 내 지체 속에서 한 다른 법이 내 마음의 법과 싸워 내 지체 속에 있는 죄의 법으로 나를 사로잡는 것을 보는도다"(롬7:14-23)

"우리가 다 실수가 많으니 만일 말에 실수가 없는 자라면 곧 온전한 사람이라 능히 온 몸도 굴레 씌우리라"(약3:2)

"내가 내 마음을 정하게 하였다 내 죄를 깨끗하게 하였다 할 자가 누구냐"(잠20:9)

14. 중생한 자들 속에 있는 부패한 본성은 그리스도에 의해 억제되고 용서된다. 그러나 그렇다고 해서 그들 속에 있는 부패한 본성과 그로 인한 모든 행동이 죄

가 아닐 수는 없다.

"육체의 소욕은 성령을 거스르고 성령은 육체를 거스르나니 이 둘이 서로 대적함으로 너희가 원하는 것을 하지 못하게 하려 함이니라"(갈5:17)

15. 원죄와 자범죄는 모두 하나님의 법을 반하는 것으로 죄인에게 죄책을 안겨준다.

"율법 없는 이방인이 본성으로 율법의 일을 행할 때에는 이 사람은 율법이 없어도 자기가 자기에게 율법이 되나니 이런 이들은 그 양심이 증거가 되어 그 생각들이 서로 혹은 고발하며 혹은 변명하여 그 마음에 새긴 율법의 행위를 나타내느니라"(롬2:14,15)

"그러면 어떠하냐 우리는 나으냐 결코 아니라 유대인이나 헬라인이나 다 죄 아래에 있다고 우리가 이미 선언하였느니라"(롬3:9)

"우리가 알거니와 무릇 율법이 말하는 바는 율법 아래에 있는 자들에게 말하는 것이니 이는 모든 입을 막고 온 세상으로 하나님의 심판 아래에 있게 하려 함이라"(롬3:19)

16. 원죄와 자범죄를 통해 인류는 하나님의 진노에 넘겨졌다.

"전에는 우리도 다 그 가운데서 우리 육체의 욕심을 따라 지내며 육체와 마음의 원하는 것을 하여 다른 이들과 같이 본질상 진노의 자녀이었더니"(엡2:3)

17. 원죄와 자범죄를 통해 인류는 율법의 저주에 넘겨졌다.

"무릇 율법 행위에 속한 자들은 저주 아래에 있나니 기록된 바 누구든지 율법 책에 기록된 대로 모든 일을 항상 행하지 아니하는 자는 저주 아래에 있는 자라 하였음이라"(갈3:10)

18. 원죄와 자범죄를 통해 인류는 영적이고, 현세적이고, 영원한 모든 비참함을 동반한 사망에 속하게 되었다.

"죄의 삯은 사망이요 하나님의 은사는 그리스도 예수 우리 주 안에 있는 영생이니라"(롬6:23)

"그들의 총명이 어두워지고 그들 가운데 있는 무지함과 그들의 마음이 굳어짐으로 말미암아 하나님의 생명에서 떠나 있도다"(엡4:18)

"피조물이 허무한 데 굴복하는 것은 자기 뜻이 아니요 오직 굴복하게 하시는 이로 말미암음이라"(롬8:20)

"살아 있는 사람은 자기 죄들 때문에 벌을 받나니 어찌 원망하랴"(애3:39)

"또 왼편에 있는 자들에게 이르시되 저주를 받은 자들아 나를 떠나 마귀와 그 사자들을 위하여 예비된 영원한 불에 들어가라"(마25:41)

"이런 자들은 주의 얼굴과 그의 힘의 영광을 떠나 영원한 멸망의 형벌을 받으리로다"(살후1:9)

16

Chapter VII

Of God's Covenant with Man

하나님의 사람과의 언약에 관하여

<원문>

I. The distance between God and the creature is so great, that although reasonable creatures do owe obedience unto Him as their Creator, yet they could never have any fruition of Him as their blessedness and reward, but by some voluntary condescension on God's part, which He hath been pleased to express by way of covenant.

<번역>

하나님과 피조물 사이의 간격이 너무도 커서 비록 이성적인 피조물들이 그들의 창조자로서의 그분께 순종해야 할 의무가 있다 하더라도, 언약의 방법에 의해 표현하시기를 기뻐하신 하나님 편에서의 약간의 자발적인 낮추심에 의하지 않는다면 그들은 결코 그들의 복과 상급으로 그분을 조금도 향유할 수 없을 것이다.

<원문분석>

1. The distance between God and the creature is so great, that although reasonable creatures do owe obedience unto Him as their Creator, yet they could never have any fruition of Him as their blessedness and reward,

- The distance between God and the creature 하나님과 피조물 사이의 간격

- so great, that~ 너무도 커서 ~하다.

- reasonable creatures '이성적인 피조물들'인데, 이는 천사들과 사람들을 말한다.

- owe obedience 순종을 빚지고 있다. 순종해야 할 의무가 있다.

- unto Him as their Creator 그들의 창조자로서 그분께

- fruition 향유, 성취, 달성

- they could never have any fruition of Him as their blessedness and reward
  could는 비록 can의 과거시제 형태이지만, 여기서는 실제 과거 시제를 의미하

는 것이 아니라, 가정법 과거의 표현으로 현재 그렇지 않는 사실을 가정하는 표현이다. 따라서 '그들은 그들의 복과 상급으로 그분에 대한 어떠한 향유도 결코 가질 수 없을 텐데' 정도로 이해할 수 있고, 어떠한 조건이 성립하기 때문에 실제 현재 상황은 그들의 복과 상급으로서의 그분에 대한 어떠한 향유를 가질 수 있다는 뜻이다.

- 하나님과 피조물 사이의 간격이 너무도 커서 비록 이성적인 피조물들이 그들의 창조자로서의 그분께 순종해야 할 의무가 있다 하더라도, 그들의 복과 상급으로 그분을 조금도 향유할 수 없을 것이다.

2. but by some voluntary condescension on God's part, which He hath been pleased to express by way of covenant.

- **but** '~을 제외하고, ~않고는'의 뜻을 가진 전치사지만, 이 문장에서는 가정법 과거의 종속절을 이끄는 역할로 사용되어 '만일 ~이 아니라면'의 뜻으로 쓰였다.
- **voluntary** 자발적인
- **condescension** 낮춤, 비하, 겸손, 공손 (condescend: 아랫사람에 대해 자기를 낮추다)
- **on God's part** 하나님의 편에서
- **He hath been pleased to express by way of covenant** '그분은 언약의 방법에 의해 표현하기를 기뻐하셨다.'로 여기서 사용된 현재완료(hath been pleased)는 과거에 언약의 방법으로 표현하실 때 기뻐하셨다는 것으로 끝난 것이 아니라, 지금도 그것을 여전히 기뻐하고 계시다는 것을 의미한다.
- 언약의 방법에 의해 표현하시기를 기뻐하신 하나님 편에서의 약간의 자발적인 낮추심에 의하지 않는다면

<원문>

II. The first covenant made with man was a covenant of works, wherein life was promised to Adam, and in him to his posterity, upon condition of perfect and personal obedience.

<번역>

사람과 맺으신 첫 번째 언약은 행위언약이었는데, 그 안에서 완벽하고 인격적인 순종을 조건으로 아담과, 그리고 아담 안에서 그의 후손에게, 생명이 약속되었다.

<원문분석>

1. The first covenant made with man was a covenant of works,

- The first covenant (which was) made with man 사람과 맺어진 첫 번째 언약

- a covenant of works '행위언약'인데, 여기서 works가 복수라는 것에 유의할 필요가 있다.

- 사람과 맺으신 첫 번째 언약은 행위언약이었다.

2. wherein life was promised to Adam, and in him to his posterity, upon condition of perfect and personal obedience.

- , wherein ~인데, 그 안에서

- life was promised to Adam 생명이 아담에게 약속되었다.

- and in him (life was promised) to his posterity 그리고 그 안에서 생명이 그의 후손에게 약속되었다.

- upon condition of~ ~의 조건으로

- perfect and personal obedience 완벽하고 인격적인 순종

- 그 안에서 완벽하고 인격적인 순종을 조건으로 아담과, 그리고 아담 안에서 그의 후손에게, 생명이 약속되었다.

<원문>

III. Man by his fall having made himself incapable of life by that covenant, the Lord was pleased to make a second, commonly called the covenant of grace; wherein He freely offereth unto sinners life and salvation by Jesus Christ, requiring of them faith in Him, that they may be saved, and promising to give unto all those that are ordained unto life His Holy Spirit, to make them willing and able to believe.

<번역>

사람이 자신의 타락으로 인해 스스로를 그 언약에 의한 생명에는 무능하게 만들어버렸음에도 불구하고, 주님께서는 보통 은혜언약이라고 불리는 두 번째 언약 맺기를 기뻐하셨는데, 그 안에서 그분은 죄인들이 구원되도록 예수 그리스도 안에 있는 믿음을 그들에게 요구하시고, 동시에 그들이 믿고자 하고 또 믿을 수 있도록 하시기 위해 생명으로 정해진 모든 자들에게 그의 거룩한 영을 주실 것을 약속하시면서 예수 그리스도에 의한 생명과 구원을 그들에게 값없이 제공하신다.

<원문분석>

1. Man by his fall having made himself incapable of life by that covenant, the Lord was pleased to make a second, commonly called the covenant of grace;

- Man by his fall having made himself incapable of~ 양보의 독립분사구문으로 '사람이 자신의 타락으로 인해 스스로를 ~에 무능하게 만들어버렸음에도 불구하고'라는 뜻이다. 이 부분을 해석할 때 특별히 주의해야 할 것은 'having made~'처럼 5형식 사역동사 make를 사용함으로 외부의 어떠한 힘에 의해서 무능하게 된 것이 아니라, 사람이 타락에 의해서 스스로 자신을 무능하게 만들어버렸다고 표현하고 있는 점이다. 또한 단순동명사인 making이 아니라,

having made의 완료동명사를 사용함으로 이 종속절의 내용이 주절의 내용보다 시간적으로 우선함을 나타내고 있다는 점이다.

- the Lord was pleased to~ 주님께서는 ~하는 것을 기뻐하셨다.
- commonly 보통 (ordinary: 통상적인)
- the covenant of grace 은혜언약 (the covenant of works: 행위언약)
- 사람이 자신의 타락으로 인해 스스로를 그 언약에 의한 생명에는 무능하게 만들어버렸음에도 불구하고, 주님께서는 보통 은혜언약이라고 불리는 두 번째 언약 맺기를 기뻐하셨다.

2. wherein He freely offereth unto sinners life and salvation by Jesus Christ, requiring of them faith in Him, that they may be saved, and promising to give unto all those that are ordained unto life His Holy Spirit, to make them willing and able to believe.

- ; wherein ~인데, 그 안에서
- He freely offereth~, requiring of~, and promising~. 그분은 ~을 요구하시고, ~을 약속하시면서 ~을 값없이 제공하신다.
- He freely offereth unto sinners life and salvation 그분은 죄인들에게 생명과 구원을 값없이 제공하신다.
- requiring of them faith in Him, '그 안에 있는 믿음을 그들에게 요구하시면서' 인데, 여기서 requiring은 동시동작을 나타내는 분사구문이며, Him은 by Jesus Christ를 받아 예수 그리스도를 나타낸다. 참고로 이곳의 faith in Him은 소교리문답 86문에서 faith in Jesus Christ로 설명된다.
- 'that they may be saved' 그들이 구원되도록'으로 requiring of them faith in Him의 목적이다.
- promising to give unto all those that are ordained unto life His Holy Spirit, promising to give His Holy Spirit unto all those that are ordained unto life 에서 give의 목적어인 His Holy Spirit을 수여자를 나타내는 unto all those~ 뒤로 배치한 형태다.

- unto all those that are ordained unto life 생명으로 정해진 모든 자들에게
- to make them willing and able to believe '그들이 믿고자 하고 또 믿을 수 있도록 만들기 위해'로 'promising to give~'의 목적이다.
- 그 안에서 그분은 죄인들이 구원되도록 예수 그리스도 안에 있는 믿음을 그들에게 요구하시고, 동시에 그들이 믿고자 하고 또 믿을 수 있도록 하시기 위해 생명으로 정해진 모든 자들에게 그의 거룩한 영을 주실 것을 약속하시면서

<원문>

IV. This covenant of grace is frequently set forth in Scripture by the name of a testament, in reference to the death of Jesus Christ the Testator, and to the everlasting inheritance, with all things belonging to it, therein bequeathed.

<번역>

이 은혜언약은 유언이라는 이름으로 성경에 빈번히 나타나는데, 이는 그것에 속해 있으면서, 그 안에서 상속되는 모든 것들과 함께, 유언자이신 예수 그리스도의 죽음과 그에 따른 영속하는 유산과 관련되어 있다.

<원문분석>

1. This covenant of grace is frequently set forth in Scripture by the name of a testament
- frequently 빈번히
- set forth 출발하다. ~을 설명하다. ~을 진열하다.
- in Scripture 정경으로 인정되는 66권의 각 권을 말한다. 따라서 여기서 in Scripture은 '66권의 성경전서(Scriptures) 중 어느 성경에서'라는 의미를 내포하고 있다.
- testament 유언(장), 계약

- **by the name of a testament** 유언이라는 이름으로 (in the name of: ~의 권한으로, ~의 이름을 빌려서)
- 이 은혜언약은 유언이라는 이름으로 성경에 빈번히 나타난다.

2. in reference to the death of Jesus Christ the Testator, and to the everlasting inheritance

- **in reference to** ~와 관련하여, ~에 관하여
- **Jesus Christ the Testator** '유언자이신 예수 그리스도'로 Testator는 유언을 남기고 죽은 남자를 말한다. 참고로 testatrix는 유언을 남기고 죽은 여자를 말한다.
- **in reference to the death~, and (in reference) to the everlasting inheritance** ~의 죽음과 그에 따른 영속하는 유산과 관련하여
- **everlasting** 영속하는 (참고, eternal: 영원한, for ever: 영구히)
- 유언자이신 예수 그리스도의 죽음과 그에 따른 영속하는 유산과 관련되어

3. with all things belonging to it, therein bequeathed.

- **with all things belonging to it** 그것에 속해 있는 모든 것들과 함께
- **therein** 그 안에서
- **bequeath** 상속하다. (유산으로) 남기다.
- **therein bequeathed** therein (all things which are) bequeathed. 그 안에서 상속되는 모든 것들과 함께
- 그것에 속해 있으면서, 그 안에서 상속되는 모든 것들과 함께

<원문>

V. This covenant was differently administered in the time of the law, and in the time of the gospel: under the law, it was administered by promises, prophecies, sacrifices, circumcision, the paschal lamb, and other types and ordinances delivered to the people of the Jews, all fore-signifying Christ to come: which were, for that time, sufficient and efficacious, through the operation of the Spirit, to instruct and build up the elect in faith in the promised Messiah, by whom they had full remission of sins, and eternal salvation; and is called, the Old Testament.

<번역>

이 언약은 율법의 시대에서와 복음의 시대에서 다르게 시행되었는데, 율법 아래에서 그것은 유대 민족에게 전달된 약속들, 예언들, 제사들, 할례, 유월절 어린양, 그리고 다른 모형들과 규례들에 의해 시행되었고, 모두는 오실 그리스도를 예표하고 있었는데, 그것들은 그 시대에는 그 영의 작용을 통해서 택자들을 약속된 메시아 안에 있는 믿음 안에서 교훈하고 세우기에 충분하고 효과적이었으며, 그에 의해서 그들은 죄들의 완전한 사면과 영원한 구원을 얻었기에, 이는 구약이라고 불린다.

<원문분석>

1. This covenant was differently administered in the time of the law, and in the time of the gospel:

- This covenant '이 언약'으로 앞항에서 다룬 은혜언약을 말한다.

- administer 시행하다.

- in the time of the law 율법의 시대에서

- in the time of the gospel 복음의 시대에서

- 이 언약은 율법의 시대에서와 복음의 시대에서 다르게 시행되었다.

2. under the law, it was administered by promises, prophecies, sacrifices, circumcision, the paschal lamb, and other types and ordinances delivered to the people of the Jews, all fore-signifying Christ to come

- promises 약속들

- prophecies 예언들

- sacrifices 희생제사들

- circumcision 할례

- the paschal lamb 유월절 어린 양

- types 모형들

- ordinances 규례들

- (which were) delivered to the people of the Jews '유대 민족에게 전달된'으로 앞에서 언급한 promises, prophecies, sacrifices, circumcision, the paschal lamb, and other types and ordinances 전체를 수식한다.

- fore-signify 예표하다

- ,all fore-signifying Christ to come all은 바로 앞에서 나열한 promises, prophecies, sacrifices, circumcision, the paschal lamb, and other types and ordinances delivered to the people of the Jews 전부를 말한다. 이 표현은 all을 주어로 하는 독립분사구문으로, '모두는 오실 그리스도를 예표하고 있었다'로 해석한다.

- 율법 아래에서 그것은 유대 민족에게 전달된 약속들, 예언들, 제사들, 할례, 유월절 어린양, 그리고 다른 모형들과 규례들에 의해 시행되었고, 모두는 오실 그리스도를 예표하고 있었다.

3. which were, for that time, sufficient and efficacious, through the operation of the Spirit, to instruct and build up the elect in faith in the promised Messiah,

- **,which were** 앞에서 언급한 'promises, prophecies, sacrifices, circumcision, the paschal lamb, and other types and ordinances delivered to the people of the Jews' 전부를 선행사로 받는 주격관계대명사다.
- **for that time** 그 시대에서는, 그 시대를 위해서는
- **efficacious** 의도된 효과가 나타나는 (efficacious calling: 효력 있는 부르심)
- **through the operation of the Spirit** 그 영의 작용을 통하여
- **to instruct and build up the elect** 택자들을 교훈하고 세우기에
- **faith in the promised Messiah** 약속된 메시아 안에 있는 믿음 (참고, faith in Jesus Christ: 예수 그리스도 안에 있는 믿음, WSC 86)
- 그것들은 그 시대에는 그 영의 작용을 통해서 택자들을 약속된 메시아 안에 있는 믿음 안에서 교훈하고 세우기에 충분하고 효과적이었다.

4. by whom they had full remission of sins, and eternal salvation; and is called, the Old Testament.

- **by whom** '그에 의해서'로 관계대명사 whom의 선행사는 the promised Messiah이다.
- **they had full remission of sins** remission of sins는 '죄들의 사면'으로 모든 죄가 사면됨을 의미하며, 과거형 동사(had)를 통해 표현한 것은 그들의 죄가 당시에는 아직 실체로 나타나지도 않은 약속된 메시아에 의해 다 사해졌다는 것을 의미한다.
- **eternal salvation** (they had) eternal salvation으로 '영원한 구원을 가졌다'는 뜻인데, 이 또한 아직 실체로 나타나지도 않은 약속된 메시아에 의해 그들이 구원을 가졌다는 뜻이다. 이러한 신비가 가능한 이유가 바로 우리의 구원이 '영원한 구원'(eternal salvation)이기 때문이다. 다시 말해 구원이 시간 속에 제한되지 않고 오히려 시간을 넘어서 존재하시고 역사하시는 삼위 하나님의 일이기 때문이다.
- **and is called, the Old Testament** ~하기에, 구약이라고 불린다.
- 그에 의해서 그들은 죄들의 완전한 사면과 영원한 구원을 얻었기에, 이는 구약이라고 불린다.

<원문>

VI. Under the gospel, when Christ, the substance, was exhibited, the ordinances in which this covenant is dispensed are the preaching of the Word, and the administration of the sacraments of Baptism and the Lord's Supper: which, though fewer in number, and administered with more simplicity, and less outward glory; yet, in them, it is held forth in more fulness, evidence, and spiritual efficacy, to all nations, both Jews and Gentiles; and is called the New Testament. There are not therefore two covenants of grace, differing in substance, but one and the same, under various dispensations.

<번역>

복음 아래에서는 그리스도께서 실체로 드러나셨을 때, 이 언약이 배포되는 규례들은 말씀을 설교하는 것과 세례와 성찬의 성례들의 시행인데, 그것들은 비록 그 수에서는 더 적고, 더 단순하면서도 외적 영광은 덜하게 시행되지만, 그것들 안에서 언약은 더 충만하고, 더 확실한 증거로, 그리고 영적으로 더 효력 있게 모든 민족들, 즉 유대인과 이방인 모두에게 제시되기에, 이는 신약이라고 불린다. 그러므로 실체에 있어서 다른 두 개의 은혜언약들이 있는 것이 아니라, 다양한 경륜들 아래 있는 하나의 동일한 언약이 있는 것이다.

<원문분석>

1. Under the gospel, when Christ, the substance, was exhibited, the ordinances in which this covenant is dispensed are the preaching of the Word, and the administration of the sacraments of Baptism and the Lord's Supper:

- Under the gospel 복음 아래서

- **Christ, the substance** 문법적으로 동격의 구조다. 따라서 '실체이신 그리스도'라고 번역하는 것이 옳다. 그러나 여기서 의도하는 것은 율법 시대인 구약에서 예표로만 알려져 있던 그리스도께서 복음시대에 와서는 그 실체로 나타나셨다는 것이다. 이러한 이유로 여기에서는 '그리스도께서 실체로'로 번역하는 것이 좋을 듯하다.
- **exhibit** 전시하다. 드러내다.
- **the ordinances in which this covenant is dispensed** '이 언약이 배포되는 규례들'로 in which가 규례들이 언약이 배포되는 수단(by which)이나, 통로(through which)가 아니라, 언약이 배포되는 장(place)을 의미한다는 것에 주의할 필요가 있다. 따라서 이 부분은 '이 언약이 배포되는 장으로서의 규례들'로 이해할 수도 있다.
- **the preaching of the Word** 말씀을 설교하는 것 (the preach of the Word: 말씀의 설교)
- **the administration of the sacraments of Baptism and the Lord's Supper** 세례와 성찬의 성례들의 시행
- 복음 아래에서는 그리스도께서 실체로 드러나셨을 때, 이 언약이 배포되는 장으로서의 규례들은 말씀을 설교하는 것과 세례와 성찬의 성례들의 시행이다.

2. **which, though fewer in number, and administered with more simplicity, and less outward glory; yet, in them, it is held forth in more fulness, evidence, and spiritual efficacy, to all nations, both Jews and Gentiles; and is called the New Testament.**
- **which** the preaching of the Word, and the administration of the sacraments of Baptism and the Lord's Supper를 선행사로 받는 주격 관계대명사이다. 따라서 '그것들은'으로 해석한다.
- **though fewer in number** though (they are) fewer in number 비록 그것들이 그 수에서는 더 적더라도
- **administered with more simplicity** (though they are) administered with

more simplicity 비록 그것들이 더 단순하게 시행된다 하더라도

- **less outward glory** (though they are administered) less outward glory 비록 그것들이 더 적은 외적 영광으로 시행된다 하더라도

- **in them** '그것들 안에서'로 them은 the preaching of the Word, and the administration of the sacraments of Baptism and the Lord's Supper를 의미한다.

- **it is held forth~** it은 언약을 의미하며, be held forth to~는 '~에게 제시되다'라는 뜻이다. 따라서 이 부분은 '이 언약은 제시된다'로 해석한다.

- **in more fulness, evidence, and spiritual efficacy** 더 충만하고, 더 확실한 증거로, 그리고 영적으로 더 효력 있게

- **efficacy** (의도된) 효력

- **to all nations, both Jews and Gentiles** 모든 민족들, 즉 유대인과 이방인 모두에게

- **and is called the New Testament** 그래서 신약이라고 불린다.

- 그것들은 비록 그 수에서는 더 적고, 더 단순하면서도 외적 영광은 덜하게 시행되지만, 그것들 안에서 언약은 더 충만하고, 더 확실한 증거로, 그리고 영적으로 더 효력 있게 모든 민족들, 즉 유대인과 이방인 모두에게 제시되기에, 이는 신약이라고 불린다.

3. There are not therefore two covenants of grace, differing in substance, but one and the same, under various dispensations.

- **differing in substance** (which are) differing in substance 실체에 있어서 다른

- **dispensation** '경륜'을 의미하는데, 이는 하나님의 섭리들(providences) 중에서 택자들의 구원과 관련한 특별한 섭리를 의미한다. (참고, dispense: 배포하다, 예식을 집례하다)

- **one and the same, under various dispensations** 완전한 문장은 (there is) one and the same (covenant), (which is) under various dispensations로 그 뜻은 '다양한 경륜들 아래 있는 하나의 동일한 언약이 있다'이다.

- 그러므로 실체에 있어서 다른 두 개의 은혜언약들이 있는 것이 아니라, 다양한 경륜들 아래 있는 하나의 동일한 언약이 있는 것이다.

<원문으로 요약하고 성경으로 해설하기>

1. 창조주 하나님과 피조물은 그 존재 자체에 있어서 그 간격이 너무 커서 그 어떤 피조물도 스스로의 자격이나 능력으로는 창조주 하나님을 이해할 수도 없고, 심지어 그에게 다가갈 수도 없다.

"누가 여호와의 영을 지도하였으며 그의 모사가 되어 그를 가르쳤으랴 그가 누구와 더불어 의논하셨으며 누가 그를 교훈하였으며 그에게 정의의 길로 가르쳤으며 지식을 가르쳤으며 통달의 도를 보여 주었느냐 보라 그에게는 열방이 통의 한 방울 물과 같고 저울의 작은 티끌 같으며 섬들은 떠오르는 먼지 같으리니 레바논은 땔감에도 부족하겠고 그 짐승들은 번제에도 부족할 것이라 그의 앞에는 모든 열방이 아무것도 아니라 그는 그들을 없는 것 같이, 빈 것 같이 여기시느니라"(사40:13-17)

2. 비록 이성적인 피조물이며 하나님의 형상으로 창조된 사람이라 할지라도 그 간격이 너무 커서 직접 하나님께 말을 걸 수도, 대답할 수도 없다.

"하나님은 나처럼 사람이 아니신즉 내가 그에게 대답할 수 없으며 함께 들어가 재판을 할 수도 없고 우리 사이에 손을 얹을 판결자도 없구나"(욥9:32,33)

"사람이 사람에게 범죄하면 하나님이 심판하시려니와 만일 사람이 여호와께 범죄하면 누가 그를 위하여 간구하겠느냐 하되 그들이 자기 아버지의 말을 듣지 아니하였으니 이는 여호와께서 그들을 죽이기로 뜻하셨음이더라"(삼상2:25)

3. 창조주 하나님께서는 자신과 사람 사이의 그 큰 간격에도 불구하고 자신이 사랑하는 자들과 교통하기를 원하셔서 그들에게로 스스로 자신을 낮추셨다.

"여호와 우리 하나님과 같은 이가 누구리요 높은 곳에 앉으셨으나 스스로 낮추사 천지를 살피시고"(시113:5,6)

4. 하나님께서는 사람에게서 어떠한 유익을 취하시기 위해 사람에게로 자신을 낮추신 것이 아니다.

"우주와 그 가운데 있는 만물을 지으신 하나님께서는 천지의 주재시니 손으로 지은 전에 계시지 아니하시고 또 무엇이 부족한 것처럼 사람의 손으로 섬김을 받으시는 것이 아니니 이는 만민에게 생명과 호흡과 만물을 친히 주시는 이심이라"(행17:24,25)

"사람이 어찌 하나님께 유익하게 하겠느냐 지혜로운 자도 자기에게 유익할 따름이니라 네가 의로운들 전능자에게 무슨 기쁨이 있겠으며 네 행위가 온전한들 그에게 무슨 이익이 되겠느냐"(욥22:2,3)

5. 피조물인 사람은 자신의 능력으로는 창조주이신 하나님께 그 어떤 유익도 드릴 수 없다. 자신이 그렇게 할 수 있다고 생각한다면 그것은 그 자체로 교만이다.
"그대가 의로운들 하나님께 무엇을 드리겠으며 그가 그대의 손에서 무엇을 받으시겠느냐 그대의 악은 그대와 같은 사람에게나 있는 것이요 그대의 공의는 어떤 인생에게도 있느니라"(욥35:7,8)

6. 사람이 하나님에 대하여 한 일은 오직 종으로서 해야 할 일을 한 것이다. 따라서 자신이 한 일을 통해 하나님을 영화롭게 했다고 생각하는 것은 자신의 신분을 망각한 미련한 짓일 뿐이다.
"이와 같이 너희도 명령 받은 것을 다 행한 후에 이르기를 우리는 무익한 종이라 우리가 하여야 할 일을 한 것뿐이라 할지니라"(눅17:10)

7. 하나님께서는 언약이라는 방법을 통해 사람들에게로 자신을 낮추셨다. 행위언약은 하나님께서 사람과 맺으신 첫 번째 언약이다.
"선악을 알게 하는 나무의 열매는 먹지 말라 네가 먹는 날에는 반드시 죽으리라 하시니라"(창2:17)

8. 행위언약은 하나님께서 인류의 부모인 아담과 하와하고만 맺으신 것이 아니다. 하나님께서는 아담 안에서 그의 모든 후손들과 함께 이 언약을 맺으셨다.
"그러므로 한 사람으로 말미암아 죄가 세상에 들어오고 죄로 말미암아 사망이 들어왔나니 이와 같이 모든 사람이 죄를 지었으므로 사망이 모든 사람에게 이르렀느니라 죄가 율법 있기 전에도 세상에 있었으나 율법이 없었을 때에는 죄를 죄로 여기지 아니하였느니라 그러나 아담으로부터 모세까지 아담의 범죄와 같은 죄를 짓지 아니한 자들까지도 사망이 왕 노릇 하였나니 아담은 오실 자의 모형이라 그러나 이 은사는 그 범죄와 같지 아니하니 곧 한 사람의 범죄를 인하여 많은 사람이 죽었은즉 더욱 하나님의 은혜와 또한 한 사람 예수 그리스도의 은혜로 말미암은 선물은 많은 사람에게 넘쳤느니라 또 이 선물은 범죄한 한 사람으로 말미암은 것과 같지 아니하니 심판은 한 사람으로 말미암아 정죄에 이르렀으나 은사는 많은 범죄로 말미암아 의롭다 하심에 이름이니라 한 사람의 범죄로 말미암아 사망이 그 한 사람을 통하여 왕 노릇 하였은즉 더욱 은혜와 의의 선물을 넘치게 받는 자들은 한 분 예수 그리스도를 통하여 생명 안에서 왕 노릇 하리로다 그런즉 한 범죄로 많은 사람이 정죄에 이른 것 같이 한 의로운 행위로 말미암아 많은 사람이 의롭다 하심을 받아 생명에 이르렀느니라 한 사람이 순종하지 아니함으로 많은 사람이 죄인 된 것 같이 한 사람이 순종하심으로 많은 사람이 의인이 되리라 율법이 들어온 것은 범죄를 더하게 하려 함이라 그러나 죄가 더한 곳에 은혜가 더욱 넘쳤나니 이는 죄가 사망 안에서 왕 노릇 한 것 같이 은혜도 또한 의로 말미암아 왕 노릇 하여 우리 주 예수 그리스도로 말미암아 영생에 이르게 하려 함이라"(롬5:12-21)

9. 하나님께서는 행위언약을 통해 온전한 순종에 대해서는 생명을 약속하셨다.

"모세가 기록하되 율법으로 말미암는 의를 행하는 사람은 그 의로 살리라 하였거니와"(롬 10:5)

"율법은 믿음에서 난 것이 아니니 율법을 행하는 자는 그 가운데서 살리라 하였느니라"(갈 3:12)

10. 하나님께서는 행위언약을 통해 불순종에 대해서는 죽음을 경고하셨다.

"무릇 율법 행위에 속한 자들은 저주 아래에 있나니 기록된 바 누구든지 율법 책에 기록된 대로 모든 일을 항상 행하지 아니하는 자는 저주 아래에 있는 자라 하였음이라"(갈3:10)

11. 하나님께서는 행위언약을 스스로 어기고 사망을 선고받은 사람들을 그 비참한 상태에 그대로 내버려두지 않으시고 두 번째 언약인 은혜언약을 맺어주셨다.

"내가 너로 여자와 원수가 되게 하고 네 후손도 여자의 후손과 원수가 되게 하리니 여자의 후손은 네 머리를 상하게 할 것이요 너는 그의 발꿈치를 상하게 할 것이니라 하시고"(창 3:15)

"율법이 육신으로 말미암아 연약하여 할 수 없는 그것을 하나님은 하시나니 곧 죄로 말미암아 자기 아들을 죄 있는 육신의 모양으로 보내어 육신에 죄를 정하사"(롬8:3)

"그러므로 율법의 행위로 그의 앞에 의롭다 하심을 얻을 육체가 없나니 율법으로는 죄를 깨달음이니라 이제는 율법 외에 하나님의 한 의가 나타났으니 율법과 선지자들에게 증거를 받은 것이라"(롬3:20,21)

"나 여호와가 의로 너를 불렀은즉 내가 네 손을 잡아 너를 보호하며 너를 세워 백성의 언약과 이방의 빛이 되게 하리니"(사42:6)

12. 하나님께서는 은혜언약을 통해 죄인들이 구원되도록 그들에게 그리스도 안에 있는 믿음을 요구하신다.

"또 이르시되 너희는 온 천하에 다니며 만민에게 복음을 전파하라 믿고 세례를 받는 사람은 구원을 얻을 것이요 믿지 않는 사람은 정죄를 받으리라"(막16:15,16)

"하나님이 세상을 이처럼 사랑하사 독생자를 주셨으니 이는 그를 믿는 자마다 멸망하지 않고 영생을 얻게 하려 하심이라"(요3:16)

"네가 만일 네 입으로 예수를 주로 시인하며 또 하나님께서 그를 죽은 자 가운데서 살리신 것을 네 마음에 믿으면 구원을 받으리라"(롬10:9)

"또 하나님 앞에서 아무도 율법으로 말미암아 의롭게 되지 못할 것이 분명하니 이는 의인은 믿음으로 살리라 하였음이라"(갈3:11)

13. 하나님께서는 은혜언약을 통해 생명으로 정해진 모든 자들이 믿고자 하는 마음을 갖고, 또한 믿을 수 있도록 그들에게 성령을 주실 것을 약속하셨다.

"또 새 영을 너희 속에 두고 새 마음을 너희에게 주되 너희 육신에서 굳은 마음을 제거하고 부드러운 마음을 줄 것이며 또 내 영을 너희 속에 두어 너희로 내 율례를 행하게 하리니 너희가 내 규례를 지켜 행할지라"(겔36:26,27)

"나를 보내신 아버지께서 이끌지 아니하시면 아무도 내게 올 수 없으니 오는 그를 내가 마지막 날에 다시 살리리라 선지자의 글에 그들이 다 하나님의 가르치심을 받으리라 기록되었은즉 아버지께 듣고 배운 사람마다 내게로 오느니라"(요6:44,45)

14. 은혜언약을 통해 예수 그리스도는 더 좋은 언약의 보증으로 생명으로 예정된

모든 자들에게 소개되었다.

"이와 같이 예수는 더 좋은 언약의 보증이 되셨느니라"(히7:22)

15. 은혜언약은 그리스도의 죽음과 그 죽음에 따른 유산과 관련되어 있기 때문에 유언이라는 이름으로 성경에 소개되는 것이다.

"이로 말미암아 그는 새 언약의 중보자시니 이는 첫 언약 때에 범한 죄에서 속량하려고 죽으사 부르심을 입은 자로 하여금 영원한 기업의 약속을 얻게 하려 하심이라 유언은 유언한 자가 죽어야 되나니 유언은 그 사람이 죽은 후에야 유효한즉 유언한 자가 살아 있는 동안에는 효력이 없느니라"(히9:15-17)

16. 그리스도께서는 자신의 피로 새 언약을 세우심으로 은혜언약의 온전한 성취를 보여주셨다.

"저녁 먹은 후에 잔도 그와 같이 하여 이르시되 이 잔은 내 피로 세우는 새 언약이니 곧 너희를 위하여 붓는 것이라"(눅22:20)

"식후에 또한 그와 같이 잔을 가지시고 이르시되 이 잔은 내 피로 세운 새 언약이니 이것을 행하여 마실 때마다 나를 기념하라 하셨으니"(고전11:25)

17. 은혜언약은 율법의 시대와 복음의 시대에 각각 다르게 시행되었다.

"그가 또한 우리를 새 언약의 일꾼 되기에 만족하게 하셨으니 율법 조문으로 하지 아니하고 오직 영으로 함이니 율법 조문은 죽이는 것이요 영은 살리는 것이니라 돌에 써서 새긴 죽게 하는 율법 조문의 직분도 영광이 있어 이스라엘 자손들은 모세의 얼굴의 없어질 영광 때문에도 그 얼굴을 주목하지 못하였거든 하물며 영의 직분은 더욱 영광이 있지 아니하겠느냐"(고후3:6-9)

18. 율법의 시대에 은혜언약은 유대 민족에게 전달된 다양한 규례들에 의해 시행되었는데, 그 모두는 오실 그리스도에 대한 예표였다.

"그가 할례의 표를 받은 것은 무할례시에 믿음으로 된 의를 인친 것이니 이는 무할례자로서 믿는 모든 자의 조상이 되어 그들도 의로 여기심을 얻게 하려 하심이라"(롬4:11)

"또 그 안에서 너희가 손으로 하지 아니한 할례를 받았으니 곧 육의 몸을 벗는 것이요 그리스도의 할례니라 너희가 세례로 그리스도와 함께 장사되고 또 죽은 자들 가운데서 그

를 일으키신 하나님의 역사를 믿음으로 말미암아 그 안에서 함께 일으키심을 받았느니라"(골2:11,12)

"너희는 누룩 없는 자인데 새 덩어리가 되기 위하여 묵은 누룩을 내버리라 우리의 유월절양 곧 그리스도께서 희생되셨느니라"(고전5:7)

19. 율법의 시대에 여러 규례들을 통해 시행된 은혜언약은 택자들을 약속된 메시아 안에 있는 믿음 안에서 교훈하고 세우기에 충분하고 효과적이었다.

"형제들아 나는 너희가 알지 못하기를 원하지 아니하노니 우리 조상들이 다 구름 아래에 있고 바다 가운데로 지나며 모세에게 속하여 다 구름과 바다에서 세례를 받고 다 같은 신령한 음식을 먹으며 다 같은 신령한 음료를 마셨으니 이는 그들을 따르는 신령한 반석으로부터 마셨으매 그 반석은 곧 그리스도시라"(고전10:1-4)

"이 사람들은 다 믿음을 따라 죽었으며 약속을 받지 못하였으되 그것들을 멀리서 보고 환영하며 또 땅에서는 외국인과 나그네임을 증언하였으니"(히11:13)

"너희 조상 아브라함은 나의 때 볼 것을 즐거워하다가 보고 기뻐하였느니라"(요8:56)

20. 율법의 시대에 살았던 택자들은 오실 그리스도를 예표하는 다양한 규례들을 통한 은혜언약의 실행으로 약속된 메시아 안에 있는 믿음 안에서 그들의 죄를 사면받았고, 영원한 구원을 얻었다.

"아브라함이 하나님을 믿으매 그것을 그에게 의로 정하셨다 함과 같으니라 그런즉 믿음으로 말미암은 자들은 아브라함의 자손인 줄 알지어다 또 하나님이 이방을 믿음으로 말미암아 의로 정하실 것을 성경이 미리 알고 먼저 아브라함에게 복음을 전하되 모든 이방인이 너로 말미암아 복을 받으리라 하였느니라 그러므로 믿음으로 말미암은 자는 믿음이 있는 아브라함과 함께 복을 받느니라 무릇 율법 행위에 속한 자들은 저주 아래에 있나니 기록된 바 누구든지 율법 책에 기록된 대로 모든 일을 항상 행하지 아니하는 자는 저주 아래에 있는 자라 하였음이라 또 하나님 앞에서 아무도 율법으로 말미암아 의롭게 되지 못할 것이 분명하니 이는 의인은 믿음으로 살리라 하였음이라 율법은 믿음에서 난 것이 아니니 율법을 행하는 자는 그 가운데서 살리라 하였느니라 그리스도께서 우리를 위하여 저주를 받은 바 되사 율법의 저주에서 우리를 속량하셨으니 기록된 바 나무에 달린 자마다 저주 아래에 있는 자라 하였음이라 이는 그리스도 예수 안에서 아브라함의 복이 이방인에게 미

치게 하고 또 우리로 하여금 믿음으로 말미암아 성령의 약속을 받게 하려 함이라"(갈3:6-
14)

21. 율법의 시대에 그리스도는 예표로 소개되었지만, 복음 아래에서는 실체로 드
    러나셨다.

   "이것들은 장래 일의 그림자이나 몸은 그리스도의 것이니라"(골2:17)

22. 복음 아래에서 은혜언약이 배포되는 규례들은 말씀을 설교하는 것과 세례와
    성찬의 성례들을 시행하는 것이다.

   "그러므로 너희는 가서 모든 민족을 제자로 삼아 아버지와 아들과 성령의 이름으로 세례
   를 베풀고 내가 너희에게 분부한 모든 것을 가르쳐 지키게 하라 볼지어다 내가 세상 끝날
   까지 너희와 항상 함께 있으리라 하시니라"(마28:19,20)

   "내가 너희에게 전한 것은 주께 받은 것이니 곧 주 예수께서 잡히시던 밤에 떡을 가지사 축
   사하시고 떼어 이르시되 이것은 너희를 위하는 내 몸이니 이것을 행하여 나를 기념하라
   하시고 식후에 또한 그와 같이 잔을 가지시고 이르시되 이 잔은 내 피로 세운 새 언약이니
   이것을 행하여 마실 때마다 나를 기념하라 하셨으니"(고전11:23-25)

23. 말씀을 설교하는 것과 세례와 성찬의 성례들은 율법의 시대에 은혜언약이 배
    포되는 방식인 다양한 규례들에 비해 그 수가 적고, 더 단순하며, 외적인 화려함
    도 덜하지만, 그 속에 있는 언약은 더 충만하고, 더 확실한 증거로, 그리고 영적
    으로 더 효력 있게 모든 민족들에게 제시된다.

   "그러나 너희가 이른 곳은 시온 산과 살아 계신 하나님의 도성인 하늘의 예루살렘과 천만
   천사와 하늘에 기록된 장자들의 모임과 교회와 만민의 심판자이신 하나님과 및 온전하게
   된 의인의 영들과 새 언약의 중보자이신 예수와 및 아벨의 피보다 더 나은 것을 말하는 뿌
   린 피니라 너희는 삼가 말씀하신 이를 거역하지 말라 땅에서 경고하신 이를 거역한 그들
   이 피하지 못하였거든 하물며 하늘로부터 경고하신 이를 배반하는 우리일까보냐 그 때에
   는 그 소리가 땅을 진동하였거니와 이제는 약속하여 이르시되 내가 또 한 번 땅만 아니라
   하늘도 진동하리라 하셨느니라 이 또 한 번이라 하심은 진동하지 아니하는 것을 영존하게
   하기 위하여 진동할 것들 곧 만드신 것들이 변동될 것을 나타내심이라"(히12:22-27)

   "여호와의 말씀이니라 보라 날이 이르리니 내가 이스라엘 집과 유다 집에 새 언약을 맺으

리라 이 언약은 내가 그들의 조상들의 손을 잡고 애굽 땅에서 인도하여 내던 날에 맺은 것과 같지 아니할 것은 내가 그들의 남편이 되었어도 그들이 내 언약을 깨뜨렸음이라 여호와의 말씀이니라 그러나 그 날 후에 내가 이스라엘 집과 맺을 언약은 이러하니 곧 내가 나의 법을 그들의 속에 두며 그들의 마음에 기록하여 나는 그들의 하나님이 되고 그들은 내 백성이 될 것이라 여호와의 말씀이니라 그들이 다시는 각기 이웃과 형제를 가르쳐 이르기를 너는 여호와를 알라 하지 아니하리니 이는 작은 자로부터 큰 자까지 다 나를 알기 때문이라 내가 그들의 악행을 사하고 다시는 그 죄를 기억하지 아니하리라 여호와의 말씀이니라"(렘31:31-34)

"그러므로 너희는 가서 모든 민족을 제자로 삼아 아버지와 아들과 성령의 이름으로 세례를 베풀고"(마28:19)

24. 구약과 신약은 실체가 다른 두 개의 언약이 아니라, 다양한 경륜들 아래 있는 하나의 동일한 언약이다.

"이는 그리스도 예수 안에서 아브라함의 복이 이방인에게 미치게 하고 또 우리로 하여금 믿음으로 말미암아 성령의 약속을 받게 하려 함이라……이 약속들은 아브라함과 그 자손에게 말씀하신 것인데 여럿을 가리켜 그 자손들이라 하지 아니하시고 오직 한 사람을 가리켜 네 자손이라 하셨으니 곧 그리스도라"(갈3:14,16)

"그러나 우리는 그들이 우리와 동일하게 주 예수의 은혜로 구원 받는 줄을 믿노라 하니라" 행(15:11)

"예수 그리스도는 어제나 오늘이나 영원토록 동일하시니라"(히13:8)

"우리가 알거니와 무릇 율법이 말하는 바는 율법 아래에 있는 자들에게 말하는 것이니 이는 모든 입을 막고 온 세상으로 하나님의 심판 아래에 있게 하려 함이라 그러므로 율법의 행위로 그의 앞에 의롭다 하심을 얻을 육체가 없나니 율법으로는 죄를 깨달음이니라 이제는 율법 외에 하나님의 한 의가 나타났으니 율법과 선지자들에게 증거를 받은 것이라   곧 예수 그리스도를 믿음으로 말미암아 모든 믿는 자에게 미치는 하나님의 의니 차별이 없느니라"(롬3:20-23)

"그런즉 우리가 믿음으로 말미암아 율법을 파기하느냐 그럴 수 없느니라 도리어 율법을 굳게 세우느니라"(롬3:30)

Chapter VIII

Of Christ the Mediator

중보자 그리스도에 관하여

I. It pleased God, in His eternal purpose, to choose and ordain the Lord Jesus, His only begotten Son, to be the Mediator between God and man; the Prophet, Priest, and King, the Head and Saviour of His Church, the Heir of all things, and Judge of the world: unto whom He did from all eternity give a people, to be His seed, and to be by Him in time redeemed, called, justified, sanctified, and glorified.

<번역>

자신의 영원한 목적 안에서 자신의 독생자인 주 예수를 하나님과 사람 사이의 중보자가 되도록 선택하고 정하시는 것이 하나님을 기쁘시게 했는데, 그분은 선지자, 제사장, 왕이시며, 자신의 교회의 머리와 구원자이시며, 만물의 상속자이시며, 세상의 재판관인 그에게 영원 전부터 한 백성을 주시어 그의 씨가 되게 하시고, 그에 의해 때에 맞춰 구속되고, 부르심 받고, 의롭다 함 받고, 성화되고, 영화로워지게 하셨다.

<원문분석>

1. It pleased God, in His eternal purpose, to choose and ordain the Lord Jesus, His only begotten Son, to be the Mediator between God and man;

- It pleased God~ to choose and ordain~ 가주어-진주어 구문으로 '~을 선택하고 정하는 것은 하나님을 기쁘게 했다'는 뜻이다.
- in His eternal purpose 자신의 영원한 목적 안에서
- the Lord Jesus, His only begotten Son, His only begotten Son는 the Lord Jesus의 동격이다. 따라서 '자신의 독생자인 주 예수'로 이해하면 된다.
- to choose and ordain the Lord Jesus~ to be the Mediator~ 주 예수를 중보자로 선택하고 정하다.

- **the Mediator between God and man** 하나님과 사람 사이의 중보자
- 자신의 영원한 목적 안에서 자신의 독생자인 주 예수를 하나님과 사람 사이의
  중보자가 되도록 선택하고 정하시는 것이 하나님을 기쁘시게 했다.

2. the Prophet, Priest, and King, the Head and Saviour of His Church, the Heir of all things, and Judge of the world

- **the Prophet~, the Head~, the Heir~, and Judge of the world** the Mediator에
  대한 동격 표현들로, 중보자에 대한 추가설명을 A, B, C, and C의 구조로 나열하
  고 있다. 그리고 이 전체는 뒤에 나오는 관계대명사 whom의 선행사가 된다.
- **the Prophet, Priest, and King** Prophet과 Priest와 King이 하나의 정관사(the)
  로 묶여서 A, B, and C로 동등하게 연결되어 있다. 이는 한 분의 중보자가 맡으
  신 세 가지의 직분을 잘 드러내는 표현이다. 따라서 이 표현의 의도를 살려서
  '선지자와 제사장과 왕'보다는 '선지자, 제사장, 왕'으로 번역하는 것이 좋다.
- **the Head and Saviour of His Church,** 자신의 교회의 머리와 구원자
- **the Heir of all things** 만물의 상속자
- **Judge of the world** 세상의 재판관
- 선지자, 제사장, 왕이시며, 자신의 교회의 머리와 구원자이시며, 만물의 상속자
  이시며, 세상의 재판관

3. unto whom He did from all eternity give a people, to be His seed, and to be by Him in time redeemed, called, justified, sanctified, and glorified.

- **unto whom He did give~ a people, to be His seed, and to be by Him
  redeemed~, and glorified** 'whom에게 a people을 주어 그의 씨가 되게 하시
  고, 그에 의해 구속되고……영화로워지게 하셨다.'
- **from all eternity** '영원 전부터'로 이는 하나님께서 세상을 창조하시기 전인 오
  직 영원(eternity)만 존재하던 때에 대한 표현이다.
- **a people** '한 백성'인데, 이는 아버지 하나님께서 아들에게 주신 백성이 오직 한
  백성뿐임을 분명히 나타낸다.

- **to be His seed** 그의 씨가 되다
- **in time** 때에 맞춰
- **to be redeemed, called, justified, sanctified, and glorified.** '구속되고, 부르심 받고, 의롭다 함 받고, 성화되고, 영화롭게 되다'라는 뜻인데, 여기서 우리는 칭의, 부르심, 성화, 영화로워짐이 모두 수동으로 설명되고 있다는 것에 주의할 필요가 있다. 이는 택자들의 구원에 있어서는 모든 것이 하나님의 단독사역이라는 것을 분명하게 나타낸다.
- 그에게 영원 전부터 한 백성을 주시어 그의 씨가 되게 하시고, 그에 의해 때에 맞춰 구속되고, 부르심 받고, 의롭다 함 받고, 성화되고, 영화로워지게 하셨다.

\<원문\>

II. The Son of God, the second person in the Trinity, being very and eternal God, of one substance and equal with the Father, did, when the fulness of time was come, take upon Him man's nature, with all the essential properties and common infirmities thereof, yet without sin: being conceived by the power of the Holy Ghost, in the womb of the virgin Mary, of her substance. So that two whole, perfect, and distinct natures, the Godhead and the manhood, were inseparably joined together in one person, without conversion, composition, or confusion. Which person is very God, and very man, yet one Christ, the only Mediator between God and man.

\<번역\>

삼위일체 안에서 두 번째 위격이신 하나님의 아들은, 참되시고 영원하신 하나님이시며, 아버지와 한 실체이시고 동등하신 분이신 상태에서, 시간의 충만함이 이르게 되었을 때에 성령의 능력에 의해 마리아의 실체를 따라 그녀의 태에 잉태됨으로 모든 본질적인 고유성들과 그로 인한 공통적인 연약함들을 가지면서도 죄는 없으신 채로 자신에게 사람의 본성을 취하셨다. 그렇게 함으로 두 개의 온전하고 완벽하고 구별된 본성들인 신격과 인격이 하나의 위격 안에서 전환이나, 혼합이나, 혼동 없이 불가분리로 함께 결합되었다. 그 위격은 참 하나님이시면서 참 사람이시지만, 한 그리스도시며, 하나님과 사람 사이의 유일한 중보자이시다.

<원문분석>

1. The Son of God, the second person in the Trinity, being very and eternal God, of one substance and equal with the Father, did, when the fulness of time was come, take upon Him man's nature, with all the essential properties and common infirmities thereof, yet without sin:

- The Son of God~ did~ take upon Him man's nature~: being conceived by ~. 이 문장 전체의 기본 틀은 '하나님의 아들은 ~에 의해 잉태됨으로 인간의 본성을 자신에게 취하셨다'이다.

- being very and eternal God, of one substance and equal with the Father 이유를 나타내는 분사구문으로 봐서 '참되고 영원하신 하나님이시며, 아버지와 한 실체이시고 동등하신 분이시기에'로 이해할 수도 있지만, 문맥상으로 '참되고 영원하신 하나님이시며, 아버지와 한 실체이시고 동등하신 분이신 상태에서'처럼 부대상황을 표현하는 것으로 번역하는 것이 더욱 바람직한 것 같다. 그렇게 해야 그리스도께서 성육신하실 때 여전히 참 신이셨다는 사실이 더욱 잘 드러난다.

- very (a) 순수한, (고어) 참된, 진짜의 (참고, the very~: 바로 그~)

- (being) of one substance 한 실체에 속하시고 (참고, substance: 실체, essence: 본질)

- (being) equal with the Father 아버지와 동등하시고

- when the fulness of time was come '시간의 충만함이 이르게 되었을 때'로, 여기서 the fulness of time은 '시간의 충만함'으로 하나님께서 작정하신 바로 그때가 되었음을 의미한다. 그리고 come은 타동사로 '~에 이르다'라는 뜻이다.

- **take upon Him man's nature** The Son of God did take upon Him man's nature는 '아들 하나님께서 인간의 본성을 자신에게 취하셨다'는 뜻으로, 이는 아들 하나님께서 성육신하신 것이 자신의 능동적인 의지에 의한 것이며, 실제 성육신하신 그 행위 또한 외부적인 힘에 의해 수동적으로 된 것이 아니라, 스스로 그렇게 하신 것임을 분명히 나타낸다. 뿐만 아니라 이는 오직 신성으로만 존재하셨던 아들 하나님께서 그 신성 자리를 인성으로 대체하신 것이 아니라, 자신의 신성 위에 인성을 취하심으로써 한 인격에 신성과 인성의 두 본성을 동시에 갖게 되신 것을 말한다.
- **with all the essential properties and common infirmities thereof, yet without sin** 아들 하나님께서 취하신 인성의 그 상태가 어떠한지에 대한 상세한 묘사다.
- **all the essential properties** '모든 본질적인 고유성들'로, 아들 하나님께서는 온전한 인성을 취하심으로써 인성에 있어서는 사람과 본질상 동일하게 이 땅에 오셨다.
- **common infirmities** '공통적인 연약함들'로, 성육신하신 아들 하나님은 인성에 있어서는 인간과 동일하게 연약한 상태가 되셨다.
- **thereof** '그러한 까닭으로'로, 여기서는 직전에 언급한 인간의 본질적인 고유성들에 따라서 모든 인간들이 가지는 공통적인 연약함들을 필연적으로 갖게 된다는 것을 나타낸다.
- **yet without sin** '인간의 본성을 취하셨으나, 죄는 없으시다.'
- 삼위일체 안에서 두 번째 위격이신 하나님의 아들은, 참되시고 영원하신 하나님이시며, 아버지와 한 실체이시고 동등하신 분이신 상태에서, 시간의 충만함이 이르게 되었을 때에 모든 본질적인 고유성들과 그로 인한 공통적인 연약함들을 가지면서도 죄는 없으신 채로 자신에게 사람의 본성을 취하셨다.

2. being conceived by the power of the Holy Ghost, in the womb of the virgin Mary, of her substance.
- **being conceived by~, in~, of~** 이유를 나타내는 분사구문으로 아들 하나

님께서 인성을 취하심으로 참 인간이 되셨음에도 불구하고 죄가 없으신(yet without sin) 이유를 설명하고 있다. 따라서 '~에 의해, ~에, ~에서 잉태됨으로' 로 이해하면 된다.

- by the power of the Holy Ghost '성령의 능력에 의해'
- in the womb of the virgin Mary '동정녀 마리아의 태에'
- of her substance '그녀의 실체를 따라서,' '그녀의 실체에게서' (참고, the Son is eternally begotten of the Father: 아들은 영원히 아버지에게서 나신다. 2.3)
- 성령의 능력에 의해 마리아의 실체를 따라 그녀의 태에 잉태됨으로

3. So that two whole, perfect, and distinct natures, the Godhead and the manhood, were inseparably joined together in one person, without conversion, composition, or confusion.

- So that 그렇게 함으로~
- two whole, perfect, and distinct natures 두 개의 온전하고 완벽하고 구별된 본성들
- the Godhead and the manhood 신격과 인격 (참고, the divine nature and the human nature, 신성과 인성, 8.3)
- the Godhead and the manhood, were joined together in one person 웨스트민스터 신앙고백서는 성육신하신 그리스도 안에서 신격과 인격은 서로 결합 (join)하는 것으로 설명하고(8.2), 신성과 인성은 인성이 신성에 연합(united)되는 것으로 설명한다(8.3).
- inseparably 불가분리로, 나뉘지 않게 (without division)
- conversion 전환
- composition 혼합
- confusion 혼동
- 그렇게 함으로 두 개의 온전하고 완벽하고 구별된 본성들인 신격과 인격이 하나의 위격 안에서 전환이나, 혼합이나, 혼동 없이 불가분리로 함께 결합되었다.

4. Which person is very God, and very man, yet one Christ, the only Mediator between God and man.

- **Which person** '그 위격'에서 which는 관계형용사이다.
- **very God, and very man** 참 하나님이며, 참 사람
- **yet one Christ** 그럼에도 한 그리스도
- **the only Mediator between God and man** 하나님과 사람 사이의 유일한 중보자
- 그 위격은 참 하나님이시면서 참 사람이시지만, 한 그리스도시며, 하나님과 사람 사이의 유일한 중보자이시다.

<원문>

III. The Lord Jesus, in His human nature thus united to the divine, was sanctified and anointed with the Holy Spirit, above measure, having in Him all the treasures of wisdom and knowledge; in whom it pleased the Father that all fulness should dwell; to the end that, being holy, harmless, undefiled, and full of grace and truth, He might be thoroughly furnished to execute the office of a mediator and surety. Which office He took not unto Himself, but was thereunto called by His Father, who put all power and judgment into His hand, and gave Him commandment to execute the same.

<번역>

이런 식으로 신성에 연합된 자신의 인성 안에서 주 예수님은 한량없이 성령으로 성화되고 기름부음 받으심으로, 그 안에 지혜와 지식의 모든 보화를 소유하셨고, 모든 충만함이 그 안에 거해야 하는 것이 아버지를 기쁘시게 했고, 자신이 중보자와 보증인의 직분을 수행하기에 철저하게 구비되는 목적에 도달하도록 거룩하

고, 해롭지 않고, 더렵혀지지 않고, 은혜와 진리가 충만하게 되셨다. 그는 이 직분을 자기가 스스로에게 취한 것이 아니라, 모든 권세와 심판을 그의 손에 맡기시고, 그에게 동일한 것들을 수행하도록 명을 주신 그의 아버지에 의해 거기로 부르심을 받은 것이다.

<원문분석>

1. The Lord Jesus, in His human nature thus united to the divine, was sanctified and anointed with the Holy Spirit, above measure, having in Him all the treasures of wisdom and knowledge; in whom it pleased the Father that all fulness should dwell; to the end that, being holy, harmless, undefiled, and full of grace and truth, He might be thoroughly furnished to execute the office of a mediator and surety.

- 주절인 'The Lord Jesus ~ was sanctified and anointed with the Holy Spirit, above measure'에 종속되어 있는 세 개의 내용을 결과를 나타내는 연속동작의 분사구문, 관계대명사절, 그리고 분사구문을 포함하는 목적을 나타내는 복문의 형태로 세미콜론(;)을 사용하여 동등하게 나열했다.

① The Lord Jesus, in His human nature thus united to the divine, was sanctified and anointed with the Holy Spirit, above measure, having in Him all the treasures of wisdom and knowledge;

- in His human nature (which is) thus united to the divine (nature) '이런 식으로 신성에 연합된 자신의 인성 안에서'인데, 앞에서도 언급한 것과 같이 웨스트민스터 신앙고백서는 성육신하신 그리스도 안에서 신격과 인격은 서로 결합(join)하는 것으로 설명하고(8.2), 신성과 인성은 인성이 신성에 연합(united)되는 것으로 설명한다(8.3).

- The Lord Jesus~ was sanctified with the Holy Spirit. '주 예수님은 성령으로 성화되셨다'인데, 여기서 성화되셨다는 것은 거룩하지 않은 상태에서 거룩한 상태가 된 것을 말하는 것이 아니라, 성령의 그 거룩함이 인간이 되신 그 순간부터 온전히 드러났다는 뜻이다. 이는 예수님께서 참 인간으로 이 땅에 태어나셨

지만, 아담의 원죄를 전가받는 일반적인 출생법(the ordinary generation)을 넘어 성령으로 잉태되고, 동정녀 마리아에게 태어나심으로 죄 없는 존재로 오셨기 때문이다.

- The Lord Jesus~ was anointed with the Holy Spirit. '주 예수님은 성령으로 기름부음 받으셨다'로, 성령에 의해 이 땅에 그리스도로 공포되었음을 의미한다.

- above measure 한량없이, 측량할 수 없이

- having in Him~ 분사구문의 부대상황 중 원인-결과를 나타내는 연속동작으로 '~함으로 자신 안에 ~을 소유하시고'로 해석한다.

- all the treasures of wisdom and knowledge '지혜와 지식의 모든 보화들'

- 이런 식으로 신성에 연합된 자신의 인성 안에서 주 예수님은 한량없이 성령으로 성화되고 기름부음 받으심으로 그 안에 모든 지혜와 지식의 보화를 소유하셨다.

② in whom it pleased the Father that all fulness should dwell;(r)

- (The Lord Jesus, in His human nature thus united to the divine, was sanctified and anointed with the Holy Spirit, above measure,) in whom it pleased the Father that all fulness should dwell.

- it pleased the Father that~ 가주어(it)-진주어(that~)의 구문으로 'that~이 아버지를 기쁘시게 했다'로 해석한다.

- dwell in ~에 거주하다.

- (이런 식으로 신성에 연합된 자신의 인성 안에서 주 예수님은 한량없이 성령으로 성화되고 기름부음 받으셨는데,) 모든 충만함이 그에게 거해야 하는 것이 아버지를 기쁘시게 했다.'

③ to the end that, being holy, harmless, undefiled, and full of grace and truth,(s) He might be thoroughly furnished to execute the office of a mediator and surety.

- (The Lord Jesus, in His human nature thus united to the divine, was sanctified and anointed with the Holy Spirit, above measure,) to the end that, being holy, harmless, undefiled, and full of grace and truth, He might be thoroughly furnished to execute the office of a mediator and surety.에 서 to the end that, being~, He might~는 목적을 나타내는 부사절인 that He might~에서 접속사인 that과 주어인 He 사이에 분사구문(being~)이 삽입된 형태다.

- **to the end that~** ~하는 목적에 도달하도록

- **being holy, harmless, undefiled, and full of grace and truth,** 분사구문으로 앞 문장과 연결해서는 예수님의 인성이 신성에 연합되셔서 성령으로 성화되시고 기름부음 받으신 것의 결과로 거룩하시고, 해롭지 않고, 더럽혀지지 않으시고, 은혜와 진리가 충만한 상태가 되신 것을 나타내며, 동시에 뒤 문장과 연결해서 는 그분이 중보자와 보증인의 직분을 수행하도록 철저히 구비되는 자격이 되시 는 상태임을 나타낸다.

- **He might be thoroughly furnished~** 그가 철저히 구비되도록~

- **to execute the office of a mediator and surety** 중보자와 보증인의 직분을 수 행하기에

- (이런 식으로 신성에 연합된 자신의 인성 안에서 주 예수님은 한량없이 성령으 로 성화되고 기름부음 받으신 것은,) 자신이 중보자와 보증인의 직분을 수행하 기에 철저하게 구비되는 목적에 도달하도록 거룩하고, 해롭지 않고, 더럽혀지 지 않고, 은혜와 진리가 충만하게 되셨다.

2. **Which office He took not unto Himself, but was thereunto called by His Father, who put all power and judgment into His hand, and gave Him commandment to execute the same.**

- **Which office He took not unto Himself** which office는 '이 직분을'으로, which는 관계형용사다. '그는 이 직분을 자기가 스스로에게 취한 것이 아니다' 로, 이 의미는 아들 하나님께서 스스로 자기 자신을 이 직분의 담당자로 임명한 것이 아니라는 것을 의미한다.

- **but was thereunto called by His Father** thereunto는 '거기로, 거기에, 그곳에' 로, '그는 그의 아버지에 의해 거기로 불림을 받았다'는 뜻이다.

- ,who put all power and judgment into His hand, '그분(아버지)은 모든 능력과 심판을 그의 손에 맡기셨다.'
- and (who) gave Him commandment to execute the same '그리고 그분은 그에게 동일한 것들을 수행하도록 명을 주셨다.'
- 그는 이 직분을 자기가 스스로에게 취한 것이 아니라, 모든 권세와 심판을 그의 손에 맡기시고, 그에게 동일한 것들을 수행하도록 명을 주신 그의 아버지에 의해 거기로 부르심을 받은 것이다.

<원문>

IV. This office the Lord Jesus did most willingly undertake; which that He might discharge, He was made under the law, and did perfectly fulfil it, endured most grievous torments immediately in His soul, and most painful sufferings in His body; was crucified, and died; was buried, and remained under the power of death; yet saw no corruption. On the third day He arose from the dead, with the same body in which He suffered, with which also he ascended into heaven, and there sitteth at the right hand of His Father, making intercession, and shall return to judge men and angels at the end of the world.

<번역>

주 예수님께서는 이 직분을 지극히 기꺼이 맡으셨는데, 그것을 이행하기 위해 그는 율법 아래 놓이셨고, 그것을 완벽히 성취하셨고, 직접 자신의 혼으로는 극도로 비통한 고뇌를, 직접 자신의 몸으로는 극도로 고통스러운 고난을 견디셨으며, 십자가에 달리셨고, 죽으셨으며, 묻히셨고, 죽음의 권세 아래 머무르셨으나, 부패에는 이르지 않으셨다. 제삼일에 그는 그가 고통 받았던 그 동일한 몸으로 죽은 자들로부터 일어나셨으며, 역시 그 몸으로 하늘로 올라가셨으며, 그곳에서 그의 아

버지의 오른편에 앉아 중보기도 하고 계시며, 세상의 끝에 사람들과 천사들을 심판하시기 위해 돌아오실 것이다.

<원문분석>

1. This office the Lord Jesus did most willingly undertake; which that He might discharge, He was made under the law, and did perfectly fulfil it, endured most grievous torments immediately in His soul, and most painful sufferings in His body; was crucified, and died; was buried, and remained under the power of death; yet saw no corruption.

- This office the Lord Jesus did most willingly undertake; '주 예수님께서는 이 직분을 지극히 기꺼이 맡으셨다.'

- which that He might discharge '그가 그것을 이행하기 위해서'로 여기서 which는 앞 문장의 this office를 선행사로 받는 관계대명사다. which가 이끄는 관계대명사절은 복문으로 되어 있는데, 여기서 that은 이 복문 중 목적을 나타내는 부사절로 사용된 종속절을 이끄는 접속사다. 관계대명사 which가 이끄는 관계대명사절의 주절은 He를 주어로 여덟 개의 과거 동사를 나열하는 구조로 되어있다.

- He was made under the law, '그분은 율법 아래 놓이셨다'인데, 여기서 중요한 것은 이 문장이 사역동사 make의 수동 구분이라는 것이다. 이는 율법의 창시자이시며, 주인이신 분이 율법 아래 놓이시게 된 것을 나타낸다.

- (He) did perfectly fulfil it, '그는 그것을 완벽하게 성취하셨다.'로 여기서 it은 the law(율법)을 나타낸다.

- (He) endured most grievous torments immediately in His soul, '그는 직접 자신의 혼으로 가장 비통한 고뇌를 견디셨다.'

- (He endured) most painful sufferings (immediately) in His body '그는 직접 자신의 몸으로는 극도로 고통스러운 고난을 견디셨다.'

- (He) was crucified. '그는 십자가에 달리셨다.'

- (He) died. '그는 죽으셨다.'

- (He) was buried. '그는 묻히셨다.'

- (He) remained under the power of death. '그는 죽음의 권세 아래 머무르셨다.'

- yet saw no corruption see는 '~을 경험하다. ~(사건 따위에) 에 봉착하다. ~에 이르다.'라는 뜻이다. 따라서 이 부분은 '그러나 부패를 경험하지 않으셨다.' 혹은 '그러나 부패에 이르지 않으셨다'로 이해하면 된다.

- 주 예수님께서는 이 직분을 지극히 기꺼이 맡으셨는데, 그것을 이행하기 위해 그는 율법 아래 놓이셨고, 그것을 완벽히 성취하셨고, 직접 자신의 혼으로는 극도로 비통한 고뇌를, 직접 자신의 몸으로는 극도로 고통스러운 고난을 견디셨으며, 십자가에 달리셨고, 죽으셨으며, 묻히셨고, 죽음의 권세 아래 머무르셨지만, 부패에는 이르지 않으셨다.

2. On the third day He arose from the dead, with the same body in which He suffered, with which also he ascended into heaven, and there sitteth at the right hand of His Father, making intercession, and shall return to judge men and angels at the end of the world.

- On the third day 제삼일에

- He arose '그는 일어나셨다'로 그리스도께서 부활하셨다는 뜻이다. 그리스도의 부활이 우리의 부활과 다른 점은 그리스도께서는 생명의 주인으로서 스스로 부활하시지만, 우리는 그리스도에 의해 일으킴을 받는다는 것이다.

- from the dead 죽은 자들로부터

- the same body in which He suffered '그가 고통 받은 그 동일한 몸'인데, 그리스도께서 고통 받은 그 동일한 몸으로 부활하신 것은 그분이 비록 죽으신 것을 사실이지만, 그 죽음의 상태에서도 몸이 부패하지 않으셨기 때문이다. 참고로, 사람은 죽은 이후에 몸은 부패하여 흙으로 돌아간다. 따라서 사람의 부활체는 이 땅에 살았던 모습과 동일하지 않을 것이다. 이것이 그리스도의 부활체와 인간의 부활체의 다른 점이다.

- with which also he ascended into heaven '역시 그 몸으로 그는 하늘로 올라가셨다.'

- there (He) sitteth at the right hand of His Father. '거기서 그는 그의 아버지의 오른편에 앉아 계신다.'
- making intercession 동시동작의 분사구문으로 '중보기도 하시면서'로 해석한다. (참고, intercession: 중보기도, mediation: 중보사역)
- (He) shall return to judge men and angels. '그는 사람들과 천사들을 심판하시러 다시 오실 것이다.'
- at the end of the world 세상의 끝에
- 제삼일째에 그는 그가 고통 받았던 그 동일한 몸으로 죽은 자들로부터 일어나셨으며, 역시 그 몸으로 하늘로 올라가셨으며, 그곳에서 그의 아버지의 오른편에 앉아 중보기도 하고 계시며, 세상의 끝에 사람들과 천사들을 심판하시기 위해 돌아오실 것이다.

<원문>

V. The Lord Jesus, by His perfect obedience, and sacrifice of Himself, which He, through the eternal Spirit, once offered up unto God, hath fully satisfied the justice of His Father; and purchased, not only reconciliation, but an everlasting inheritance in the kingdom of heaven, for all those whom the Father hath given unto Him.

<번역>

자신의 완벽한 순종과 자기희생에 의해 영원하신 영을 통하여 자신을 하나님께 단번에 올려드린 주 예수님께서는 자신의 아버지의 공의를 완전히 만족시키셨고, 그로 인해 아버지께서 그에게 주신 모든 자들을 위해서 화해뿐 아니라 천국에서의 영속적인 유업 또한 취득하셨다.

<원문분석>

1. The Lord Jesus, by His perfect obedience, and sacrifice of Himself,
which He, through the eternal Spirit, once offered up unto God, hath
fully satisfied the justice of His Father

- The Lord Jesus~ hath fully satisfied the justice of His Father 주 예수님께서
는 자신의 아버지의 공의를 완전히 만족시키셨다.

- by His perfect obedience 자신의 완벽한 순종에 의해서

- (by) sacrifice of Himself 자기희생에 의해서

- , which He,~, once offered up unto God 목적격 관계대명사 which의 선행사
는 The Lord Jesus다. 계속적 용법으로 사용되어 '~인데, 자신을'로 해석해야 하
지만, 내용이 달라지지 않기에 매끄러운 한글 문장을 위해 한정적 용법인 '~하
는'으로 해석한다.

- once '단번에'라는 뜻도 있고, '이전에'라는 뜻도 있다. 여기서는 이 두 가지 뜻
을 모두 포함한다.

- eternal 영원한 (for ever: 영구히, everlasting: 영속적인)

- hath fully satisfied the justice of His Father hath satisfied는 현재완료 표현으
로 이는 과거에 만족시킨 것의 결과가 현재에도 동일하게 남아 영향을 미치고
있다는 것을 의미한다.

- 자신의 완벽한 순종과 자기희생에 의해 영원하신 영을 통하여 자신을 하나님
께 단번에 올려드린 주 예수님께서는 자신의 아버지의 공의를 완전히 만족시
키셨다.

2. ; and purchased, not only reconciliation, but an everlasting inheritance
in the kingdom of heaven, for all those whom the Father hath given unto
Him.

- ; and (hath) purchased~ 세미콜론(;) and는 '원인-결과'의 구조를 나타낸다.
따라서 '그러므로' 혹은 '그로 인해'로 번역한다. 또한 '(hath) purchased'도
'hath~satisfied'와 같이 현재완료 표현으로 과거에 이미 취득하신 것의 결과가

현재에도 동일하게 남아 영향을 미치고 있다는 것을 의미한다.

- **purchase** 돈을 주고 구매하다. 취득하다. (obtain: 획득하다, procure: 힘을 다해 얻다. 자기의 소유로 만들다.)
- **not only A but also B** A 뿐만 아니라, B도
- **reconciliation** 화해
- **an everlasting inheritance in the kingdom of heaven** 천국에서의 영속적인 유업
- **for all those whom the Father hath given unto Him** '아버지께서 그에게 주신 모든 자들을 위해서'로 whom의 선행사는 all those(모든 자들)이다. 사람을 나타내는 목적격 관계대명사 whom이 those가 사람들이라는 것을 알려준다.
- 그로 인해 아버지께서 그에게 주신 모든 자들을 위해서 화해뿐 아니라 천국에서의 영속적인 유업 또한 취득하셨다.

\<원문\>

VI. Although the work of redemption was not actually wrought by Christ till after His incarnation, yet the virtue, efficacy, and benefits thereof were communicated unto the elect in all ages successively from the beginning of the world, in and by those promises, types, and sacrifices, wherein He was revealed, and signified to be the seed of the woman which should bruise the serpent's head; and the Lamb slain from the beginning of the world: being yesterday and to-day the same, and for ever.

\<번역\>

비록 구속의 사역이 자신의 성육신 이후까지는 그리스도에 의해 실질적으로는 작동되지 않았다 하더라도, 그것에 의한 공덕과 효력과 은덕들은 세상의 시작부터 모든 시대에서 연속하여 택자들에게 그 약속들, 모형들, 희생제사들 안에 그리

고 그것들에 의해서 전달되었는데, 그것들 안에서 그는 계시되었고, 세상의 시작부터 뱀의 머리를 상하게 할 여인의 씨와 죽임을 당해야 하는 어린양으로 예표되었는데, 이러한 그리스도는 어제나 오늘이나 동일하시고, 영구히 그러하시다.

<원문분석>

1. Although the work of redemption was not actually wrought by Christ till after His incarnation, yet the virtue, efficacy, and benefits thereof were communicated unto the elect in all ages successively from the beginning of the world, in and by those promises, types, and sacrifices,

- **the work of redemption** 구속의 사역
- **wrought** '작동시키다'라는 뜻의 work의 과거와 과거분사(고어)
- **not A till B** B까지는 A않다. B하고서야 비로소 A하다. 따라서 the work of redemption was not actually wrought by Christ till after His incarnation은 '구속의 사역은 그리스도의 성육신 이후까지는 실질적으로 그리스도에 의해 작동되지 않았다'나 '구속의 사역은 그리스도의 성육신 이후에야 비로소 작동되었다' 둘 다로 해석이 가능하다.
- **incarnation** 성육신
- **virtue** 공덕 (merit: 공로, benefit: 은덕)
- **efficacy** '효력'으로, 이는 기대한 그대로 그 효과가 나타나는 것을 의미한다.
- **benefit** 은덕
- **thereof** '그것에 의한'으로 '그리스도의 구속의 사역에 의한'이란 뜻이다.
- **communicate** ~을 전달하다.
- **in all ages** 모든 시대에서
- **successively** 연속하여, 연이어서
- **from the beginning of the world** 세상의 시작부터
- **types** 모형들
- **in and by those promises, types, and sacrifices,** 그 약속들, 모형들, 희생제사들 안에 그리고 그것들에 의해서

- 비록 구속의 사역이 자신의 성육신 이후까지는 그리스도에 의해 실질적으로는 작동되지 않았다 하더라도, 그것에 의한 공덕과 효력과 은덕들은 세상의 시작부터 모든 시대에서 연속하여 택자들에게 그 약속들, 모형들, 희생제사들 안에 그리고 그것들에 의해서 전달되었다.

2. wherein He was revealed, and signified to be the seed of the woman which should bruise the serpent's head; and the Lamb slain from the beginning of the world:
- **wherein** 그 안에서, 그것들 안에서
- **He was revealed, and (he was) signified to be the seed of the woman which should bruise the serpent's head; and (to be) the Lamb (which should be) slain from the beginning of the world.**
- **He was revealed, and signified to be~** revealed 뒤에 있는 콤마(,)는 signified 뒤에 따라오는 'to be~'가 He was revealed와는 관련이 없다는 것을 나타낸다.
- **signify** 상징하다. 예표하다.
- **the seed of the woman** 여인의 씨
- **which should bruise the serpent's head** '뱀의 머리를 상하게 할'으로 which 의 선행사는 the seed of the woman이다.
- **slain** slay(죽이다, 살해하다, 학살하다)의 과거분사 (slay-slew-slain)
- **for ever** 영구히 (eternal: 영원한, everlasting: 영속적인)
- 그것들 안에서 그는 계시되었고, 세상의 시작부터 뱀의 머리를 상하게 할 여인의 씨와 죽임을 당해야 하는 어린양으로 예표되었다.

3. being yesterday and to-day the same, and for ever.
- **:being yesterday and to-day the same, and forever** He가 주어인 부대상황의 분사구문인데, 추가설명을 나타내는 콜론(:)과 함께 쓰였기에 '~인데, 이러한 그리스도는 어제나 오늘이나 동일하시고, 영구히 그러하시다'로 번역한다.
- 이러한 그리스도는 어제나 오늘이나 동일하시고, 영구히 그러하시다.

<원문>

VII. Christ, in the work of mediation, acteth according to both natures, by each nature doing that which is proper to itself: yet, by reason of the unity of the person, that which is proper to one nature, is sometimes in Scripture attributed to the person denominated by the other nature.

<번역>

그리스도께서는 중보사역에 있어서 각 본성이 그 자체에 고유한 것을 함으로써 두 본성 모두를 따라 행하시지만, 위격의 연합에 근거해서는 한 본성에 고유한 것이 종종 성경에서는 다른 본성에 의해 명명되는 위격에 돌려지기도 한다.

<원문분석>

1. Christ, in the work of mediation, acteth according to both natures, by each nature doing that which is proper to itself:

- mediation 중보사역 (Mediator: 중보자, Intercession: 중보기도)

- according to both natures 두 본성 모두를 따라서

- by each nature doing~ each nature는 doing의 의미상 주어다. 따라서 이 부분은 '각 본성이 ~을 함으로써'로 해석해야 한다.

- be proper to~ ~에 고유하다.

- that which is proper to itself '그 자체의 고유한 것'으로, 신성에 고유한 것과 인성에 고유한 것을 각각을 말한다.

- 그리스도께서는 중보사역에 있어서 각 본성이 그 자체에 고유한 것을 함으로써 두 본성 모두를 따라 행하신다.

2. yet, by reason of the unity of the person, that which is proper to one nature, is sometimes in Scripture attributed to the person denominated

by the other nature.

- the unity of the person '위격의 연합'으로 신성과 인성의 연합(8.3)을 말한다.

- that which is proper to one nature 한 본성에 고유한 것

- in Scripture '성경 안에서'로 66권 각 권 하나하나 안에서라는 뜻이다.

- is attributed to ~에 돌려지다.

- denominated 명명하다. 칭하다.

- the person (that is) denominated by the other nature. '다른 본성에 의해 명명되는 위격'

- 그러나 위격의 연합에 근거해서는 한 본성에 고유한 것이 종종 성경에서는 다른 본성에 의해 명명되는 위격에 돌려지기도 한다.

<원문>

VIII. To all those for whom Christ hath purchased redemption, He doth certainly and effectually apply and communicate the same, making intercession for them, and revealing unto them, in and by the Word, the mysteries of salvation, effectually persuading them by His Spirit to believe and obey, and governing their hearts by His Word and Spirit; overcoming all their enemies by His almighty power and wisdom, in such manner, and ways, as are most consonant to His wonderful and unsearchable dispensation.

<번역>

그리스도께서 위하여 구속을 취득하신 모든 자들에게 그는 그들을 위해 중보기도 하시면서, 말씀 안에서 그리고 말씀에 의해서 그들에게 구원의 신비들을 계시하시고, 그의 영에 의해 그들을 믿고 순종하도록 효력 있게 설득하고, 그의 말씀과 영으로 그들의 심정을 통치하실 뿐 아니라, 그의 전능하신 능력과 지혜에 의

해 그의 놀랍고도 불가사의한 경륜과 가장 잘 조화되는 그러한 방식과 방법들에 있어서 그들의 모든 원수들을 압도하시면서 분명하고도 효과적으로 동일한 것을 적용하고 전달하신다.

<원문분석>

1. To all those for whom Christ hath purchased redemption, He doth certainly and effectually apply and communicate the same,

- To all those for whom Christ hath purchased redemption '그리스도께서 위하여 구속을 취득하신 모든 자들에게'

- Christ hath purchased redemption has purchased는 현재완료 표현으로 이는 그리스도께서 구속을 취득하신 사건을 과거에 이미 완료되었다는 것뿐 아니라, 그 결과가 현재에도 동일하게 영향을 미치고 있다는 것을 의미한다.

- certainly and effectually 분명히 그리고 효과적으로

- apply and communicate 적용하고 전달하다.

- the same '동일한 것'으로 '그리스도께서 취득하신 구속'을 의미한다.

- 그리스도께서 위하여 구속을 취득하신 모든 자들에게 그분은 분명하고도 효과적으로 동일한 것을 적용하고 전달하신다.

2. making intercession for them, and revealing unto them, in and by the Word, the mysteries of salvation, effectually persuading them by His Spirit to believe and obey, and governing their hearts by His Word and Spirit; overcoming all their enemies by His almighty power and wisdom, in such manner, and ways, as are most consonant to His wonderful and unsearchable dispensation.

- making ~, and revealing~, persuading~, and governing~; overcoming~ 동시동작을 나타내는 다섯 개의 동사를 making~과 revealing~, persuading~, and governing~과 overcoming~으로 크게 세 부류로 나눠서 배열하고 있다.

- making intercession for them 그들을 위해 중보기도 하시면서

- revealing unto them the mysteries of salvation 그들에게 구원의 신비들을 계시하시면서

- in and by the Word 말씀 안에서 그리고 말씀에 의해

- effectually persuading them to believe and obey 그들이 믿고 순종하도록 효력 있게 설득하시면서

- governing their hearts 그들의 심정을 통치하시면서

- overcoming all their enemies 그들의 모든 원수들을 압도하시면서

- consonant 조화하는, 일치하는, 자음

- in such manner, and ways, as are most consonant to~ as는 such manner, and ways를 선행사로 받는 관계대명사다. '~에 가장 잘 조화하는 그러한 방식과 방법들에 있어서'

- unsearchable 불가사의한

- dispensation 경륜

- 그들을 위해 중보기도 하시면서, 말씀 안에서 그리고 말씀에 의해서 그들에게 구원의 신비들을 계시하시고, 그의 영에 의해 그들을 믿고 순종하도록 효력 있게 설득하고, 그의 말씀과 영으로 그들의 심정을 통치하실 뿐 아니라, 그의 전능하신 능력과 지혜에 의해 그의 놀랍고도 불가사의한 경륜과 가장 잘 조화되는 그러한 방식과 방법들에 있어서 그들의 모든 원수들을 압도하시면서

<원문으로 요약하고 성경으로 해설하기>

1. 아버지 하나님께서는 영원 전에 자신의 독생자인 주 예수를 하나님과 사람 사이의 중보자로 선택하시고 정하셨다.

"내가 붙드는 나의 종, 내 마음에 기뻐하는 자 곧 내가 택한 사람을 보라 내가 나의 영을 그에게 주었은즉 그가 이방에 정의를 베풀리라"(사42:1)

"너희가 알거니와 너희 조상이 물려 준 헛된 행실에서 대속함을 받은 것은 은이나 금 같이 없어질 것으로 된 것이 아니요 오직 흠 없고 점 없는 어린 양 같은 그리스도의 보배로운 피로 된 것이니라 그는 창세 전부터 미리 알린 바 되신 이나 이 말세에 너희를 위하여 나타내신 바 되었으니"(벧전1:19,20)

"하나님이 세상을 이처럼 사랑하사 독생자를 주셨으니 이는 그를 믿는 자마다 멸망하지 않고 영생을 얻게 하려 하심이라"(요3:16)

"하나님은 한 분이시요 또 하나님과 사람 사이에 중보자도 한 분이시니 곧 사람이신 그리스도 예수라"(딤전2:5)

2. 하나님과 사람의 유일한 중보자 예수 그리스도는 선지자의 직을 수행하신다.

"모세가 말하되 주 하나님이 너희를 위하여 너희 형제 가운데서 나 같은 선지자 하나를 세울 것이니 너희가 무엇이든지 그의 모든 말을 들을 것이라"(행3:22)

3. 하나님과 사람의 유일한 중보자 예수 그리스도는 제사장의 직을 수행하신다.

"또한 이와 같이 그리스도께서 대제사장 되심도 스스로 영광을 취하심이 아니요 오직 말씀하신 이가 그에게 이르시되 너는 내 아들이니 내가 오늘 너를 낳았다 하셨고 또한 이와 같이 다른 데서 말씀하시되 네가 영원히 멜기세덱의 반차를 따르는 제사장이라 하셨으니"(히5:5,6)

4. 하나님과 사람의 유일한 중보자 예수 그리스도는 왕의 직을 수행하신다.

"내가 나의 왕을 내 거룩한 산 시온에 세웠다 하시리로다"(시2:6)

"영원히 야곱의 집을 왕으로 다스리실 것이며 그 나라가 무궁하리라"(눅1:33)

5. 하나님과 사람의 유일한 중보자 예수 그리스도는 자신의 교회의 머리와 구원자이시다.

"이는 남편이 아내의 머리 됨이 그리스도께서 교회의 머리 됨과 같음이니 그가 바로 몸의 구주시니라"(엡5:23)

6. 하나님과 사람의 유일한 중보자 예수 그리스도는 만물의 상속자이시다.

"이 모든 날 마지막에는 아들을 통하여 우리에게 말씀하셨으니 이 아들을 만유의 상속자로 세우시고 또 그로 말미암아 모든 세계를 지으셨느니라"(히1:2)

7. 하나님과 사람의 유일한 중보자 예수 그리스도는 세상의 재판관이시다.

"이는 정하신 사람으로 하여금 천하를 공의로 심판할 날을 작정하시고 이에 그를 죽은 자

가운데서 다시 살리신 것으로 모든 사람에게 믿을 만한 증거를 주셨음이니라 하니라"(행 17:31)

8. 아버지 하나님께서는 자신의 독생자 예수 그리스도에게 영원 전부터 한 백성을 주시어 그의 씨가 되게 하셨다.
  "아버지께서 아들에게 주신 모든 사람에게 영생을 주게 하시려고 만민을 다스리는 권세를 아들에게 주셨음이로소이다"(요17:2)

  "세상 중에서 내게 주신 사람들에게 내가 아버지의 이름을 나타내었나이다 그들은 아버지의 것이었는데 내게 주셨으며 그들은 아버지의 말씀을 지키었나이다"(요17:6)

  "내가 그들을 위하여 비옵나니 내가 비옵는 것은 세상을 위함이 아니요 내게 주신 자들을 위함이니이다 그들은 아버지의 것이로소이다"(요17:9)

  "여호와께서 그에게 상함을 받게 하시기를 원하사 질고를 당하게 하셨은즉 그의 영혼을 속건제물로 드리기에 이르면 그가 씨를 보게 되며 그의 날은 길 것이요 또 그의 손으로 여호와께서 기뻐하시는 뜻을 성취하리로다"(사53:10)

9. 하나님께서는 자신의 독생자 예수 그리스도에게 주신 백성들이 그리스도의 중보자 사역에 의해 각각의 정해진 때에 맞춰서 구속되고, 부르심 받고, 의롭다 함 받고, 성화되고, 영화로워지도록 미리 정해놓으셨다.
  "그가 모든 사람을 위하여 자기를 대속물로 주셨으니 기약이 이르러 주신 증거니라"(딤전 2:6)

  "보라 내가 그를 만민에게 증인으로 세웠고 만민의 인도자와 명령자로 삼았나니"(사55:4)

  "너희는 하나님으로부터 나서 그리스도 예수 안에 있고 예수는 하나님으로부터 나와서 우리에게 지혜와 의로움과 거룩함과 구원함이 되셨으니"고전(1:30)

10. 삼위일체 안에서 두 번째 위격이신 하나님의 아들은 아버지와 한 실체이시고 동등하신 참 하나님이시다.
  "태초에 말씀이 계시니라 이 말씀이 하나님과 함께 계셨으니 이 말씀은 곧 하나님이시니라"(요1:1)

"그는 근본 하나님의 본체시나 하나님과 동등됨을 취할 것으로 여기지 아니하시고"(빌
2:6)

11. 아들 하나님께서는 아버지 하나님과 한 실체이시고 동등하신 참 하나님이신
상태에서 인성을 취하심으로 참 사람으로 이 땅에 오셨다.
"말씀이 육신이 되어 우리 가운데 거하시매 우리가 그의 영광을 보니 아버지의 독생자의
영광이요 은혜와 진리가 충만하더라"(요1:4)

"때가 차매 하나님이 그 아들을 보내사 여자에게서 나게 하시고 율법 아래에 나게 하신 것
은"(갈4:4)

12. 그리스도의 성육신은 신성이 인성을 취하심에 있다. 따라서 인간의 모습으로
이 땅에 오신 그리스도는 이 땅에 계시는 그 순간에도 여전히 참 신이셨다.
"아버지께서 아들을 사랑하사 자기가 행하시는 것을 다 아들에게 보이시고 또 그보다 더
큰 일을 보이사 너희로 놀랍게 여기게 하시리라"(요5:20)

13. 그리스도는 하나님과 사람의 유일한 중보자로서 참 인간으로 이 땅에 오셨기
에 인간들의 공통적인 한계와 성향을 동일하게 갖고 계셨다.
"또 다시 내가 그를 의지하리라 하시고 또 다시 볼지어다 나와 및 하나님께서 내게 주신 자
녀라 하셨으니 자녀들은 혈과 육에 속하였으매 그도 또한 같은 모양으로 혈과 육을 함께
지니심은 죽음을 통하여 죽음의 세력을 잡은 자 곧 마귀를 멸하시며 또 죽기를 무서워하
므로 한평생 매여 종 노릇 하는 모든 자들을 놓아 주려 하심이니 이는 확실히 천사들을 붙
들어 주려 하심이 아니요 오직 아브라함의 자손을 붙들어 주려 하심이라"(히2:14,16,17)

"우리에게 있는 대제사장은 우리의 연약함을 동정하지 못하실 이가 아니요 모든 일에 우
리와 똑같이 시험을 받으신 이로되 죄는 없으시니라"(히4:15)

14. 중보자 그리스도는 아담의 죄책이 전가되고, 저주와 형벌이 전달되는 일반적
인 출생법을 넘어서 성령으로 잉태되고, 동정녀에게서 탄생하심으로 죄 없는
참 사람으로 이 땅에 오셨다.
"보라 네가 잉태하여 아들을 낳으리니 그 이름을 예수라 하라...천사가 대답하여 이르되 성

령이 네게 임하시고 지극히 높으신 이의 능력이 너를 덮으시리니 이러므로 나실 바 거룩한 이는 하나님의 아들이라 일컬어지리라"(눅1:31,35)

15. 성육신하신 그리스도는 한 위격 안에 신격과 인격의 두 개의 온전하고 완벽하고 구별된 본성을 가지신다.

"그 안에는 신성의 모든 충만이 육체로 거하시고"(골2:9)

"조상들도 그들의 것이요 육신으로 하면 그리스도가 그들에게서 나셨으니 그는 만물 위에 계셔서 세세에 찬양을 받으실 하나님이시니라 아멘"(롬9:5)

"그리스도께서도 단번에 죄를 위하여 죽으사 의인으로서 불의한 자를 대신하셨으니 이는 우리를 하나님 앞으로 인도하려 하심이라 육체로는 죽임을 당하시고 영으로는 살리심을 받으셨으니"(벧전3:18)

16. 중보자 그리스도는 참 신이시며, 동시에 참 인간이시다.

"그의 아들에 관하여 말하면 육신으로는 다윗의 혈통에서 나셨고 성결의 영으로는 죽은 자들 가운데서 부활하사 능력으로 하나님의 아들로 선포되셨으니 곧 우리 주 예수 그리스도시니라"(롬1:3,4)

17. 하나님과 사람 사이의 유일한 중보자는 오직 그리스도 예수 한 분뿐이시다.

"하나님은 한 분이시요 또 하나님과 사람 사이에 중보자도 한 분이시니 곧 사람이신 그리스도 예수라"(딤전2:5)

18. 신성에 연합된 인성에서 주 예수 그리스도는 성령으로 성화되고 기름부음 받으셨다. 여기서 그리스도께서 인성에 있어서 성령으로 성화되셨다는 것은 성령에 의해 죄 없는 인간으로 이 땅에 오셨기에 태어나실 때부터 거룩함을 온전히 드러내시는 데 어떠한 문제도 없으셨다는 뜻이다. 또한 기름부음 받으셨다는 것은 그리스도로 공식적으로 선포되심을 의미한다.

"하나님이 보내신 이는 하나님의 말씀을 하나니 이는 하나님이 성령을 한량 없이 주심이니라"(요3:34)

"왕은 정의를 사랑하고 악을 미워하시니 그러므로 하나님 곧 왕의 하나님이 즐거움의 기름을 왕에게 부어 왕의 동료보다 뛰어나게 하셨나이다"(시45:7)

19. 성육신하신 그리스도는 지혜와 지식이 충만한 분이시다.

"그 안에는 지혜와 지식의 모든 보화가 감추어져 있느니라"(골2:3)

20. 성육신하신 그리스도에게는 모든 것이 충만하다.

"아버지께서는 모든 충만으로 예수 안에 거하게 하시고"(골1:19)

21. 성육신하신 그리스도는 거룩하고, 해롭지 않고, 더렵혀지지도 않고, 은혜와 진리가 충만한 상태로 중보자와 보증인의 직분을 수행하도록 완벽하게 준비되었다.

"이러한 대제사장은 우리에게 합당하니 거룩하고 악이 없고 더러움이 없고 죄인에게서 떠나 계시고 하늘보다 높이 되신 이라"(히7:26) "말씀이 육신이 되어 우리 가운데 거하시매 우리가 그의 영광을 보니 아버지의 독생자의 영광이요 은혜와 진리가 충만하더라"(요1:14)

22. 그리스도께서는 스스로 중보자의 직을 취한 것이 아니라, 아버지로부터 중보자로 부름을 받을 것이다. 따라서 그리스도께서는 중보자의 직을 수행하실 때에 신성의 능력과 인성의 특성을 자신의 뜻이 아니라, 철저히 아버지 하나님의 뜻을 따라 나타내신다.

"이 존귀는 아무도 스스로 취하지 못하고 오직 아론과 같이 하나님의 부르심을 받은 자라야 할 것이니라 또한 이와 같이 그리스도께서 대제사장 되심도 스스로 영광을 취하심이 아니요 오직 말씀하신 이가 그에게 이르시되 너는 내 아들이니 내가 오늘 너를 낳았다 하셨고"(히5:4,5)

"하나님이 나사렛 예수에게 성령과 능력을 기름 붓듯 하셨으매 그가 두루 다니시며 선한 일을 행하시고 마귀에게 눌린 모든 사람을 고치셨으니 이는 하나님이 함께 하셨음이라"(행10:38)

23. 아버지께서는 중보자의 직을 수행하는 아들을 주와 그리스도가 되게 하셨고, 그에게 모든 권세와 심판을 맡기셨다.

"그런즉 이스라엘 온 집은 확실히 알지니 너희가 십자가에 못 박은 이 예수를 하나님이 주와 그리스도가 되게 하셨느니라 하니라"(행2:36)

"예수께서 나아와 말씀하여 이르시되 하늘과 땅의 모든 권세를 내게 주셨으니"(마28:18)

"아버지께서 아무도 심판하지 아니하시고 심판을 다 아들에게 맡기셨으니"(요5:22,27)

24. 주 예수님께서는 아버지께서 맡기신 중보자의 직을 기꺼이 맡으셨다.

"그 때에 내가 말하기를 내가 왔나이다 나를 가리켜 기록한 것이 두루마리 책에 있나이다 나의 하나님이여 내가 주의 뜻 행하기를 즐기오니 주의 법이 나의 심중에 있나이다 하였나이다"(시40:7,8)

"이를 내게서 빼앗는 자가 있는 것이 아니라 내가 스스로 버리노라 나는 버릴 권세도 있고 다시 얻을 권세도 있으니 이 계명은 내 아버지에게서 받았노라 하시니라"(요10:18)

"사람의 모양으로 나타나사 자기를 낮추시고 죽기까지 복종하셨으니 곧 십자가에 죽으심이라"(빌2:8)

25. 성육신하신 그리스도는 참 하나님으로 스스로가 율법의 조성자와 재판관이심에도 불구하고 율법을 성취해야 하는 중보자의 직을 감당하시기 위해 자신을 율법 아래 내려놓으셨다.

"때가 차매 하나님이 그 아들을 보내사 여자에게서 나게 하시고 율법 아래에 나게 하신 것은"(갈4:4)

26. 성육신하신 그리스도는 중보자의 직을 감당하시기 위해 율법을 온전히 성취하셨다.

"예수께서 대답하여 이르시되 이제 허락하라 우리가 이와 같이 하여 모든 의를 이루는 것이 합당하니라 하시니 이에 요한이 허락하는지라"(마3:15)

"내가 율법이나 선지자를 폐하러 온 줄로 생각하지 말라 폐하러 온 것이 아니요 완전하게 하려 함이라"(마5:17)

27. 성육신하신 그리스도는 중보자의 직을 수행함에 있어서 영혼과 마음으로는 극도로 비통한 고뇌를 감내하셨다.

"베드로와 세베대의 두 아들을 데리고 가실새 고민하고 슬퍼하사 이에 말씀하시되 내 마음이 매우 고민하여 죽게 되었으니 너희는 여기 머물러 나와 함께 깨어 있으라 하시고"(마26:37,38)

"예수께서 힘쓰고 애써 더욱 간절히 기도하시니 땀이 땅에 떨어지는 핏방울 같이 되더라"(눅22:44)

"제구시쯤에 예수께서 크게 소리 질러 이르시되 엘리 엘리 라마 사박다니 하시니 이는 곧 나의 하나님, 나의 하나님, 어찌하여 나를 버리셨나이까 하는 뜻이라"(마27:46)

28. 성육신하신 그리스도는 중보자의 직을 수행함에 있어서 몸으로는 극도로 고통스러운 고난을 견디셨다. 그리고 그는 십자가에 달리시고, 죽으셨다.

"사람의 모양으로 나타나사 자기를 낮추시고 죽기까지 복종하셨으니 곧 십자가에 죽으심이라"(빌2:8)

29. 성육신하신 그리스도는 중보자의 직을 수행함에 있어서 죽으신 후 묻히셔서 잠시 동안 죽음의 권세 아래 계셨으나, 몸이 부패하지는 않았다.

"그가 하나님께서 정하신 뜻과 미리 아신 대로 내준 바 되었거늘 너희가 법 없는 자들의 손을 빌려 못 박아 죽였으나 하나님께서 그를 사망의 고통에서 풀어 살리셨으니 이는 그가 사망에 매여 있을 수 없었음이라 다윗이 그를 가리켜 이르되 내가 항상 내 앞에 계신 주를 뵈었음이여 나로 요동하지 않게 하기 위하여 그가 내 우편에 계시도다 그러므로 내 마음이 기뻐하였고 내 혀도 즐거워하였으며 육체도 희망에 거하리니 이는 내 영혼을 음부에 버리지 아니하시며 주의 거룩한 자로 썩음을 당하지 않게 하실 것임이로다"(행2:23-27)

"하나님께서 살리신 이는 썩음을 당하지 아니하였나니"(행13:37)

"이는 그리스도께서 죽은 자 가운데서 살아나셨으매 다시 죽지 아니하시고 사망이 다시

그를 주장하지 못할 줄을 앎이로라"(롬6:9)

30. 성육신하신 그리스도는 중보자의 직을 수행함에 있어서 죽으시고 묻히신 후 제 삼일 째에 고통 받았던 그 동일한 몸으로 죽은자들로부터 일어나셨다.

"내가 받은 것을 먼저 너희에게 전하였노니 이는 성경대로 그리스도께서 우리 죄를 위하여 죽으시고 장사 지낸 바 되셨다가 성경대로 사흘 만에 다시 살아나사"(고전15:3,4)

"열두 제자 중의 하나로서 디두모라 불리는 도마는 예수께서 오셨을 때에 함께 있지 아니한지라 다른 제자들이 그에게 이르되 우리가 주를 보았노라 하니 도마가 이르되 내가 그의 손의 못 자국을 보며 내 손가락을 그 못 자국에 넣으며 내 손을 그 옆구리에 넣어 보지 않고는 믿지 아니하겠노라 하니라 여드레를 지나서 제자들이 다시 집 안에 있을 때에 도마도 함께 있고 문들이 닫혔는데 예수께서 오사 가운데 서서 이르시되 너희에게 평강이 있을지어다 하시고 도마에게 이르시되 네 손가락을 이리 내밀어 내 손을 보고 네 손을 내밀어 내 옆구리에 넣어 보라 그리하여 믿음 없는 자가 되지 말고 믿는 자가 되라 도마가 대답하여 이르되 나의 주님이시요 나의 하나님이시니이다 예수께서 이르시되 너는 나를 본 고로 믿느냐 보지 못하고 믿는 자들은 복되도다 하시니라"(요20:24-29)

31. 성육신하신 그리스도는 중보자의 직을 수행함에 있어서 고통 받으셨고, 부활하신 바로 그 몸으로 하늘로 올라가셔서, 아버지의 우편에 앉아 계신다.

"주 예수께서 말씀을 마치신 후에 하늘로 올려지사 하나님 우편에 앉으시니라"(막16:19)

32. 성육신하신 그리스도께서는 중보자의 직을 수행함에 있어서 지금 이 순간에도 하늘 보좌 우편에서 자기의 백성들을 위해 중보기도 하고 계신다.

"여호와께서 내 주에게 말씀하시기를 내가 네 원수들로 네 발판이 되게 하기까지 너는 내 오른쪽에 앉아 있으라 하셨도다"(시110:1)

"누가 정죄하리요 죽으실 뿐 아니라 다시 살아나신 이는 그리스도 예수시니 그는 하나님 우편에 계신 자요 우리를 위하여 간구하시는 자시니라"(롬8:34)

"그러므로 자기를 힘입어 하나님께 나아가는 자들을 온전히 구원하실 수 있으니 이는 그가 항상 살아 계셔서 그들을 위하여 간구하심이라"(히7:25)

"그리스도께서는 참 것의 그림자인 손으로 만든 성소에 들어가지 아니하시고 바로 그 하늘에 들어가사 이제 우리를 위하여 하나님 앞에 나타나시고"(히9:24)

"믿음의 주요 또 온전하게 하시는 이인 예수를 바라보자 그는 그 앞에 있는 기쁨을 위하여 십자가를 참으사 부끄러움을 개의치 아니하시더니 하나님 보좌 우편에 앉으셨느니라"(히 12:1)

33. 성육신하신 그리스도께서는 중보자의 직을 수행함에 있어서 세상 끝에 사람들과 천사들을 심판하시기 위해 다시 오실 것이다.

"이를 위하여 그리스도께서 죽었다가 다시 살아나셨으니 곧 죽은 자와 산 자의 주가 되려 하심이라 네가 어찌하여 네 형제를 비판하느냐 어찌하여 네 형제를 업신여기느냐 우리가 다 하나님의 심판대 앞에 서리라"(롬14:9,10)

"이르되 갈릴리 사람들아 어찌하여 서서 하늘을 쳐다보느냐 너희 가운데서 하늘로 올려지신 이 예수는 하늘로 가심을 본 그대로 오시리라 하였느니라"(행1:11)

"우리에게 명하사 백성에게 전도하되 하나님이 살아 있는 자와 죽은 자의 재판장으로 정하신 자가 곧 이 사람인 것을 증언하게 하셨고"(행10:42)

"그런즉 가라지를 거두어 불에 사르는 것 같이 세상 끝에도 그러하리라 인자가 그 천사들을 보내리니 그들이 그 나라에서 모든 넘어지게 하는 것과 또 불법을 행하는 자들을 거두어 내어 풀무 불에 던져 넣으리니 거기서 울며 이를 갈게 되리라 그 때에 의인들은 자기 아버지 나라에서 해와 같이 빛나리라 귀 있는 자는 들으라"(마13:40-43)

"또 자기 지위를 지키지 아니하고 자기 처소를 떠난 천사들을 큰 날의 심판까지 영원한 결박으로 흑암에 가두셨으며"(유1:6)

"하나님이 범죄한 천사들을 용서하지 아니하시고 지옥에 던져 어두운 구덩이에 두어 심판 때까지 지키게 하셨으며"(벧후2:4)

34. 성육신하신 그리스도께서는 중보자의 직을 수행함에 있어서 완벽한 순종과 자기희생을 통해 자신을 하나님께 단번에 올려드림으로 아버지의 공의를 완전

히 만족시키셨다.

"한 사람이 순종하지 아니함으로 많은 사람이 죄인 된 것 같이 한 사람이 순종하심으로 많은 사람이 의인이 되리라"(롬5:19)

"하물며 영원하신 성령으로 말미암아 흠 없는 자기를 하나님께 드린 그리스도의 피가 어찌 너희 양심을 죽은 행실에서 깨끗하게 하고 살아 계신 하나님을 섬기게 하지 못하겠느냐"(히9:14)

"그가 거룩하게 된 자들을 한 번의 제사로 영원히 온전하게 하셨느니라"(히10:14)

"그리스도께서 너희를 사랑하신 것 같이 너희도 사랑 가운데서 행하라 그는 우리를 위하여 자신을 버리사 향기로운 제물과 희생제물로 하나님께 드리셨느니라"(엡5:2)

"이 예수를 하나님이 그의 피로써 믿음으로 말미암는 화목제물로 세우셨으니 이는 하나님께서 길이 참으시는 중에 전에 지은 죄를 간과하심으로 자기의 의로우심을 나타내려 하심이니 곧 이 때에 자기의 의로우심을 나타내사 자기도 의로우시며 또한 예수 믿는 자를 의롭다 하려 하심이라"(롬3:25,26)

35. 성육신하신 그리스도께서는 중보자의 직을 수행함에 있어서 자신을 제물로 단번에 드려 아버지의 공의를 만족시키심으로 아버지께서 그에게 주신 모든 자들을 아버지와 화해할 수 있게 할 뿐 아니라, 그들을 위한 천국의 영속적인 유업 또한 취득하셨다.

"네 백성과 네 거룩한 성을 위하여 일흔 이레를 기한으로 정하였나니 허물이 그치며 죄가 끝나며 죄악이 용서되며 영원한 의가 드러나며 환상과 예언이 응하며 또 지극히 거룩한 이가 기름 부음을 받으리라"(단9:24)

"아버지께서는 모든 충만으로 예수 안에 거하게 하시고 그의 십자가의 피로 화평을 이루사 만물 곧 땅에 있는 것들이나 하늘에 있는 것들이 그로 말미암아 자기와 화목하게 되기를 기뻐하심이라"(골1:19,20)

"모든 일을 그의 뜻의 결정대로 일하시는 이의 계획을 따라 우리가 예정을 입어 그 안에서 기업이 되었으니 이는 우리가 그리스도 안에서 전부터 바라던 그의 영광의 찬송이 되게

하려 하심이라 그 안에서 너희도 진리의 말씀 곧 너희의 구원의 복음을 듣고 그 안에서 또
한 믿어 약속의 성령으로 인치심을 받았으니 이는 우리 기업의 보증이 되사 그 얻으신 것
을 속량하시고 그의 영광을 찬송하게 하려 하심이라"(엡1:11,14)

"아버지께서 아들에게 주신 모든 사람에게 영생을 주게 하시려고 만민을 다스리는 권세를
아들에게 주셨음이로소이다"(요17:2)

"염소와 송아지의 피로 하지 아니하고 오직 자기의 피로 영원한 속죄를 이루사 단번에 성
소에 들어가셨느니라 염소와 황소의 피와 및 암송아지의 재를 부정한 자에게 뿌려 그 육
체를 정결하게 하여 거룩하게 하거든 하물며 영원하신 성령으로 말미암아 흠 없는 자기를
하나님께 드린 그리스도의 피가 어찌 너희 양심을 죽은 행실에서 깨끗하게 하고 살아 계
신 하나님을 섬기게 하지 못하겠느냐 이로 말미암아 그는 새 언약의 중보자시니 이는 첫
언약 때에 범한 죄에서 속량하려고 죽으사 부르심을 입은 자로 하여금 영원한 기업의 약
속을 얻게 하려 하심이라"(히9:12-15)

36. 예수 그리스도는 영원한 하나님으로서 시간을 초월하여 언제나 동일하시다.
"예수 그리스도는 어제나 오늘이나 영원토록 동일하시니라"(히3:8)

37. 예수 그리스도는 세상의 시작부터 뱀의 머리를 상하게 할 여인의 씨와 죽임을
당해야 하는 어린양으로 예표되었다.
"내가 너로 여자와 원수가 되게 하고 네 후손도 여자의 후손과 원수가 되게 하리니 여자의
후손은 네 머리를 상하게 할 것이요 너는 그의 발꿈치를 상하게 할 것이니라 하시고"(창
3:15)

"죽임을 당한 어린 양의 생명책에 창세 이후로 이름이 기록되지 못하고 이 땅에 사는 자들
은 다 그 짐승에게 경배하리라"(계13:8)

38. 예수 그리스도의 구속사역은 영원한 사역이다. 따라서 그 효력이 시간 속에
제한되지 않고, 시간을 넘어 적용된다. 그리스도의 구속사역은 그리스도께서
성육신하심으로 실질적으로 작동되었지만, 이 구속사역의 효력은 시간을 거슬
러 그리스도께서 성육신하시기 전에 살았던 믿음의 사람들에게 다양한 예표들
속에서 전달되었으며, 그리스도는 그 안에서 계시되었다.

"때가 차매 하나님이 그 아들을 보내사 여자에게서 나게 하시고 율법 아래에 나게 하신 것은 율법 아래에 있는 자들을 속량하시고 우리로 아들의 명분을 얻게 하려 하심이라"(갈 4:4)

39. 참 신이시고 참 인간이신 예수 그리스도는 중보자의 사역에 있어서 각 본성의 고유성을 따라 일하신다. 즉, 인성을 따라서는 우리의 죄책에 대한 고난을 대신 당하시고, 신성을 따라서는 그 고난을 이기신다.

"그리스도께서도 단번에 죄를 위하여 죽으사 의인으로서 불의한 자를 대신하셨으니 이는 우리를 하나님 앞으로 인도하려 하심이라 육체로는 죽임을 당하시고 영으로는 살리심을 받으셨으니"(벧전3:18)

40. 중보자 그리스도의 두 본성인 신성과 인성은 성경 속에서 종종 서로 교차적으로 표현되기도 한다. 신격으로 드러내신 것이 인격으로 하신 것처럼, 반대로 인격으로 겪으신 일이 신격에 해당하는 것처럼 표현되기도 한다. 성경이 그리스도의 두 본성을 이렇게 상호 교차적으로 표현하는 것은 두 본성의 관계가 모호하기 때문이 아니라, 두 본성이 한 위격 안에서 연합되어 있기 때문이다.

"하늘에서 내려온 자 곧 인자 외에는 하늘에 올라간 자가 없느니라"(요3:13)

"그가 우리를 위하여 목숨을 버리셨으니 우리가 이로써 사랑을 알고 우리도 형제들을 위하여 목숨을 버리는 것이 마땅하니라"(요일3:16)

41. 중보자 그리스도께서는 아버지께서 자기에게 주신 자들을 위해 구속을 취득하셨다. 그리고 그들 모두에게 이렇게 취득하신 그 구속을 분명하고 효력 있게 적용하시고 전달하신다.

"아버지께서 내게 주시는 자는 다 내게로 올 것이요 내게 오는 자는 내가 결코 내쫓지 아니하리라 내가 하늘에서 내려온 것은 내 뜻을 행하려 함이 아니요 나를 보내신 이의 뜻을 행하려 함이니라 나를 보내신 이의 뜻은 내게 주신 자 중에 내가 하나도 잃어버리지 아니하고 마지막 날에 다시 살리는 이것이니라"(요6:37,39)

"아버지께서 나를 아시고 내가 아버지를 아는 것 같으니 나는 양을 위하여 목숨을 버리노라 또 이 우리에 들지 아니한 다른 양들이 내게 있어 내가 인도하여야 할 터이니 그들도 내

음성을 듣고 한 무리가 되어 한 목자에게 있으리라"(요10:15,16)

42. 중보자 그리스도께서는 자기의 백성들을 위해 취득하신 구속을 그들을 위해 중보기도 하시면서 그들에게 분명하고 효력 있게 적용하시고 전달하신다. 이러한 그리스도의 중보기도 사역은 중보자로서의 그리스도의 삼중직 중 제사장직에 해당된다.

"나의 자녀들아 내가 이것을 너희에게 씀은 너희로 죄를 범하지 않게 하려 함이라 만일 누가 죄를 범하여도 아버지 앞에서 우리에게 대언자가 있으니 곧 의로우신 예수 그리스도시라 그는 우리 죄를 위한 화목제물이니 우리만 위할 뿐 아니요 온 세상의 죄를 위하심이라"(요일2:1,2)

"누가 정죄하리요 죽으실 뿐 아니라 다시 살아나신 이는 그리스도 예수시니 그는 하나님 우편에 계신 자요 우리를 위하여 간구하시는 자시니라"(롬8:34)

43. 중보자 그리스도께서는 자신이 위하여 구속을 취득하신 자기의 백성들에게 말씀으로 구원의 신비들을 계시하심으로 그 구속을 분명하고 효력 있게 적용하시고 전달하신다.

"이제부터는 너희를 종이라 하지 아니하리니 종은 주인이 하는 것을 알지 못함이라 너희를 친구라 하였노니 내가 내 아버지께 들은 것을 다 너희에게 알게 하였음이라"(요15:15)

"우리는 그리스도 안에서 그의 은혜의 풍성함을 따라 그의 피로 말미암아 속량 곧 죄 사함을 받았느니라 이는 그가 모든 지혜와 총명을 우리에게 넘치게 하사 그 뜻의 비밀을 우리에게 알리신 것이요 그의 기뻐하심을 따라 그리스도 안에서 때가 찬 경륜을 위하여 예정하신 것이니"(엡1:7-9)

"세상 중에서 내게 주신 사람들에게 내가 아버지의 이름을 나타내었나이다 그들은 아버지의 것이었는데 내게 주셨으며 그들은 아버지의 말씀을 지키었나이다"(요17:6)

44. 중보자 그리스도께서는 자신이 위하여 구속을 취득하신 자기의 백성들이 믿고 순종하도록 성령에 의해 효력 있게 설득하심으로 그 구속을 분명하고 효력 있게 적용하시고 전달하신다.

"보혜사 곧 아버지께서 내 이름으로 보내실 성령 그가 너희에게 모든 것을 가르치고 내가 너희에게 말한 모든 것을 생각나게 하리라"(요14:26)

"기록된 바 내가 믿었으므로 말하였다 한 것 같이 우리가 같은 믿음의 마음을 가졌으니 우리도 믿었으므로 또한 말하노라"(고후4:13)

"만일 너희 속에 하나님의 영이 거하시면 너희가 육신에 있지 아니하고 영에 있나니 누구든지 그리스도의 영이 없으면 그리스도의 사람이 아니라"(롬8:9)

45. 중보자 그리스도께서는 자신이 위하여 구속을 취득하신 자기의 백성들의 심정을 말씀과 영으로 통치하심으로 그 구속을 분명하고 효력 있게 적용하시고 전달하신다.

"무릇 하나님의 영으로 인도함을 받는 사람은 곧 하나님의 아들이라"(롬8:14)

"그리스도께서 이방인들을 순종하게 하기 위하여 나를 통하여 역사하신 것 외에는 내가 감히 말하지 아니하노라 그 일은 말과 행위로 표적과 기사의 능력으로 성령의 능력으로 이루어졌으며 그리하여 내가 예루살렘으로부터 두루 행하여 일루리곤까지 그리스도의 복음을 편만하게 전하였노라"(롬15:18,19)

"그들을 진리로 거룩하게 하옵소서 아버지의 말씀은 진리니이다"(요17:17)

46. 중보자 그리스도께서는 자신이 위하여 구속을 취득하신 자기의 백성들을 위해 자신의 전능하신 능력과 지혜로 그들의 모든 원수들을 압도하시면서 그 구속을 분명하고 효력 있게 적용하시고 전달하신다.

"여호와께서 내 주에게 말씀하시기를 내가 네 원수들로 네 발판이 되게 하기까지 너는 내 오른쪽에 앉아 있으라 하셨도다"(시110:1)

"그가 모든 원수를 그 발 아래에 둘 때까지 반드시 왕 노릇 하시리니 맨 나중에 멸망 받을 원수는 사망이니라"(고전15:25,26)

"내 이름을 경외하는 너희에게는 공의로운 해가 떠올라서 치료하는 광선을 비추리니 너희가 나가서 외양간에서 나온 송아지 같이 뛰리라 또 너희가 악인을 밟을 것이니 그들이 내

가 정한 날에 너희 발바닥 밑에 재와 같으리라 만군의 여호와의 말이니라"(말4:2,3)

"치자들과 권세들을 무력화하여 드러내어 구경거리로 삼으시고 십자가로 그들을 이기셨느니라"(골2:15)

The Westminster
Confession of Faith

Chapter IX

Of Free Will
자유의지에 관하여

<원문>

I. God hath endued the will of man with that natural liberty, that is neither forced, nor by any absolute necessity of nature determined to good or evil.

<번역>

하나님께서는 사람의 의지에 그 본성적인 자유를 부여하셨는데, 그것은 선이나 악으로 강요받지도 않을뿐더러, 본성의 어떠한 절대적인 필요에 의해서 선이나 악으로 결정되지도 않는다.

<원문분석>

1. God hath endued the will of man with that natural liberty,

- endue A with B A에게 B를 부여하다.

- liberty 자유, 해방[4] (freedom: 자유로움)

- natural liberty 본성적인 자유

- God hath endued the will of man with that natural liberty 'hath endued'는 현재완료 형태다. 이는 하나님께서 과거에 사람의 의지에 본성적인 자유를 부여하셨는데, 그 결과가 지금도 그대로 남아 있다는 뜻이다. 즉, 모든 시대의 모든 인류가 다 이 자유를 부여받았다는 것이다.

2. that is neither forced, nor by any absolute necessity of nature determined to good or evil.

- neither A nor B A도 B도 아니다.

---

4. freedom이 외부적인 지배나 간섭 혹은 규제나 방해가 없는 자연적인 상태의 자유를 말한다면, liberty는 법적인 권리로 보장된 자유로 압제나 폭력적인 지배로부터의 자유를 말하는 것으로서, 주로 이전의 억압된 상태에서 해방된 상태를 의미한다. 따라서 freedom은 '자유로움'으로, liberty는 '자유'로 번역한다. 참고로 Liberation Theology가 해방신학이다.

- that is neither forced (to good or evil) 그것은 선이나 악으로 강요받지 않는다.
- by any absolute necessity of nature 본성의 어떠한 절대적인 필요에 의해서
- that is nor~ determined to good or evil 그것은 선이나 악으로 결정되지도 않는다.

<원문>

II. Man, in his state of innocency, had freedom and power to will and to do that which was good, and well pleasing to God; but yet, mutably, so that he might fall from it.

<번역>

사람은, 자신의 순수의 상태에서는 선하고, 흡족할 정도로 하나님을 기쁘시게 하는 것에 대한 의지를 갖고, 또한 그것을 행하는 자유로움과 능력이 있었으나, 가변적으로 그렇게 하기에, 그 상태로부터 타락할 수도 있었다.

<원문분석>

1. Man, in his state of innocency, had freedom and power to will and to do that which was good, and well pleasing to God;
- state of innocency 순수의 상태
- freedom 자유로움 (liberty: 자유)
- will ~하려는 의지를 갖다. ~에 대한 의지를 갖다.
- well 상당히, 꽤, 흡족할 정도로
- that which was good, and (that which was) well pleasing to God 선한 것과 흡족할 정도로 하나님을 기쁘시게 하는 것

2. but yet, mutably, so that he might fall from it.
- but yet 그러나 그럼에도 불구하고

- **mutably** '변하기 쉽게, 변덕스럽게'의 뜻인데, 여기서 주의해야 할 것은 이것이 형용사인 mutable이 아니라, 부사라는 것이다. 분명 문장의 구조는 '(which was) mutably'이고 여기서 which는 freedom and power이다. 따라서 만일 '(which was) mutable'이었다면 '(그것은) 가변적이다'라고 이해하면 된다. 그러나 '(which was) mutably'는 다르다. 부사인 mutably는 명사인 freedom and power가 아니라, 동작을 나타내는 to will and to do에 대한 추가 정보를 주고 있다. 이 표현은 자유와 힘이 가변적임을 말하는 것이 아니라, 의지를 갖는 것과, 행동하는 것이 가변적이라는 뜻이다. 결국 이 한 단어는 인간의 타락의 문제가 하나님께서 주신 자유와 의지의 약점에 있는 것이 아니라, 그것을 가지고 인간이 어떻게 의도하는지와 행하는지에 기인한다는 것을 잘 나타내고 있다.
- **so that he might fall from it** '그것으로부터 타락할 수도 있었다'로, so that~은 결과를 나타내는 종속절이다.
- **might** '~일수도 있었다.'는 그렇지 않을 수도 있었다는 뜻을 동시에 포함한다.

<원문>

III. Man, by his fall into a state of sin, hath wholly lost all ability of will to any spiritual good accompanying salvation: so as, a natural man, being altogether averse from that good, and dead in sin, is not able, by his own strength, to convert himself, or to prepare himself thereunto.

<번역>

사람은 자신의 죄의 상태로의 타락으로 인해 구원과 동반하는 그 어떠한 영적인 선을 향한 의지에 대한 모든 능력을 완전히 잃어버렸기에, 본성적인 사람은 그 선을 절대적으로 싫어하고, 죄 안에서 죽은 상태로서, 자기 자신만의 능력으로는 스스로를 회심시키거나 그렇게 스스로를 준비시킬 수 없다.

<원문분석>

1. Man, by his fall into a state of sin, hath wholly lost all ability of will to any spiritual good accompanying salvation:

- **fall into a state of sin** 죄의 상태로의 낙하, 죄의 상태로의 타락
- **hath lost** 현재완료 표현을 통해 단순히 잃어버렸다는 사실만을 말하는 것이 아니라, 잃어버린 사실과 그것에 대한 결과가 현재에까지 지속적으로 영향을 미치고 있다는 것을 나타낸다.
- **wholly** 완전히, 전부, 모두
- **any spiritual good (which is) accompanying salvation** 구원과 동반하는 그 어떠한 영적인 선

2. so as, a natural man, being altogether averse from that good, and dead in sin, is not able, by his own strength, to convert himself, or to prepare himself thereunto.

- **so as** ~이기에 그래서
- **a natural man** 문자적으로는 '본성적인 사람'인데, 일반적으로 '자연인'으로 번역되며, 타락한 본성의 지배를 받는 일반적인 사람을 말한다.
- **altogether** 전혀, 전적으로, 절대적으로
- **averse** 싫어하는, 꺼리는, 마음이 내키지 않는
- **being altogether averse from that good, and dead in sin** 이유를 나타내는 분사구문으로 '그 선을 절대적으로 싫어하고, 죄 안에서 죽은 상태이기에'의 뜻이지만, 문장 전체의 매끄러운 번역을 위해 부대상황(~로서)으로 해석한다.
- is not able to '~할 수 없다'인데, 이는 어떠한 상황이 온다 할지라도 주어에게는 to 부정사(to convert, to prepare) 할 수 있는 능력이 전혀 없기에, 그러한 일은 절대 일어날 수 없다는 뜻이다.
- **by his own strength** 자기 자신만의 힘으로
- **to convert himself** 스스로를 회심시키다.
- **to prepare himself** 스스로를 준비시키다.

- thereunto 거기에, 거기로, 그렇게

<원문>

IV. When God converts a sinner, and translates him into the state of grace, He freeth him from his natural bondage under sin; and, by His grace alone, enables him freely to will and to do that which is spiritually good; yet so, as that by reason of his remaining corruption, he doth not perfectly, nor only, will that which is good, but doth also will that which is evil.

<번역>

하나님께서 죄인을 회심시키시고, 그를 은혜의 상태로 전환하실 때, 그분은 그를 그의 죄 아래서의 본성적인 속박에서 자유하게 하시고, 그분의 은혜만으로 그가 자유롭게 영적으로 선한 것을 하려는 의지를 갖고 또한 그것을 행할 수 있게 하시는데, 그렇게 함에도 불구하고 자신의 남아 있는 부패의 이유에 의한 것 때문에 그는 선한 것을 완벽히 하려는 의지와, 오로지 그것만을 하려는 의지를 갖지 않고, 오히려 악한 것도 역시 하려는 의지를 갖는다.

<원문분석>

1. When God converts a sinner, and translates him into the state of grace,
- convert [타동사] 회심시키다, [자동사] 개종하다
- When God converts a sinner '하나님께서 죄인을 회심시키실 때'로 이는 회심이 사람의 일이 아니라, 하나님의 일임을 분명히 나타낸다.
- translate A into B A를 B로 전환하다. A를 B로 옮기다.
- the state of grace 은혜의 상태
- (When God) translates him into the state of grace '그를 은혜의 상태로 전환시키실 때'로 이는 사람이 죄의 상태에서 은혜의 상태로 전환되는 것이 인간의

능력이나 수고에 의한 것이 아니라, 전적으로 하나님께서 하시는 일이라는 것을 분명히 나타낸다.

2. He freeth him from his natural bondage under sin; and, by His grace alone, enables him freely to will and to do that which is spiritually good;

- free A from B A를 B로부터 자유로운 상태가 되게 하다.

- his natural bondage under sin 그의 죄 아래서의 본성적인 속박

- by His grace alone 그분의 은혜만으로

- enable A to B A에게 능력을 주어 B할 수 있게 하다.

- will ~하려는 의지를 갖다.

- that which is spiritually good 영적으로 선한 것

3. yet so, as that by reason of his remaining corruption, he doth not perfectly, nor only, will that which is good, but doth also will that which is evil.

- yet so 그렇게 함에도 불구하고, 그러나 그렇게 한다고 하더라도

- as that by reason of his remaining corruption '자신의 남아 있는 부패의 이유에 의한 것 때문에'

- doth not perfectly, nor only, will~ ~하려는 의지를 완벽하게 갖지 못할뿐더러, 오직 그것만을 하려는 의지도 갖지 않는다.

- but 오히려

- that which is good 선한 것

- that which is evil 악한 것

<원문>

V. The will of man is made perfectly and immutably free to do good alone, in the state of glory only.

<번역>

사람의 의지는 오직 선만을 행하는 데 완벽하고 불변하게 자유로운 상태가 되는데, 이는 오직 영광의 상태에서만 그렇다.

<원문분석>

1. The will of man is made perfectly and immutably free to do good alone, in the state of glory only.

- immutably 불변하게

- be made free~ 5형식 사역동사 make의 수동태로 'become free'처럼 단지 자유로운 상태로 변한다는 사실만을 말하는 것이 아니라, 외부의 어떠한 힘에 의해 자유로운 상태로 변하게 된다는 뜻이다.

- the state of glory 영광의 상태

<원문으로 요약하고 성경으로 해설하기>

1. 하나님께서는 사람의 의지에 본성적인 자유를 부여하셨다.

"내가 너희에게 말하노니 엘리야가 이미 왔으되 사람들이 알지 못하고 임의로 대우하였도다 인자도 이와 같이 그들에게 고난을 받으리라 하시니"(마17:12)

"오직 각 사람이 시험을 받는 것은 자기 욕심에 끌려 미혹됨이니"(약1:14)

2. 하나님께서 사람의 의지에 부여해주신 본성적인 자유는 그 자체로 선도 악도 아니며, 선이나 악으로 강요되지도 않고, 온전히 사람의 의지를 따른다.

"내가 오늘 하늘과 땅을 불러 너희에게 증거를 삼노라 내가 생명과 사망과 복과 저주를 네 앞에 두었은즉 너와 네 자손이 살기 위하여 생명을 택하고"(신30:19)

3. 인류의 최초의 부모인 아담과 하와의 의지의 상태는 순수했다. 따라서 그들은 그 의지를 하나님께서 부여해주신 자유를 통해 하나님을 기쁘시게 하는 방향으로 충분히 사용할 수 있었다.

"하나님이 이르시되 우리의 형상을 따라 우리의 모양대로 우리가 사람을 만들고 그들로 바다의 물고기와 하늘의 새와 가축과 온 땅과 땅에 기는 모든 것을 다스리게 하자 하시고"(창1:26)

4. 비록 아담과 하와의 의지의 상태는 순수했기에 하나님께서 부여해주신 자유를 선하게 사용할 수 있었으나, 그 의지가 여러 가지 요소들에 따라 가변적이었기에, 그들이 부여받은 자유를 오용함에 따라 언제든지 타락할 수도 있는 상태이기도 했다.

"여자가 그 나무를 본즉 먹음직도 하고 보암직도 하고 지혜롭게 할 만큼 탐스럽기도 한 나무인지라 여자가 그 열매를 따먹고 자기와 함께 있는 남편에게도 주매 그도 먹은지라"(창3:6)

"내가 깨달은 것은 오직 이것이라 곧 하나님은 사람을 정직하게 지으셨으나 사람이 많은 꾀들을 낸 것이니라"(전7:29)

5. 타락한 이후의 사람의 의지는 더 이상 순수한 상태가 아니다. 그렇다고 이것이 사람이 어떠한 선행도 의도하지 않을 정도로 그 의지가 악해졌다는 것을 의미하는 것은 아니다. 타락으로 인간의 의지가 오염되었다는 것은 구원과 동반하는 그 어떤 영적인 선을 향한 의지도 없는 상태가 되었다는 뜻이다.

"우리가 아직 연약할 때에 기약대로 그리스도께서 경건하지 않은 자를 위하여 죽으셨도다"(롬5:6)

"육신의 생각은 하나님과 원수가 되나니 이는 하나님의 법에 굴복하지 아니할 뿐 아니라 할 수도 없음이라"(롬8:7)

"기록된 바 의인은 없나니 하나도 없으며 깨닫는 자도 없고 하나님을 찾는 자도 없고 다 치우쳐 함께 무익하게 되고 선을 행하는 자는 없나니 하나도 없도다"(롬3:10-12)

6. 타락으로 의지와 자유가 오염된 사람의 상태를 성경은 죄 안에서 죽은 상태라고 말한다.

"그는 허물과 죄로 죽었던 너희를 살리셨도다"(엡2:1)

"또 범죄와 육체의 무할례로 죽었던 너희를 하나님이 그와 함께 살리시고 우리의 모든 죄를 사하시고"(골2:13)

7. 타락으로 의지와 자유가 오염된 사람은 자기 자신만의 능력으로는 스스로 회심하거나, 구원에 합당하게 자신을 준비할 수 없다.

"나를 보내신 아버지께서 이끌지 아니하시면 아무도 내게 올 수 없으니 오는 그를 내가 마지막 날에 다시 살리리라 선지자의 글에 그들이 다 하나님의 가르치심을 받으리라 기록되었은즉 아버지께 듣고 배운 사람마다 내게로 오느니라"(요6:44,45)

"그 때에 너희는 그 가운데서 행하여 이 세상 풍조를 따르고 공중의 권세 잡은 자를 따랐으니 곧 지금 불순종의 아들들 가운데서 역사하는 영이라 전에는 우리도 다 그 가운데서 우리 육체의 욕심을 따라 지내며 육체와 마음의 원하는 것을 하여 다른 이들과 같이 본질상 진노의 자녀이었더니 긍휼이 풍성하신 하나님이 우리를 사랑하신 그 큰 사랑을 인하여 허물로 죽은 우리를 그리스도와 함께 살리셨고 (너희는 은혜로 구원을 받은 것이라)"(엡2:2-5)

"육에 속한 사람은 하나님의 성령의 일들을 받지 아니하나니 이는 그것들이 그에게는 어리석게 보임이요, 또 그는 그것들을 알 수도 없나니 그러한 일은 영적으로 분별되기 때문이라"(고전2:14)

"우리도 전에는 어리석은 자요 순종하지 아니한 자요 속은 자요 여러 가지 정욕과 행락에 종 노릇 한 자요 악독과 투기를 일삼은 자요 가증스러운 자요 피차 미워한 자였으나 우리 구주 하나님의 자비와 사람 사랑하심이 나타날 때에 우리를 구원하시되 우리가 행한 바 의로운 행위로 말미암지 아니하고 오직 그의 긍휼하심을 따라 중생의 씻음과 성령의 새롭게 하심으로 하셨나니"(딛3:3-5)

8. 타락한 사람이 자기의 죄에서 하나님께도 돌아서는 것이 바로 회심이다. 그런데 타락한 사람은 결코 스스로의 힘으로는 하나님께로 돌아설 수가 없다. 이러

한 상태에서 죄인이 하나님께로 돌아서게 되는 것은 하나님께서 죄인을 회심시키시기 때문이다. 하나님께서는 죄인을 회심시키시고, 그를 은혜의 상태로 회복시키신다. 결국 회심은 죄인이 하는 것이 아니라, 하나님에 의해 죄인에게 일어나는 구원의 사건인 것이다.

"그가 우리를 흑암의 권세에서 건져내사 그의 사랑의 아들의 나라로 옮기셨으니"(골1:13)

9. 하나님께서는 죄인을 회심시키시고, 그를 은혜의 상태로 전환하실 때 그 죄인을 죄 아래서의 본성적인 속박에서 자유하게 하신다.

"예수께서 대답하시되 진실로 진실로 너희에게 이르노니 죄를 범하는 자마다 죄의 종이라 종은 영원히 집에 거하지 못하되 아들은 영원히 거하나니 그러므로 아들이 너희를 자유롭게 하면 너희가 참으로 자유로우리라"(요8:34-36)

10. 하나님께서 죄인을 회심시키시고, 그를 은혜의 상태로 전화하실 때 그 죄인이 자유롭게 영적으로 선한 것을 하려는 의지를 가지고, 또한 그것을 행할 수 있는 능력을 주신다.

"너희 안에서 행하시는 이는 하나님이시니 자기의 기쁘신 뜻을 위하여 너희에게 소원을 두고 행하게 하시나니"(빌2:13)

"죄로부터 해방되어 의에게 종이 되었느니라"(롬6:18) "그러나 이제는 너희가 죄로부터 해방되고 하나님께 종이 되어 거룩함에 이르는 열매를 맺었으니 그 마지막은 영생이라"(롬6:22)

11. 비록 하나님께서 회심시키시고, 은혜의 상태로 전환한 사람이라 할지라도 본성의 부패는 그의 전인에 여전히 남아 있다. 이렇게 남아 있는 본성의 부패는 그의 의지에도 영향을 미쳐서 그가 완벽하게 선한 것을 추구하려는 의지를 방해할 뿐 아니라, 오히려 악을 추구하도록 한다.

"육체의 소욕은 성령을 거스르고 성령은 육체를 거스르나니 이 둘이 서로 대적함으로 너희가 원하는 것을 하지 못하게 하려 함이니라"(갈5:17)

"내가 행하는 것을 내가 알지 못하노니 곧 내가 원하는 것은 행하지 아니하고 도리어 미워하는 것을 행함이라 만일 내가 원하지 아니하는 그것을 행하면 내가 이로써 율법이 선한

것을 시인하노니 이제는 그것을 행하는 자가 내가 아니요 내 속에 거하는 죄니라 내 속 곧
내 육신에 선한 것이 거하지 아니하는 줄을 아노니 원함은 내게 있으나 선을 행하는 것은
없노라 내가 원하는 바 선은 행하지 아니하고 도리어 원하지 아니하는 바 악을 행하는도
다 만일 내가 원하지 아니하는 그것을 하면 이를 행하는 자는 내가 아니요 내 속에 거하는
죄니라 그러므로 내가 한 법을 깨달았노니 곧 선을 행하기 원하는 나에게 악이 함께 있는
것이로다 내 속사람으로는 하나님의 법을 즐거워하되 내 지체 속에서 한 다른 법이 내 마
음의 법과 싸워 내 지체 속에 있는 죄의 법으로 나를 사로잡는 것을 보는도다"(롬7:15-23)

12. 타락으로 오염된 이 의지는 영광의 상태에서는 오직 선만을 행하는 완벽하고
    불변한 자유의 상태가 된다.

"우리가 다 하나님의 아들을 믿는 것과 아는 일에 하나가 되어 온전한 사람을 이루어 그리
스도의 장성한 분량이 충만한 데까지 이르리니"(엡4:13)

"사랑하는 자들아 우리가 지금은 하나님의 자녀라 장래에 어떻게 될지는 아직 나타나지
아니하였으나 그가 나타나시면 우리가 그와 같을 줄을 아는 것은 그의 참모습 그대로 볼
것이기 때문이니"(요일3:2)

"능히 너희를 보호하사 거침이 없게 하시고 너희로 그 영광 앞에 흠이 없이 기쁨으로 서게
하실 이"(유1:24)

Chapter X

Of Effectual Calling

효력 있는 부르심에 관하여

<원문>

I. All those whom God hath predestinated unto life, and those only, He is pleased in His appointed and accepted time effectually to call, by His Word and Spirit, out of that state of sin and death, in which they are by nature, to grace and salvation by Jesus Christ; enlightening their minds spiritually and savingly to understand the things of God, taking away their heart of stone, and giving unto them a heart of flesh; renewing their wills, and, by His almighty power determining them to that which is good, and effectually drawing them to Jesus Christ: yet so, as they come most freely, being made willing by His grace.

<번역>

하나님께서는 자신이 생명으로 예정한 자들 모두를, 그리고 오직 그들만을, 자신의 지정되고 용납된 때에, 그들의 마음을 밝히셔서 하나님의 일들을 영적으로 그리고 구원에 관하여 이해하게 하시고, 그들의 돌 같은 심정을 제거하시고, 그들에게 살 같은 심정을 주실 뿐 아니라, 그들의 의지를 새롭게 하시고, 자신의 전능한 능력으로 그들에게 선한 것을 결심시키시고, 그들을 예수 그리스도께로 효력 있게 이끄시는데, 그럼에도 불구하고 그렇게 되는 것이 그들이 그분의 은혜로 말미암아 의도하게 되어, 지극히 자유롭게 오기 때문이기에, 자신의 말씀과 영에 의해, 본성적으로 그들이 처해있는 죄와 사망의 상태로부터, 예수 그리스도에 의한 은혜와 구원으로, 효력 있게 부르시기를 기뻐하신다.

<원문분석>

1. All those whom God hath predestinated unto life, and those only, He is pleased in His appointed and accepted time effectually to call, by His Word and Spirit, out of that state of sin and death, in which they are by

nature, to grace and salvation by Jesus Christ;

- predestinate 예정하다 (fore-ordain: 미리 정하다)

- All those whom God hath predestinated unto life '하나님께서 생명으로 예정
  하신 자들 모두를'로, hath predestinated는 현재완료 형태로 영원 전에 예정하
  신 것의 결과가 현재에도 동일하게 영향을 미치고 있다는 것을 더욱 분명히 드
  러내고 있다.

- and those only '그리고 오직 그들만을'로, 앞에서 언급한 하나님께서 생명으로
  예정한 바로 그들만으로 제한하는 표현이다.

- appoint 지정하다. (ordain: 정하다, 위임하다, 성직임명하다. institute: 제정
  하다)

- accept 용납하다 (receive: 받아들이다)

- He is pleased ~ to call '그분은 부르는 것을 기뻐하신다.'로 '~하는 것이 그분을
  기쁘시게 한다'는 뜻의 'It pleased Him to~'와 구분할 필요가 있다.

- in His appointed and accepted time '자신의 지정되고 용납된 때에'로 이는 그
  때는 이미 지정된 것이고 용납된 것이라는 뜻이다. 즉, 작정에 의해 이미 그때
  는 정해져 있다는 뜻이다. 따라서 이를 그가 '지정하시고 용납하시는 때에'(the
  time when He appoints and accepts)라고 이해하면 안 된다. 그렇게 되면 그
  때를 지정하시고 용납하는 것이 하나님의 고유한 권한이라는 것은 밝힐 수 있
  지만, 그때를 지정하시고 용납하시는 시기는 유동적일 수도 있다는 오해를 낳
  을 수도 있다.

- effectually to call '효과적으로 부르시는 것'으로 effectually는 to call에만 영향
  을 미친다. 참고로 현대 영어에서는 to effectually call로 표현하는데, 이를 분리
  부정사라고 한다.

- out of that state of sin and death 죄와 죽음의 상태로부터

- in which they are by nature '본성적으로 그들은 그 안에 있다.'로, 여기서
  which는 '죄와 죽음의 상태'를 말함.

- to grace and salvation '은혜와 구원으로'로, to는 call의 목적지를 나타내는 전
  치사다.

- 하나님께서는 자신이 생명으로 예정한 자들 모두를, 그리고 오직 그들만을, 자신의 지정되고 용납된 때에 자신의 말씀과 영에 의해, 본성적으로 그들이 처해 있는 죄와 사망의 상태로부터, 예수 그리스도에 의한 은혜와 구원으로, 효력 있게 부르시기를 기뻐하신다.

2. enlightening their minds spiritually and savingly to understand the things of God, taking away their heart of stone, and giving unto them a heart of flesh; renewing their wills, and, by His almighty power determining them to that which is good, and effectually drawing them to Jesus Christ:

- **enlightening~** enlightening~, taking away~, and giving~; renewing~, and determining~, and drawing~: 총 여섯 개의 분사구문을 A, B, and C; D, and E, and, F의 구조로 나열하면서 효력 있는 부르심에서 하나님께서 하시는 일을 크게 네 개의 카테고리로 나눠 설명하고 있다. 이 중 세미콜론(;)으로 나뉘는 부분은 '~뿐만 아니라'로 그 구조를 살려주는 것이 좋을 것 같다.

- **enlighten** 밝혀주다, 계몽하다. (illuminate: 조명하다)

- **enlightening their minds spiritually and savingly to understand the things of God** spiritually and savingly는 enlightening을 수식하는 것이 아니라, to understand를 수식하고 있다. 따라서 이는 '영적으로 그리고 구원에 관하여 그들의 마음들을 밝혀서 하나님의 일들을 이해하도록'이 아닌, '그들의 마음들을 밝혀서 영적으로 그리고 구원에 관하여 하나님의 일들을 이해하도록'으로 해석해야 한다.

- **heart of stone** 돌 같은 그들의 심정 (heart: 심정, mind: 마음)

- **a heart of flesh** 살 같은 심정

- **determining them to that which is good** '그들에게 선한 것을 결심시키고'로 번역할 수 있는데, 원문의 문자적인 의미는 그들이 선한 것의 방향으로 결정할 수 있도록 그들의 의지를 새롭게 하시고, 또한 그렇게 행할 수 있도록 이끄신다는 것이다(신30:6; 겔11:19; 36:27; 빌2:130).

- draw A to B A를 B로 이끌어가다.
- effectually drawing '효과적으로 이끌고'인데 이처럼 분사를 부사로 직접 수식할 때는 분사 바로 앞에서 수식한다.
- 그들의 마음을 밝히셔서 하나님의 일들을 영적으로 그리고 구원에 관하여 이해하게 하시고, 그들의 돌 같은 심정을 제거하시고, 그들에게 살 같은 심정을 주실 뿐 아니라, 그들의 의지를 새롭게 하시고, 자신의 전능한 능력으로 그들에게 선한 것을 결심시키시고, 그들을 예수 그리스도께로 효력 있게 이끄시고

3. yet so, as they come most freely, being made willing by His grace.

- as they come most freely 그들이 지극히 자유롭게 오기 때문이다.
- being made willing by His grace 분사구문으로 '그분의 은혜에 의해 의도하게 되어'
- yet so, as ~ 앞서 언급한 여섯 개의 분사구문의 내용은 하나님께서 택자들을 효력 있게 부르실 때 그분이 그들에게 단독으로 하시는 일들이다. 이 부분만 보면 이때 택자들은 아무것도 할 것 없이 단지 수동적으로 끌려가는 존재처럼 여겨진다. 그러나 콜론(:)을 통해 첨부된 추가적인 설명은 그럼에도 불구하고 하나님께서 주시는 은혜로 말미암아 그들이 의지를 가지고 자유롭게 그 부르심에 반응하게 된다는 것을 분명하게 밝힌다. 여기서 사용된 'so, as~'는 '~이기 때문에, ~이다'는 뜻의 'as~, so'가 도취된 것이다.
- 그럼에도 불구하고 그렇게 되는 것이 그들이 그분의 은혜로 말미암아 의도하게 되어, 지극히 자유롭게 오기 때문이다.

<원문>

II. This effectual call is of God's free and special grace alone, not from anything at all foreseen in man, who is altogether passive therein, until being quickened and renewed by the Holy Spirit, he is thereby enabled to answer this call, and to embrace the grace offered and conveyed in it.

<번역>

이 효력 있는 부르심은 사람에게서 미리 보이는 그 어떤 것으로부터가 결코 아니라, 하나님의 값없는 그리고 특별한 은혜에 기인하는데, 이 사람은 성령에 의해서 소생되고, 새롭게 됨으로, 그가 그것에 의해 이 부르심에 응답하고, 그 안에서 제공되고 옮겨지는 그 은혜를 품을 수 있게 될 때까지는 그 안에서 완전히 수동적이다.

<원문분석>

1. This effectual call is of God's free and special grace alone, not from anything at all foreseen in man,

- This effectual call is of God's free and special grace alone 이 문장에서 사용된 of는 '근원'이나 '출처'를 의미한다. 따라서 여기서는 '~에 기인한다' 혹은 '~에 속한다'로 해석하는 것이 좋다. (참고, the son is eternally begotten of the Father: 아들은 아버지에게서 영원히 나시고, 2장3항)

- God's free and special grace 하나님의 값없는 그리고 특별한 은혜

- not from anything at all (which is) foreseen in man not~at all은 '전혀~ 아니다,' '결코~ 아니다'는 뜻으로 일말의 가능성도 없는 절대부정을 의미한다.

- foresee 미리 보다. 예감하다. 예견하다.

- anything at all (which is) foreseen in man 사람에게서 미리 보이는 그 어떤 것

- 이 효력 있는 부르심은 사람에게서 미리 보이는 그 어떤 것으로부터가 결코 아니라, 하나님의 값없는 그리고 특별한 은혜에 기인한다.

2. who is altogether passive therein, until being quickened and renewed by the Holy Spirit, he is thereby enabled to answer this call, and to embrace the grace offered and conveyed in it.

- , who is altogether passive. 콤마(,) who는 계속적 용법의 주격 관계대명사로 '~인데, 그는~'이란 뜻이다. 따라서 이 이 부분은 '이 사람은 완전히 수동적이다' 로 해석한다.

- therein '그 안에서'로, 여기서는 '하나님의 값없고 특별한 은혜 안에서'라는 뜻 이다.

- being quickened and renewed by the Holy Spirit 'until he is~'의 절 안에 삽입 된 분사구문으로 '성령에 의해 소생되고 새롭게 됨으로' 정도로 해석할 수 있다.

- quicken 서두르게 하다. 소생시키다. 활기차게 하다.

- thereby '그것에 의해'로 여기서는 앞부분의 분사구문과 연결되어 '성령에 의해 소생되고 새롭게 됨으로써'라는 뜻이다.

- be enabled to~ ~할 수 있게 되다.

- (be enabled) to embrace the grace 그 은혜를 품을 수 있게 되다.

- the grace (which is) offered and conveyed in it '그 안에서 제공되고 옮겨지 는 그 은혜'로 여기서 it은 effectual call(효력있는 부르심)을 의미한다.

- 이 사람은 성령에 의해서 소생되고, 새롭게 됨으로, 그가 그것에 의해 이 부르심 에 응답하고, 그 안에서 제공되고 옮겨지는 그 은혜를 품을 수 있게 될 때까지는 그 안에서 완전히 수동적이다.

\<원문\>

III. Elect infants, dying in infancy, are regenerated, and saved by Christ through the Spirit, who worketh when, and where, and how He pleaseth: so also, are all other elect persons who are uncapable of being outwardly called by the ministry of the Word.

\<번역\>

택함 받은 유아들은, 비록 유아기 때 죽는다 하더라도, 자신이 기뻐하시는 때와 장소와 방법으로 역사하시는 그 영을 통해서 그리스도에 의해 중생하고, 구원되는데, 말씀의 사역에 의해서 외적으로 부름 받을 수 있는 능력이 안 되는 모든 다른 선택받은 인격들 또한 그러하다.

\<원문분석\>

1. Elect infants, dying in infancy, are regenerated, and saved by Christ through the Spirit, who worketh when, and where, and how He pleaseth:

- **Elect infants** 택함을 받은 유아들

- **dying in infancy** 양보를 나타내는 분사구문이다. 따라서 이 구문은 '택함 받은 유아들은, 비록 유아기 때 죽는다 하더라도'라고 번역해야 한다. 종종 이것이 '유아 때 죽은 택함 받은 아이들'로 번역된 경우들이 있는데, 그것에 대한 영어 표현은 'Elect infants, dead in infancy'이다.

- **are regenerated** 중생되다.

- **by Christ** 그리스도에 의해

- **through the Spirit** 그 영을 통해

- **,who worketh~** who의 선행사는 the Spirit이다. 계속적 용법의 관계대명사로 '~인데, 그는 역사하신다'이지만, 문맥의 의미에 지장을 주지 않는 한 '역사하시

는~'처럼 한정적 용법으로 해석할 수도 있다.

- **when, and where, and how He pleaseth** 그분이 기뻐하시는 때와 장소와 방법으로

- 택함 받은 유아들은, 비록 유아기 때 죽는다 하더라도, 자신이 기뻐하시는 때와 장소와 방법으로 역사하시는 그 영을 통해서 그리스도에 의해 중생하고, 구원되는데,

2. so also, are all other elect persons who are uncapable of being outwardly called by the ministry of the Word.

- **so also** ~역시 그러하다

- **all other elect persons** 모든 다른 선택받은 인격들

- **persons** 인격들 (참고로 person의 복수는 people이다. 그러나 중생과 구원의 문제에 있어서 그 대상들을 people로 표현하면 집단구원을 말하는 듯한 오해를 살 수 있다. 중생과 구원은 철저히 개인적이고 인격적으로 주어진다. 이러한 차원에서 persons도 '사람들'이 아니라 '인격들'로 번역하는 것이 바람직하다. 물론, person의 복수로 persons를 사용하기도 하나, 이는 아주 격식을 차리는 문어체에서나 아주 드물게 사용되는 표현이다.)

- **are uncapable of** ~할 능력이 안 되는

- **who are uncapable of being outwardly called** 외적으로 부름을 받을 수 있는 능력이 안 되는

- **by the ministry of the Word** 말씀의 사역에 의해서

- 말씀의 사역에 의해서 외적으로 부름 받을 수 있는 능력이 안 되는 모든 다른 선택받은 인격들 또한 그러하다.

<원문>

IV. Others, not elected, although they may be called by the ministry of the Word, and may have some common operations of the Spirit, yet they never truly come unto Christ, and therefore cannot be saved: much less can men, not professing the Christian religion, be saved in any other way whatsoever, be they never so diligent to frame their lives according to the light of nature, and the law of that religion they do profess. And to assert and maintain that they may, is very pernicious, and to be detested.

<번역>

다른 이들은, 선택받지 않았기 때문에, 비록 그들이 말씀의 사역에 의해 부르심을 받을 수는 있고, 성령의 공통적인 작용을 약간은 경험할 수 있다고 하더라도, 그들은 진정으로 그리스도께 오지 않으며, 그러므로 구원될 수 없는데, 이는 만일 그들이 본성의 빛과 그들이 고백하는 그 종교의 율법에 따라서 그들의 삶의 틀을 짤 만큼 근면하지 않다면, 기독교를 고백하지 않는 한, 그 어떤 다른 방법으로는 구원될 수 있는 사람들이 훨씬 적다는 것을 의미한다. 그래서 그들이 그럴 수도 있다고 단언하고 주장하는 것은 아주 사악하며, 혐오되어야 한다.

<원문분석>

1. Others, not elected, although they may be called by the ministry of the Word, and may have some common operations of the Spirit, yet they never truly come unto Christ, and therefore cannot be saved:

- Other, (being) not elected, not elected는 being이 생략된 수동 분사구문이며, 그 의미는 '다른 이들은 선택을 받지 않았기 때문에'이다.

- although they may be called 비록 그들이 부르심을 받을 수 있다 할지라도

- **by the ministry of the Word** 말씀의 사역에 의해서

- **(although they) may have some common operations of the Spirit** (비록 그들이) 성령의 공통적인 작용을 약간은 경험할 수 있다고 하더라도

- **they never truly come unto Christ.** 그들은 결코 진정으로 그리스도께 오지 않는다.

- **and therefore cannot be saved** 그러므로 구원될 수 없다.

- 다른 이들은, 선택받지 않았기 때문에, 비록 그들이 말씀의 사역에 의해 부르심을 받을 수는 있고, 성령의 공통적인 작용을 약간은 경험할 수 있다고 하더라도, 그들은 진정으로 그리스도께 오지 않으며, 그러므로 구원될 수 없는데,

2. **: much less can men, not professing the Christian religion, be saved in any other way whatsoever, be they never so diligent to frame their lives according to the light of nature, and the law of that religion they do profess.**

- **콜론(:)** 앞에서 언급한 내용에 대한 추가 정보를 제공한다는 표시로 이 항 전체 해석에 있어서는 문맥상 '이는 ~을 의미한다' 정도로 그 의미를 살려주는 것이 좋을 듯하다.

- **much less** 기독교 신앙을 고백하지 않고 구원받을 수 있는 사람이 훨씬 적다는 것은, 그럼에도 불구하고 고백 없이도 구원의 가능성이 약간은 있을 수 있다는 뜻인데, 이것은 일반적인 경우를 말하는 것이 아니라, 앞항에서 언급한 자들로, 택자들 중에 유아기에 죽은 자들이나, 외적인 부르심에 응답할 수 있는 능력이 안 되는 자들에 대한 언급으로 이해해야 한다.

- **not professing the Christian religion** '기독교를 고백하지 않는 한'으로, 문법적으로는 양보를 나타내는 분사구문이다. profess는 '고백하다'는 뜻으로 번역하지만, 이 단어에는 '누구나 다 알 수 있도록 공개적으로 자신의 신념을 드러낸다'는 의미가 내포되어 있다. 따라서 **not professing the Christian religion**은 '자신의 종교가 기독교임을 회중들 앞에서 공개적으로 고백하지 않는다면' 혹은 '자신이 기독교인이라는 것을 공개적으로 드러내지 않는다면'이라는 뜻으로

이해해야 한다.

- in any other way whatsoever '그 어떤 다른 방법으로'인데 여기서 말하는 다른 방법은 인간의 어떠한 노력이나 공로에 의한 방법이 아니라, 하나님께서 통상적인 방법을 넘어서 행하시는 방법을 말한다. 이 부분에 대해 우리는 그것이 무엇인지는 알 수 없다. 이 부분에 대한 우리의 영역은 하나님께서는 충분히 그렇게 하실 수 있다는 것을 믿음으로 받아들이는 것이다.

- be they never so diligent to frame~ if they be never so diligent to frame에서 동사가 앞으로 도치되면서 if가 생략된 가정법 현재 형태로, '만일 그들이 ~의 틀을 짤 정도로 그렇게 근면하지 않다면'의 뜻이다. 가정법 현재로 이는 그렇지 않는 반대의 상황을 가정하는 것이 아니라, 실제로 그럴 수도 있다는 것을 의미하며, 이러한 이유로 이는 '비록 이들이 ~의 틀을 짤 정도로 근면하다 할지라도'까지 확대해서 해석하고 적용할 수 있다.

- according to the light of nature 본성의 빛에 따라서

- (according to) the law of that religion they do profess. 그들이 고백하는 그 종교의 율법에 따라서

- 만일 그들이 본성의 빛과 그들이 고백하는 그 종교의 율법에 따라서 그들의 삶의 틀을 짤 만큼 근면하지 않다면, 기독교를 고백하지 않는 한, 그 어떤 다른 방법으로는 구원될 수 있는 사람들이 훨씬 적다.

3. And to assert and maintain that they may, is very pernicious, and to be detested.

- to assert and maintain that they may 그들이 그럴 수도 있다고 단언하고 주장하는 것

- pernicious 사악한

- is~ to be detested 의무를 나타내는 'be to 용법'으로 뜻은 '혐오되어야 한다'는 뜻이다.

- 그래서 그들이 그럴 수도 있다고 단언하고 주장하는 것은 아주 사악하며, 혐오되어야 한다.

<원문으로 요약하고 성경으로 해설하기>

1. 하나님께서는 자신이 창조하신 모든 사람들 중에 오직 자신이 생명으로 예정한 자들만을 자신이 정한 때에 효력 있게 부르시길 기뻐하신다.

   "그런즉 어떠하냐 이스라엘이 구하는 그것을 얻지 못하고 오직 택하심을 입은 자가 얻었고 그 남은 자들은 우둔하여졌느니라"(롬11:7)

2. 하나님께서는 자신이 생명으로 예정한 자들은 한 사람도 빠지지 않고 모두 자신이 정한 때에 효력 있게 부르시길 기뻐하신다.

   "또 미리 정하신 그들을 또한 부르시고 부르신 그들을 또한 의롭다 하시고 의롭다 하신 그들을 또한 영화롭게 하셨느니라"(롬8:30)

   "하늘에 있는 것이나 땅에 있는 것이 다 그리스도 안에서 통일되게 하려 하심이라 모든 일을 그의 뜻의 결정대로 일하시는 이의 계획을 따라 우리가 예정을 입어 그 안에서 기업이 되었으니"(엡1:10,11)

3. 하나님께서는 자신이 생명으로 예정한 자들을 말씀과 영으로 효력 있게 부르시길 기뻐하신다.

   "주께서 사랑하시는 형제들아 우리가 항상 너희에 관하여 마땅히 하나님께 감사할 것은 하나님이 처음부터 너희를 택하사 성령의 거룩하게 하심과 진리를 믿음으로 구원을 받게 하심이니 이를 위하여 우리의 복음으로 너희를 부르사 우리 주 예수 그리스도의 영광을 얻게 하려 하심이니라"(살후2:13,14)

   "너희는 우리로 말미암아 나타난 그리스도의 편지니 이는 먹으로 쓴 것이 아니요 오직 살아 계신 하나님의 영으로 쓴 것이며 또 돌판에 쓴 것이 아니요 오직 육의 마음판에 쓴 것이라"(고후3:3)

4. 하나님께서는 자신이 생명으로 예정한 자들을 본성적으로 그들이 처해있는 죄와 사망의 상태로부터, 예수 그리스도에 의한 은혜와 구원으로, 효력 있게 부르시기를 기뻐하신다.

   "이는 그리스도 예수 안에 있는 생명의 성령의 법이 죄와 사망의 법에서 너를 해방하였음이라"(롬8:2)

"그는 허물과 죄로 죽었던 너희를 살리셨도다 그 때에 너희는 그 가운데서 행하여 이 세상 풍조를 따르고 공중의 권세 잡은 자를 따랐으니 곧 지금 불순종의 아들들 가운데서 역사하는 영이라 전에는 우리도 다 그 가운데서 우리 육체의 욕심을 따라 지내며 육체와 마음의 원하는 것을 하여 다른 이들과 같이 본질상 진노의 자녀이었더니 긍휼이 풍성하신 하나님이 우리를 사랑하신 그 큰 사랑을 인하여 허물로 죽은 우리를 그리스도와 함께 살리셨고 (너희는 은혜로 구원을 받은 것이라)"(엡2:1-5)

"하나님이 우리를 구원하사 거룩하신 소명으로 부르심은 우리의 행위대로 하심이 아니요 오직 자기의 뜻과 영원 전부터 그리스도 예수 안에서 우리에게 주신 은혜대로 하심이라 이제는 우리 구주 그리스도 예수의 나타나심으로 말미암아 나타났으니 그는 사망을 폐하시고 복음으로써 생명과 썩지 아니할 것을 드러내신지라"(딤후1:9,10)

5. 하나님께서는 자신이 생명으로 예정한 자들의 마음을 밝히셔서 하나님의 일들을 영적으로, 그리고 구원에 관하여 이해하게 하심으로 효력 있게 부르시기를 기뻐하신다.

"그 눈을 뜨게 하여 어둠에서 빛으로, 사탄의 권세에서 하나님께로 돌아오게 하고 죄 사함과 나를 믿어 거룩하게 된 무리 가운데서 기업을 얻게 하리라 하더이다"(행26:18)

"오직 하나님이 성령으로 이것을 우리에게 보이셨으니 성령은 모든 것 곧 하나님의 깊은 것까지도 통달하시느니라 사람의 일을 사람의 속에 있는 영 외에 누가 알리요 이와 같이 하나님의 일도 하나님의 영 외에는 아무도 알지 못하느니라 우리가 세상의 영을 받지 아니하고 오직 하나님으로부터 온 영을 받았으니 이는 우리로 하여금 하나님께서 우리에게 은혜로 주신 것들을 알게 하려 하심이라"(고전2:10-12)

"우리 주 예수 그리스도의 하나님, 영광의 아버지께서 지혜와 계시의 영을 너희에게 주사 하나님을 알게 하시고 너희 마음의 눈을 밝히사 그의 부르심의 소망이 무엇이며 성도 안에서 그 기업의 영광의 풍성함이 무엇이며"(엡1:17,18)

6. 하나님께서는 자신이 생명으로 예정한 자들에게서 돌 같은 심정을 제거하시고, 살 같은 심정을 주심으로 효력 있게 부르시기를 기뻐하신다.

"또 새 영을 너희 속에 두고 새 마음을 너희에게 주되 너희 육신에서 굳은 마음을 제거하고 부드러운 마음을 줄 것이며"(겔36:26)

7. 하나님께서는 자신이 생명으로 예정한 자들의 의지를 새롭게 하시고, 자신의 전능한 능력으로 그들에게 하나님의 법에 순종하기를 결심시키심으로 효력 있게 부르시길 기뻐하신다.

"내가 그들에게 한 마음을 주고 그 속에 새 영을 주며 그 몸에서 돌 같은 마음을 제거하고 살처럼 부드러운 마음을 주어"(겔11:19)

"너희 안에서 행하시는 이는 하나님이시니 자기의 기쁘신 뜻을 위하여 너희에게 소원을 두고 행하게 하시나니"(빌2:13)

"네 하나님 여호와께서 네 마음과 네 자손의 마음에 할례를 베푸사 너로 마음을 다하며 뜻을 다하여 네 하나님 여호와를 사랑하게 하사 너로 생명을 얻게 하실 것이며"(신30:6)

"또 내 영을 너희 속에 두어 너희로 내 율례를 행하게 하리니 너희가 내 규례를 지켜 행할지라"(겔36:27)

8. 하나님께서는 자신이 생명으로 예정한 자들을 예수 그리스도께로 효력 있게 이끄심으로 그들을 효력 있게 부르시길 기뻐하신다.

"나를 보내신 아버지께서 이끌지 아니하시면 아무도 내게 올 수 없으니 오는 그를 내가 마지막 날에 다시 살리리라 선지자의 글에 그이 다 하나님의 가르치심을 받으리라 기록되었은즉 아버지께 듣고 배운 사람마다 내게로 오느니라"(요6:44,45)

9. 하나님께서 자신이 생명으로 예정한 자들을 효력 있게 부르시면, 그들은 그분의 은혜로 인해 자유롭고 적극적으로 그 부르심에 응답하게 된다.

"주의 권능의 날에 주의 백성이 거룩한 옷을 입고 즐거이 헌신하니 새벽 이슬 같은 주의 청년들이 주께 나오는도다"(시110:3)

"아버지께서 내게 주시는 자는 다 내게로 올 것이요 내게 오는 자는 내가 결코 내쫓지 아니하리라"(요6:37)

"그런즉 어찌하리요 우리가 법 아래에 있지 아니하고 은혜 아래에 있으니 죄를 지으리요 그럴 수 없느니라 너희 자신을 종으로 내주어 누구에게 순종하든지 그 순종함을 받는 자의 종이 되는 줄을 너희가 알지 못하느냐 혹은 죄의 종으로 사망에 이르고 혹은 순종의 종으로 의에 이르느니라 하나님께 감사하리로다 너희가 본래 죄의 종이더니 너희에게 전하여 준 바 교훈의 본을 마음으로 순종하여"(롬6:16-18)

10. 인간의 그 어떤 것도 하나님의 부르심의 조건이나 근거가 될 수 없다. 효력 있는 부르심은 하나님의 특별하고 값없는 은혜의 사역이다. 하나님께서 누군가를 구원으로 부르시는 근거는 전적으로 하나님 자신의 영원하고 영광스러운 선택 작정에 있다.

"하나님이 우리를 구원하사 거룩하신 소명으로 부르심은 우리의 행위대로 하심이 아니요 오직 자기의 뜻과 영원 전부터 그리스도 예수 안에서 우리에게 주신 은혜대로 하심이라"(딤후1:9)

"우리 구주 하나님의 자비와 사람 사랑하심이 나타날 때에 우리를 구원하시되 우리가 행한 바 의로운 행위로 말미암지 아니하고 오직 그의 긍휼하심을 따라 중생의 씻음과 성령의 새롭게 하심으로 하셨나니"(딛3:4,5)

"긍휼이 풍성하신 하나님이 우리를 사랑하신 그 큰 사랑을 인하여 허물로 죽은 우리를 그리스도와 함께 살리셨고 (너희는 은혜로 구원을 받은 것이라) 또 함께 일으키사 그리스도 예수 안에서 함께 하늘에 앉히시니 이는 그리스도 예수 안에서 우리에게 자비하심으로써 그 은혜의 지극히 풍성함을 오는 여러 세대에 나타내려 하심이라 너희는 그 은혜에 의하여 믿음으로 말미암아 구원을 받았으니 이것은 너희에게서 난 것이 아니요 하나님의 선물이라 행위에서 난 것이 아니니 이는 누구든지 자랑하지 못하게 함이라"(엡2:4-9)

"그 자식들이 아직 나지도 아니하고 무슨 선이나 악을 행하지 아니한 때에 택하심을 따라 되는 하나님의 뜻이 행위로 말미암지 않고 오직 부르시는 이로 말미암아 서게 하려 하사"(롬9:11)

11. 하나님으로부터 효력 있는 부르심을 받은 자들은 성령에 의해 소생되고 새롭게 된다.

"육에 속한 사람은 하나님의 성령의 일들을 받지 아니하나니 이는 그것들이 그에게는 어리석게 보임이요, 또 그는 그것들을 알 수도 없나니 그러한 일은 영적으로 분별되기 때문이라"(고전2:14)

"육신의 생각은 하나님과 원수가 되나니 이는 하나님의 법에 굴복하지 아니할 뿐 아니라 할 수도 없음이라"(롬8:7)

"허물로 죽은 우리를 그리스도와 함께 살리셨고 (너희는 은혜로 구원을 받은 것이라)"(엡2:5)

12. 하나님으로부터 효력 있는 부르심을 받는 자들은 그 부르심에 응답할 수 있게 되고, 그 안에서 제공되는 은혜들을 품을 수 있게 된다.

"진실로 진실로 너희에게 이르노니 죽은 자들이 하나님의 아들의 음성을 들을 때가 오나니 곧 이 때라 듣는 자는 살아나리라"(요5:25)

"아버지께서 내게 주시는 자는 다 내게로 올 것이요 내게 오는 자는 내가 결코 내쫓지 아니하리라"(요6:37)

"또 내 영을 너희 속에 두어 너희로 내 율례를 행하게 하리니 너희가 내 규례를 지켜 행할지라"(겔36:27)

13. 택함을 받은 유아들은 그들이 비록 스스로 신앙을 고백하지 못하는 유아기 때 죽는다 하더라도 성령을 통해, 그리스도에 의해 중생하고 구원된다.

"사람들이 예수께서 만져 주심을 바라고 자기 어린 아기를 데리고 오매 제자들이 보고 꾸짖거늘 예수께서 그 어린 아이들을 불러 가까이 하시고 이르시되 어린 아이들이 내게 오는 것을 용납하고 금하지 말라 하나님의 나라가 이런 자의 것이니라"(눅18:15,16)

"베드로가 이르되 너희가 회개하여 각각 예수 그리스도의 이름으로 세례를 받고 죄 사함을 받으라 그리하면 성령의 선물을 받으리니 이 약속은 너희와 너희 자녀와 모든 먼 데 사람 곧 주 우리 하나님이 얼마든지 부르시는 자들에게 하신 것이라 하고"(행2:38,39)

"예수께서 대답하여 이르시되 진실로 진실로 네게 이르노니 사람이 거듭나지 아니하면 하나님의 나라를 볼 수 없느니라"(요3:3)

"예수께서 대답하시되 진실로 진실로 네게 이르노니 사람이 물과 성령으로 나지 아니하면 하나님의 나라에 들어갈 수 없느니라"(요3:5)

"만일 너희 속에 하나님의 영이 거하시면 너희가 육신에 있지 아니하고 영에 있나니 누구든지 그리스도의 영이 없으면 그리스도의 사람이 아니라"(롬8:9)

14. 택함을 받은 자들은 비록 그들이 말씀의 사역에 의해서 외적으로 부름 받을 수 있는 능력이 안 되다 하더라도 성령을 통해, 그리스도에 의해 중생하고 구원된다.

"아들이 있는 자에게는 생명이 있고 하나님의 아들이 없는 자에게는 생명이 없느니라"(요일5:12)

"다른 이로써는 구원을 받을 수 없나니 천하 사람 중에 구원을 받을 만한 다른 이름을 우리에게 주신 일이 없음이라 하였더라"(행4:12)

"바람이 임의로 불매 네가 그 소리는 들어도 어디서 와서 어디로 가는지 알지 못하나니 성령으로 난 사람도 다 그러하니라"(요3:8)

15. 하나님으로부터 영원한 생명으로 선택받지 못한 자들도 말씀의 사역에 의해 부름을 받는 경우가 있다.

"청함을 받은 자는 많되 택함을 입은 자는 적으니라"(마22:14)

16. 하나님으로부터 영원한 생명으로 선택받지 못한 자들도 성령의 공통적인 작용을 약간은 경험할 수도 있다.

"그 날에 많은 사람이 나더러 이르되 주여 주여 우리가 주의 이름으로 선지자 노릇 하며 주의 이름으로 귀신을 쫓아 내며 주의 이름으로 많은 권능을 행하지 아니하였나이까 하리니"(마7:22)

"돌밭에 뿌려졌다는 것은 말씀을 듣고 즉시 기쁨으로 받되 그 속에 뿌리가 없어 잠시 견디다가 말씀으로 말미암아 환난이나 박해가 일어날 때에는 곧 넘어지는 자요"(마13:20.21)

"한 번 빛을 받고 하늘의 은사를 맛보고 성령에 참여한 바 되고 하나님의 선한 말씀과 내세의 능력을 맛보고도 타락한 자들은 다시 새롭게 하여 회개하게 할 수 없나니 이는 그들이 하나님의 아들을 다시 십자가에 못 박아 드러내 놓고 욕되게 함이라"(히6:4-6)

17. 하나님으로부터 영원한 생명으로 선택받지 못한 자들도 비록 말씀 사역에 의해 부름을 받기도 하고, 성령의 공통적인 작용을 약간을 경험하기도 하지만, 그들은 진심으로 그리스도께 나아오지 않으며, 결국 구원을 받지 못한다.

"그러나 너희 중에 믿지 아니하는 자들이 있느니라 하시니 이는 예수께서 믿지 아니하는 자들이 누구며 자기를 팔 자가 누구인지 처음부터 아심이러라 또 이르시되 그러므로 전에 너희에게 말하기를 내 아버지께서 오게 하여 주지 아니하시면 누구든지 내게 올 수 없다 하였노라 하시니라 그 때부터 그의 제자 중에서 많은 사람이 떠나가고 다시 그와 함께 다니지 아니하더라"(요6:64-66)

"그러므로 내가 너희에게 말하기를 너희가 너희 죄 가운데서 죽으리라 하였노라 너희가 만일 내가 그인 줄 믿지 아니하면 너희 죄 가운데서 죽으리라"(요8:24)

18. 하나님께서 영원한 생명으로 선택하고, 효력 있게 부르신 자들 중 그리스도를 고백하지 않고 구원을 받을 수 있는 자들의 수는 상당히 적다. 이들은 주로 택자들 중에 유아기에 죽은 자들이나, 스스로 신앙을 고백할 수 없을 정도로 정신적으로 발달이 안 된 이들이나 그 외 통상적인 방편을 넘는 하나님의 특별하신 부르심이 있는 자들이 정도일 것이다. 이러한 자들 외에 대부분의 사람들에게는 통상적인 구원의 방편이 적용된다.

"다른 이로써는 구원을 받을 수 없나니 천하 사람 중에 구원을 받을 만한 다른 이름을 우리에게 주신 일이 없음이라 하였더라"(행4:12)

"예수께서 이르시되 내가 곧 길이요 진리요 생명이니 나로 말미암지 않고는 아버지께로 올 자가 없느니라"(요14:6)

"그 때에 너희는 그리스도 밖에 있었고 이스라엘 나라 밖의 사람이라 약속의 언약들에 대하여는 외인이요 세상에서 소망이 없고 하나님도 없는 자이더니"(엡2:12)

"너희는 알지 못하는 것을 예배하고 우리는 아는 것을 예배하노니 이는 구원이 유대인에게서 남이라"(요4:22)

"영생은 곧 유일하신 참 하나님과 그가 보내신 자 예수 그리스도를 아는 것이니이다"(요17:3)

19. 그리스도 외에 다른 구원의 길을 말하는 것은 그 자체로 사악하며 저주를 받아 마땅하다.

"지나쳐 그리스도의 교훈 안에 거하지 아니하는 자는 다 하나님을 모시지 못하되 교훈 안에 거하는 그 사람은 아버지와 아들을 모시느니라 누구든지 이 교훈을 가지지 않고 너희에게 나아가거든 그를 집에 들이지도 말고 인사도 하지 말라 그에게 인사하는 자는 그 악한 일에 참여하는 자임이라"(요이1:9-11)

"만일 누구든지 주를 사랑하지 아니하면 저주를 받을지어다 우리 주여 오시옵소서"(고전16:22)

"그리스도의 은혜로 너희를 부르신 이를 이같이 속히 떠나 다른 복음을 따르는 것을 내가 이상하게 여기노라 다른 복음은 없나니 다만 어떤 사람들이 너희를 교란하여 그리스도의 복음을 변하게 하려 함이라 그러나 우리나 혹은 하늘로부터 온 천사라도 우리가 너희에게 전한 복음 외에 다른 복음을 전하면 저주를 받을지어다"(갈1:6-8)

Chapter XI

Of Justification

칭의에 관하여

<원문>

I. Those whom God effectually calleth, He also freely justifieth; not by infusing righteousness into them, but by pardoning their sins, and by accounting and accepting their persons as righteous, not for anything wrought in them, or done by them, but for Christ's sake alone; nor by imputing faith itself, the act of believing, or any other evangelical obedience to them, as their righteousness, but by imputing the obedience and satisfaction of Christ unto them, they receiving and resting on Him and His righteousness by faith; which faith they have not of themselves, it is the gift of God.

<번역>

하나님께서는 자신이 효력 있게 부르시는 자들을 또한 값없이 의롭다고 여겨주시는데, 의를 그들에게 주입하심으로가 아니라, 그들의 죄를 용서하시고, 그들의 인격들을 의로운 것으로 간주하시고 용납하심으로써 그렇고, 그들 안에서 작동되었거나 그들에 의해 실행된 그 어떤 것 때문이 아니라, 오직 그리스도 때문에 그러하며, 믿음 자체나, 믿는 행위나, 어떠한 다른 복음적인 순종을 그들에게 전가시켜 그들의 의로 여기심으로가 아니라, 그리스도의 순종과 속죄를 그들에게 전가시키심으로 그렇게 하시기에, 그들은 그들이 스스로 소유하는 것이 아니라 하나님의 선물인, 바로 그 믿음으로 그리스도와 그리스도의 의를 받아들이고 의지한다.

<원문분석>

1. Those whom God effectually calleth, He also freely justifieth; not by infusing righteousness into them, but by pardoning their sins, and by accounting and accepting their persons as righteous.

- **Those whom God effectually calleth** 하나님께서 효력 있게 부르시는 자들
- **He also freely justifieth.** '그분은 역시 값없이 의롭다고 여겨주신다'인데, justify는 '의롭게 해주다'가 아니라, '의롭다고 인정해주다,' 혹은 '의롭다고 여겨주다'이다. 그리고 이 문장에서 justifieth의 목적어는 Those whom God effectually calleth이다.
- **freely** 값없이, 자유롭게
- **not by A, but by B, and by C and D~** A함으로써가 아니라, B함으로써, 그리고 C와 D함으로써
- **infuse** 주입하다. 불어넣다.
- **pardon** 용서하다. (forgive: 사해주다)
- **account A as B** A를 B로 간주하다.
- **accept** 용납하다. (receive: 받아들이다)
- 하나님께서는 자신이 효력 있게 부르시는 자들을 또한 값없이 의롭다고 여겨주시는데, 의를 그들에게 주입하심으로가 아니라, 그들의 죄를 용서하시고, 그들의 인격들을 의로운 것으로 간주하시고 용납하심으로써 그렇다.

2. **not for anything wrought in them, or done by them, but for Christ's sake alone;**
- **not for A but for B** A 때문이 아니라, B 때문에
- **anything (which was) wrought in them** 그들 안에서 작동된 그 어떤 것
- **(anything which was) done by them** 그들에 의해 실행된 그 어떤 것
- **for Christ's sake alone** 오직 그리스도 때문에
- 그들 안에서 작동되었거나 그들에 의해 실행된 그 어떤 것 때문이 아니라, 오직 그리스도 때문에

3. **nor by imputing faith itself, the act of believing, or any other evangelical obedience to them, as their righteousness, but by imputing the obedience and satisfaction of Christ unto them,**

- impute A to B A를 B에 전가시키다.

- faith itself, the act of believing, or any other evangelical obedience imputing의 목적어 3개를 A, B, or C의 형태로 나열한 것이다.

- by imputing the obedience and satisfaction of Christ unto them 그리스도의 순종과 속죄를 그들에게 전가시키심으로써

- satisfaction 만족, 속죄, 보속, 변제

- 믿음 자체나, 믿는 행위나, 어떠한 다른 복음적인 순종을 그들에게 전가시켜 그들의 의로 여기심으로가 아니라, 그리스도의 순종과 속죄를 그들에게 전가시키심으로써

4. they receiving and resting on Him and His righteousness by faith; which faith they have not of themselves, it is the gift of God.

- they receiving and resting on Him and His righteousness by faith; 주절인 'He also freely justifieth;~'의 종속절로 사용된 독립분사구문이다. 분사구문의 동사인 receiving과 resting on의 주어는 they로 주절의 주어인 He와 다르다. 앞 문장과 인과관계를 나타내는 연속동작의 개념으로 봐서 '~이기에, 그들은 믿음으로 그와 그의 의를 받아들이고 의지한다'로 해석한다.

- which faith they have not of themselves '이 믿음은 그들 스스로가 소유한 것이 아니다'로 여기서 which는 관계형용사이다.

- it is the gift of God '그것은 하나님의 선물이다'인데, 여기서 it은 faith를 말한다.

- 그들은 그들이 스스로 소유하는 것이 아니라 하나님의 선물인, 바로 그 믿음으로 그리스도와 그리스도의 의를 받아들이고 의지한다.

<원문>

II. Faith, thus receiving and resting on Christ and His righteousness, is the alone instrument of justification; yet is it not alone in the person justified, but is ever accompanied with all other saving graces, and is no dead faith, but worketh by love.

<번역>

믿음은, 이런 식으로 그리스도와 그의 의를 수용하고 의지하기 때문에, 칭의의 유일한 도구이기는 하나, 그것만이 칭의된 인격 안에 있는 것이 아니라, 모든 다른 구원하는 은혜들을 동반하기에, 그래서 죽은 믿음은 없고, 사랑에 의해 작동된다.

<원문분석>

1. Faith, thus receiving and resting on Christ and His righteousness, is the alone instrument of justification;

- thus receiving and resting on Christ and His righteousness '그렇게 그리스도와 그의 의를 수용하고 의지하기 때문에'인데 여기서 receiving과 resting on의 주어는 주절의 주어인 Faith이다.
- the alone instrument of justification 칭의의 유일한 도구
- 믿음은, 이런 식으로 그리스도와 그의 의를 수용하고 의지하기 때문에, 칭의의 유일한 도구이다.

2. yet is it not alone in the person justified, but is ever accompanied with all other saving graces,

- yet is it not alone~ '그러나 그것은 홀로 존재하지 않는다'로 is는 1형식으로 사용되어 '있다', '존재하다'라는 뜻이다.
- in the person (who is) justified 칭의된 인격 안에
- be accompanied with~ ~을 수반하다

- other saving graces 다른 구원하는 은혜들
- 그것만이 칭의된 인격 안에 있는 것이 아니라, 모든 다른 구원하는 은혜들을 동반한다.

3. , and is no dead faith, but worketh by love.
- , and 여기서의 콤마(,) and는 '~하기에, 그래서~'의 뜻으로 문장을 연결하고 있다.
- is no dead faith '죽은 믿음은 없다'로 여기서 is는 '~이다'의 2형식 동사가 아니라, '~이 존재하다'라는 뜻의 1형식 동사이다.
- (is) worketh by love. 사랑으로 작동된다.

<원문>

III. Christ, by His obedience and death, did fully discharge the debt of all those that are thus justified, and did make a proper, real, and full satisfaction to His Father's justice in their behalf. Yet, inasmuch as He was given by the Father for them; and His obedience and satisfaction accepted in their stead; and both freely, not for anything in them; their justification is only of free grace; that both the exact justice, and rich grace of God, might be glorified in the justification of sinners.

<번역>

그리스도께서는 자신의 순종과 죽음에 의해서 이런 식으로 의롭다 함 받는 모든 자들의 빚을 완전히 해결하셨고, 그들을 대신하여 자신의 아버지의 공의에 대해 정당하고, 참되고, 완전한 속죄를 치루셨다. 그럼에도 불구하고 그 엄중한 공의와 하나님의 값비싼 은혜 이 두 가지가 모두 죄인들의 칭의에 있어서 영광을 받을 수가 있었던 것은 그가 아버지에 의해서 그들을 위해 주어진 것과, 그의 순종과 속

죄가 그들 대신에 용납되었다는 것과, 이 두 가지가 모두 값없이 그들 안에 있는 어떤 것 때문이 아니라, 그들의 칭의가 오직 값없는 은혜에 해당된다는 것 때문이었다.

<원문분석>

1. Christ, by His obedience and death, did fully discharge the debt of all those that are thus justified, and did make a proper, real, and full satisfaction to His Father's justice in their behalf.

- Christ did fully discharge~, and did make satisfaction to~ 그리스도께서는 ~을 온전히 해결하셨고, ~에 대해 속죄를 치르셨다.
- by His obedience and death 그의 순종과 죽음으로
- discharge (의무, 책임을) 면하게 하다.
- all those that are thus justified 이런 식으로 의롭다 함 받는 모든 자들
- make satisfaction 속죄를 치르다. 변제하다.
- a proper, real, and full satisfaction 정당하고, 참되고, 완전한 속죄
- to His Father's justice 그의 아버지의 공의에 대해
- in their behalf 그들을 대신하여
- 그리스도께서는 자신의 순종과 죽음에 의해서 이런 식으로 의롭다 함 받는 모든 자들의 빚을 완전히 해결하셨고, 그들을 대신하여 자신의 아버지의 공의에 대해 정당하고, 참되고, 완전한 속죄를 치르셨다.

2. Yet, inasmuch as He was given by the Father for them; and His obedience and satisfaction accepted in their stead; and both freely, not for anything in them; their justification is only of free grace; that both the exact justice, and rich grace of God, might be glorified in the justification of sinners.

- inasmuch as A~; that~. inasmuch as는 '~라는 점에 있어서, ~라는 한, ~ 때문에'라는 뜻으로, 이 구문은 'A라는 점에 있어서 that~하다.' 혹은 'A라는 점 때문

에 that~하다'로 이해하면 된다.

- His obedience and satisfaction (were) accepted. 그의 순종과 속죄가 용납되었다.

- in their stead 그들을 대신하여

- and both freely 여기서 사용된 both는 바로 직전에 언급된 두 가지의 사실인 'He was given by the Father for them'와 'His obedience and satisfaction accepted in their stead'를 동시에 언급하는 뜻으로 사용되었다.

- not for anything in them 그들 안에 있는 어떤 것 때문이 아니라

- (for) their justification is only of free grace. 그들의 칭의는 오직 값없는 은혜에 해당된다.

- both the exact justice, and rich grace of God 그 엄중한 공의와 하나님의 값비싼 은혜 이 두 가지 모두

- might be glorified 영광을 받을 수 있었다.

- in the justification of sinners 죄인들의 칭의에 있어서

- 그럼에도 불구하고 그 엄중한 공의와 하나님의 값비싼 은혜 이 두 가지가 모두 죄인들의 칭의에 있어서 영광을 받을 수가 있었던 것은 그가 아버지에 의해서 그들을 위해 주어진 것과, 그의 순종과 속죄가 그들 대신에 용납되었다는 것과, 이 두 가지가 모두 값없이 그들 안에 있는 어떤 것 때문이 아니라, 그들의 칭의가 오직 값없는 은혜에 해당된다는 것 때문이었다.

<원문>

IV. God did, from all eternity, decree to justify all the elect, and Christ did, in the fulness of time, die for their sins, and rise again for their justification: nevertheless, they are not justified, until the Holy Spirit doth, in due time, actually apply Christ unto them.

<번역>

하나님께서는 영원 전부터 모든 택자들을 의롭게 여겨주실 것을 작정하셨고, 그리스도는 때가 차매 그들의 죄를 위해 죽으셨고, 그들의 칭의를 위해 다시 일어나셨지만, 그럼에도 불구하고 그들은 성령님께서 합당한 때에 실질적으로 그리스도를 그들에게 적용하시기 전까지는 의롭게 여겨지지 않는다.

<원문분석>

1. God did, from all eternity, decree to justify all the elect, and Christ did, in the fulness of time, die for their sins, and rise again for their justification:

- God did decree to justify all the elect. 하나님께서는 모든 택자들을 칭의하시기로 작정하셨다.

- from all eternity 영원 전부터

- in the fulness of time 때가 차매

- Christ did die for their sins. 그리스도께서는 그들의 죄들을 위해 죽으셨다.

- (Christ did) rise again for their justification. 그리스도께서는 그들의 칭의를 위해 일어나셨다.

- 하나님께서는 영원 전부터 모든 택자들을 의롭게 여겨주실 것을 작정하셨고, 그리스도는 때가 차매 그들의 죄를 위해 죽으셨고, 그들의 칭의를 위해 다시 일어나셨다.

2. nevertheless, they are not justified, until the Holy Spirit doth, in due time, actually apply Christ unto them.

- nevertheless 그럼에도 불구하고

- they are not justified. 그들은 의롭게 여겨지지 않는다.

- the Holy Spirit doth apply Christ unto them. 성령님께서 그들에게 그리스도를 적용시키신다.

- in due time 합당한 때

- actually 실질적으로

- not~, until~ '~할 때까지는 ~않다'와 '~하고 나서야 비로소 ~하다' 이렇게 두 가지 방식으로 번역이 가능하다. 따라서 they are not justified, until the Holy Spirit doth, in due time, actually apply Christ unto them은 '그들은 성령님께서 정한 때에 실질적으로 그리스도를 그들에게 적용하시기 전까지는 의롭게 여겨지지 않는다.' 와 '그들은 성령님께서 정한 때에 실질적으로 그리스도를 그들에게 적용하시고 나서야 비로소 의롭게 여겨진다.' 두 가지 번역이 다 가능하다.
- 그럼에도 불구하고 그들은 성령님께서 합당한 때에 실질적으로 그리스도를 그들에게 적용하시기 전까지는 의롭게 여겨지지 않는다.

<원문>

V. God doth continue to forgive the sins of those that are justified: and although they can never fall from the state of justification; yet they may, by their sins, fall under God's fatherly displeasure, and not have the light of His countenance restored unto them, until they humble themselves, confess their sins, beg pardon, and renew their faith and repentance.

<번역>

하나님께서는 의롭다 함을 받는 자들의 죄들을 계속하여 사하시지만, 비록 그들이 결코 칭의의 상태로부터 타락할 수는 없다 하더라도, 그들은 그들의 죄에 의해서 하나님의 부성적인 노여움 아래로 떨어지기도 하고, 그들이 스스로를 낮추고, 그들이 죄를 고백하고, 용서를 구하고, 그들의 믿음과 회개를 새롭게 하기 전까지는 그들에게로 회복된 그분의 얼굴의 빛을 갖지 못하기도 한다.

<원문분석>

1. God doth continue to forgive the sins of those that are justified:

- continue to~ 계속하여 ~하다.

- **forgive** 사해주다. (pardon: 용서하다)
- **sins** '죄들'로 이는 원죄는 물론 일상생활 속에서 짓는 수많은 자범죄들을 모두 포함한다.
- **those that are justified** 의롭다 함을 받는 자들 (those that were justified: 의롭다 함을 받은 자들)
- 하나님께서는 의롭다 함을 받는 자들의 죄들을 계속하여 사하신다.

2. : and although they can never fall from the state of justification; yet they may, by their sins, fall under God's fatherly displeasure, and not have the light of His countenance restored unto them, until they humble themselves, confess their sins, beg pardon, and renew their faith and repentance.
- **: and** 콜론(:)은 주로 추가 정보를 제공하는 장치로 사용되었는데, 여기서 콜론 (:) and는 뒤이어 오는 'although~', 'yet~' 구문과 연결하여 문맥상 '~이지만' 정도로 번역하면 좋을 듯하다.
- **they can never fall from the state of justification.** 그들은 칭의의 상태로부터 타락할 수 없다.
- **they may fall under~, and not have~** 그들은 ~아래로 떨어질 수도 있고, ~을 갖지 못할 수도 있다.
- **by their sins** 그들 자신들의 죄들에 의해, 그들의 죄들 때문에
- **God's fatherly displeasure** 하나님의 부성적 노여움 (참고, 형벌적 노여움-유기자)
- **countenance** 용모, 얼굴, 표정, 안색
- **the light of His countenance** 그분의 얼굴의 빛
- **restore** 회복하다. 되돌리다.
- **(which is) restored unto them** '그들에게로 회복된'으로 생략된 주격 관계대명사 which의 선행하는 the light of His countenance이다.
- **not ~ until** ~할 때까지는 ~않다. ~하고 나서야 비로소 ~하다.

- they humble~, confess~, beg~, and renew~ 동사 네 개를 A, B, C, and D의 형태로 동등하게 나열하고 있다.
- until they humble themselves 그들이 스스로를 낮출 때까지
- (until they) confess their sins 그들이 자신들의 죄들을 고백할 때까지
- (until they) beg pardon 그들이 용서를 구할 때까지
- (until they) renew their faith and repentance 그들이 자신들의 믿음과 회개를 새롭게 할 때까지
- ~이지만, 비록 그들이 결코 칭의의 상태로부터 타락할 수는 없다 하더라도, 그들은 그들의 죄에 의해서 하나님의 부성적인 노여움 아래로 떨어지기도 하고, 그들이 스스로를 낮추고, 그들이 죄를 고백하고, 용서를 구하고, 그들의 믿음과 회개를 새롭게 하기 전까지는 그들에게로 회복된 그분의 얼굴의 빛을 갖지 못하기도 한다.

<원문>

VI. The justification of believers under the old testament was, in all these respects, one and the same with the justification of believers under the new testament.

<번역>

구약 아래 있었던 신자들의 칭의는 이 모든 점들에 있어서 신약 아래 있는 신자들의 칭의와 하나였고, 동일했다.

<원문분석>

1. The justification of believers under the old testament was, in all these respects, one and the same with the justification of believers under the new testament.

- The justification of believers (who were) under the old testament 구약 아래

있었던 신자들의 칭의

- in all these respects 이 모든 점들에 있어서
- was one and the same with~ ~와 하나였고, 동일했다.
- the justification of believers (who are) under the new testament 신약 아래 있는 신자들의 칭의
- 구약 아래 있었던 신자들의 칭의는 이 모든 점들에 있어서 신약 아래 있는 신자들의 칭의와 하나였고, 동일했다.

<원문으로 요약하고 성경으로 해설하기>

1. 하나님께서는 자신이 효력 있게 부르시는 자들은 또한 값없이 의롭다고 여겨주신다.

   "또 미리 정하신 그들을 또한 부르시고 부르신 그들을 또한 의롭다 하시고 의롭다 하신 그들을 또한 영화롭게 하셨느니라"(롬8:30)

   "그리스도 예수 안에 있는 속량으로 말미암아 하나님의 은혜로 값 없이 의롭다 하심을 얻은 자 되었느니라"(롬3:24)

2. 하나님께서는 사람의 선한 행위를 보시고 그를 의롭다고 인정하시지 않는다. 사람의 행위는 하나님의 칭의의 근거가 될 수 없다. 만일 사람의 선행이 칭의의 근거라면 이 땅에서 하나님으로부터 의롭다고 인정받을 수 있는 사람은 아무도 없다.

   "일을 아니할지라도 경건하지 아니한 자를 의롭다 하시는 이를 믿는 자에게는 그의 믿음을 의로 여기시나니 일한 것이 없이 하나님께 의로 여기심을 받는 사람의 복에 대하여 다윗이 말한 바 불법이 사함을 받고 죄가 가리어짐을 받는 사람들은 복이 있고 주께서 그 죄를 인정하지 아니하실 사람은 복이 있도다 함과 같으니라"(롬4:5-8)

3. 하나님의 칭의는 사람에게 의를 주입하심으로 그를 의롭게 변화시킨 후 그를 의롭다고 인정하시는 것이 아니다. 이렇게 생각하는 것을 '의화'라고 하는데 이는 로마 가톨릭의 잘못된 설명방식이다. 하나님의 칭의의 은혜는 우리의 죄를 죄 없으신 그리스도에게 돌리시고, 그리스도의 의를 우리에게 돌려 우리를 하

나님의 의가 되게 하심에 있다.

> "하나님이 죄를 알지도 못하신 이를 우리를 대신하여 죄로 삼으신 것은 우리로 하여금 그
> 안에서 하나님의 의가 되게 하려 하심이라"(고후5:21)

4. 하나님께서는 자기가 사랑하여 영원한 생명으로 선택한 자들을 효력 있게 부르실 때 그들에게 칭의와 구원의 수단(by)이며, 통로(through)인 믿음(Faith)을 선물로 주신다.

> "이는 그리스도 예수 안에서 우리에게 자비하심으로써 그 은혜의 지극히 풍성함을 오는
> 여러 세대에 나타내려 하심이라 너희는 그 은혜에 의하여 믿음으로 말미암아 구원을 받았
> 으니 이것은 너희에게서 난 것이 아니요 하나님의 선물이라"(엡2:7,8)

5. 믿음은 칭의에 있어서 필수적이다. 그러나 믿음은 결코 칭의의 조건이나 근거가 되지 않는다. 믿음은 사람이 하나님으로부터 의롭다고 인정되는 유일한 수단이다.

> "곧 예수 그리스도를 믿음으로 말미암아 모든 믿는 자에게 미치는 하나님의 의니 차별이
> 없느니라 모든 사람이 죄를 범하였으매 하나님의 영광에 이르지 못하더니 그리스도 예수
> 안에 있는 속량으로 말미암아 하나님의 은혜로 값 없이 의롭다 하심을 얻은 자 되었느니
> 라 이 예수를 하나님이 그의 피로써 믿음으로 말미암는 화목제물로 세우셨으니 이는 하나
> 님께서 길이 참으시는 중에 전에 지은 죄를 간과하심으로 자기의 의로우심을 나타내려 하
> 심이니 곧 이 때에 자기의 의로우심을 나타내사 자기도 의로우시며 또한 예수 믿는 자를
> 의롭다 하려 하심이라 그런즉 자랑할 데가 어디냐 있을 수가 없느니라 무슨 법으로냐 행
> 위로냐 아니라 오직 믿음의 법으로니라 그러므로 사람이 의롭다 하심을 얻는 것은 율법의
> 행위에 있지 않고 믿음으로 되는 줄 우리가 인정하노라"(롬3:22-28)

6. 칭의의 수단으로서의 믿음으로(by faith) 하나님으로부터 효력 있게 부르심을 받은 자들은 그리스도와 그리스도의 의를 수용하고 의지한다.

> "사람이 의롭게 되는 것은 율법의 행위로 말미암음이 아니요 오직 예수 그리스도를 믿음
> 으로 말미암는 줄 알므로 우리도 그리스도 예수를 믿나니 이는 우리가 율법의 행위로써가
> 아니고 그리스도를 믿음으로써 의롭다 함을 얻으려 함이라 율법의 행위로써는 의롭다 함
> 을 얻을 육체가 없느니라"(갈2:16)

"그러므로 형제들아 너희가 알 것은 이 사람을 힘입어 죄 사함을 너희에게 전하는 이것이 며 또 모세의 율법으로 너희가 의롭다 하심을 얻지 못하던 모든 일에도 이 사람을 힘입어 믿는 자마다 의롭다 하심을 얻는 이것이라"(행13:38,39)

7. 칭의와 구원의 통로로서 믿음을 통하여(through faith) 하나님으로부터 효력 있게 부르심을 받은 자들은 의롭다고 여겨지고 구원을 받는다.

"그에 대하여 모든 선지자도 증언하되 그를 믿는 사람들이 다 그의 이름을 힘입어 죄 사함 을 받는다 하였느니라"(행10:43)

"그러므로 사람이 의롭다 하심을 얻는 것은 율법의 행위에 있지 않고 믿음으로 되는 줄 우 리가 인정하노라"(롬3:28)

"그러므로 우리가 믿음으로 의롭다 하심을 받았으니 우리 주 예수 그리스도로 말미암아 하나님과 화평을 누리자"(롬5:1)

"영접하는 자 곧 그 이름을 믿는 자들에게는 하나님의 자녀가 되는 권세를 주셨으니"(요 1:12)

8. 믿음은 하나님으로부터 의롭다 함 받은 자들이 살아가는 수단이다. 따라서 참 믿음은 언제나 사랑으로 역사하며 선한 행위로 드러난다. 이러한 차원에 믿음 으로(by faith) 살아가는 자가 바로 신자다.

"이와 같이 행함이 없는 믿음은 그 자체가 죽은 것이라 어떤 사람은 말하기를 너는 믿음이 있고 나는 행함이 있으니 행함이 없는 네 믿음을 내게 보이라 나는 행함으로 내 믿음을 네 게 보이리라 하리라 네가 하나님은 한 분이신 줄을 믿느냐 잘하는도다 귀신들도 믿고 떠 느니라 아아 허탄한 사람아 행함이 없는 믿음이 헛것인 줄을 알고자 하느냐 우리 조상 아 브라함이 그 아들 이삭을 제단에 바칠 때에 행함으로 의롭다 하심을 받은 것이 아니냐 네 가 보거니와 믿음이 그의 행함과 함께 일하고 행함으로 믿음이 온전하게 되었느니라"(약 2:17-22)

"그리스도 예수 안에서는 할례나 무할례나 효력이 없으되 사랑으로써 역사하는 믿음뿐이 니라"(갈5:6)

"믿음으로 아벨은 가인보다 더 나은 제사를 하나님께 드림으로 의로운 자라 하시는 증거를 얻었으니 하나님이 그 예물에 대하여 증언하심이라 그가 죽었으나 그 믿음으로써 지금도 말하느니라"(히11:4)

9. 칭의의 유일한 근거는 사람의 믿는 행위(the act of beliving)도 선한 행동도 아니라, 그리스도의 대속의 죽음과 부활이다.

"우리는 그리스도 안에서 그의 은혜의 풍성함을 따라 그의 피로 말미암아 속량 곧 죄 사함을 받았느니라"(엡1:7)

"우리를 구원하시되 우리가 행한 바 의로운 행위로 말미암지 아니하고 오직 그의 긍휼하심을 따라 중생의 씻음과 성령의 새롭게 하심으로 하셨나니"(딛3:7)

"너희는 하나님으로부터 나서 그리스도 예수 안에 있고 예수는 하나님으로부터 나와서 우리에게 지혜와 의로움과 거룩함과 구원함이 되셨으니"(고전1:30,31)

"한 사람의 범죄로 말미암아 사망이 그 한 사람을 통하여 왕 노릇 하였은즉 더욱 은혜와 의의 선물을 넘치게 받는 자들은 한 분 예수 그리스도를 통하여 생명 안에서 왕 노릇 하리로다 그런즉 한 범죄로 많은 사람이 정죄에 이른 것 같이 한 의로운 행위로 말미암아 많은 사람이 의롭다 하심을 받아 생명에 이르렀느니라 한 사람이 순종하지 아니함으로 많은 사람이 죄인 된 것 같이 한 사람이 순종하심으로 많은 사람이 의인이 되리라"(롬5:17-19)

10. 그리스도께서는 온전한 순종과 대속의 죽음을 통해 아버지께서 자기에게 주신 백성들의 죄에 대한 아버지의 공의를 정당하고 참되고 완전하게 만족시키셨다.

"우리가 아직 죄인 되었을 때에 그리스도께서 우리를 위하여 죽으심으로 하나님께서 우리에 대한 자기의 사랑을 확증하셨느니라 그러면 이제 우리가 그의 피로 말미암아 의롭다 하심을 받았으니 더욱 그로 말미암아 진노하심에서 구원을 받을 것이니 곧 우리가 원수 되었을 때에 그의 아들의 죽으심으로 말미암아 하나님과 화목하게 되었은즉 화목하게 된 자로서는 더욱 그의 살아나심으로 말미암아 구원을 받을 것이니라"(롬5:8-10)

"그런즉 한 범죄로 많은 사람이 정죄에 이른 것 같이 한 의로운 행위로 말미암아 많은 사람이 의롭다 하심을 받아 생명에 이르렀느니라"(롬5:19)

"이 뜻을 따라 예수 그리스도의 몸을 단번에 드리심으로 말미암아 우리가 거룩함을 얻었
노라"(히10:10)

"네 백성과 네 거룩한 성을 위하여 일흔 이레를 기한으로 정하였나니 허물이 그치며 죄가
끝나며 죄악이 용서되며 영원한 의가 드러나며 환상과 예언이 응하며 또 지극히 거룩한
이가 기름 부음을 받으리라 그러므로 너는 깨달아 알지니라 예루살렘을 중건하라는 영이
날 때부터 기름 부음을 받은 자 곧 왕이 일어나기까지 일곱 이레와 예순두 이레가 지날 것
이요 그 곤란한 동안에 성이 중건되어 광장과 거리가 세워질 것이며 예순두 이레 후에 기
름 부음을 받은 자가 끊어져 없어질 것이며 장차 한 왕의 백성이 와서 그 성읍과 성소를 무
너뜨리려니와 그의 마지막은 홍수에 휩쓸림 같을 것이며 또 끝까지 전쟁이 있으리니 황폐
할 것이 작정되었느니라"(단9:24-26)

"그는 실로 우리의 질고를 지고 우리의 슬픔을 당하였거늘 우리는 생각하기를 그는 징벌
을 받아 하나님께 맞으며 고난을 당한다 하였노라 그가 찔림은 우리의 허물 때문이요 그
가 상함은 우리의 죄악 때문이라 그가 징계를 받으므로 우리는 평화를 누리고 그가 채찍
에 맞으므로 우리는 나음을 받았도다 우리는 다 양 같아서 그릇 행하여 각기 제 길로 갔거
늘 여호와께서는 우리 모두의 죄악을 그에게 담당시키셨도다"(사53:4-6)

"여호와께서 그에게 상함을 받게 하시기를 원하사 질고를 당하게 하셨은즉 그의 영혼을
속건제물로 드리기에 이르면 그가 씨를 보게 되며 그의 날은 길 것이요 또 그의 손으로 여
호와께서 기뻐하시는 뜻을 성취하리로다 그가 자기 영혼의 수고한 것을 보고 만족하게 여
길 것이라 나의 의로운 종이 자기 지식으로 많은 사람을 의롭게 하며 또 그들의 죄악을 친
히 담당하리로다 그러므로 내가 그에게 존귀한 자와 함께 몫을 받게 하며 강한 자와 함께
탈취한 것을 나누게 하리니 이는 그가 자기 영혼을 버려 사망에 이르게 하며 범죄자 중 하
나로 헤아림을 받았음이라 그러나 그가 많은 사람의 죄를 담당하며 범죄자를 위하여 기
도하였느니라"(사53:10-12)

11. 하나님께서 죄인의 칭의를 통해 영광을 취하실 수 있는 이유는 이 칭의의 근거
나 조건이 사람들에 의해 만족되는 것이 아니라, 전적으로 하나님 자신의 값없
는 은혜이기 때문이다.

"곧 이 때에 자기의 의로우심을 나타내사 자기도 의로우시며 또한 예수 믿는 자를 의롭다
하려 하심이라"(롬3:26)

"우리는 그리스도 안에서 그의 은혜의 풍성함을 따라 그의 피로 말미암아 속량 곧 죄 사함을 받았느니라"(엡1:7)

"이는 그리스도 예수 안에서 우리에게 자비하심으로써 그 은혜의 지극히 풍성함을 오는 여러 세대에 나타내려 하심이라"(엡2:7)

12. 택자들에 대한 칭의는 영원 전부터 삼위일체 하나님의 거룩한 협의에 의해 작정되어 있었다. 그리고 칭의의 근거 또한 그리스도께서 죽으시고 부활하심으로 확실히 마련된다. 그러나 성령님께서 그들 각자 각자에게 그리스도를 적용하실 때까지는 이 칭의의 효력 또한 적용되지 않는다.

"전에 악한 행실로 멀리 떠나 마음으로 원수가 되었던 너희를 이제는 그의 육체의 죽음으로 말미암아 화목하게 하사 너희를 거룩하고 흠 없고 책망할 것이 없는 자로 그 앞에 세우고자 하셨으니"(골1:21,22)

"그의 아들을 이방에 전하기 위하여 그를 내 속에 나타내시기를 기뻐하셨을 때에 내가 곧 혈육과 의논하지 아니하고"(갈2:16)

"우리도 전에는 어리석은 자요 순종하지 아니한 자요 속은 자요 여러 가지 정욕과 행락에 종 노릇 한 자요 악독과 투기를 일삼은 자요 가증스러운 자요 피차 미워한 자였으나 우리 구주 하나님의 자비와 사람 사랑하심이 나타날 때에 우리를 구원하시되 우리가 행한 바 의로운 행위로 말미암지 아니하고 오직 그의 긍휼하심을 따라 중생의 씻음과 성령의 새롭게 하심으로 하셨나니 우리 구주 예수 그리스도로 말미암아 우리에게 그 성령을 풍성히 부어 주사 우리로 그의 은혜를 힘입어 의롭다 하심을 얻어 영생의 소망을 따라 상속자가 되게 하려 하심이라"(딛3:3-7)

13. 칭의는 하나님의 거룩하고 불변하는 작정에 그 근원이 있다. 따라서 그 작정에 따라 적용된 칭의는 취소되지 않는다. 즉, 하나님으로부터 의롭다고 인정받은 자는 그 칭의의 상태에서 결코 떨어져 나가지 않는다.

"그러나 내가 너를 위하여 네 믿음이 떨어지지 않기를 기도하였노니 너는 돌이킨 후에 네 형제를 굳게 하라"(눅22:32)

"내가 그들에게 영생을 주노니 영원히 멸망하지 아니할 것이요 또 그들을 내 손에서 빼앗

을 자가 없느니라"(요10:28)

"그가 거룩하게 된 자들을 한 번의 제사로 영원히 온전하게 하셨느니라"(히10:14)

14. 칭의받은 자들도 여전히 그들 속에 남아 있는 죄악된 본성의 잔재에 의해 여전히 죄를 짓는다. 하나님께서는 이들의 이러한 죄들도 계속해서 용서해 주신다.

"우리가 우리에게 죄 지은 자를 사하여 준 것 같이 우리 죄를 사하여 주시옵고"(마6:12)

"그가 빛 가운데 계신 것 같이 우리도 빛 가운데 행하면 우리가 서로 사귐이 있고 그 아들 예수의 피가 우리를 모든 죄에서 깨끗하게 하실 것이요 만일 우리가 죄가 없다고 말하면 스스로 속이고 또 진리가 우리 속에 있지 아니할 것이요 만일 우리가 우리 죄를 자백하면 그는 미쁘시고 의로우사 우리 죄를 사하시며 우리를 모든 불의에서 깨끗하게 하실 것이요 만일 우리가 범죄하지 아니하였다 하면 하나님을 거짓말하는 이로 만드는 것이니 또한 그의 말씀이 우리 속에 있지 아니하니라"(요일1:7,9)

"나의 자녀들아 내가 이것을 너희에게 씀은 너희로 죄를 범하지 않게 하려 함이라 만일 누가 죄를 범하여도 아버지 앞에서 우리에게 1)대언자가 있으니 곧 의로우신 예수 그리스도시라 그는 우리 죄를 위한 화목제물이니 우리만 위할 뿐 아니요 온 세상의 죄를 위하심이라"(요일2:1,2)

15. 하나님으로부터 의롭다 함 받은 자들도 스스로 죄를 지음으로 하나님의 부성적인 노여움 아래로 떨어지기도 한다.

"내 율례를 깨뜨리며 내 계명을 지키지 아니하면 내가 회초리로 그들의 죄를 다스리며 채찍으로 그들의 죄악을 벌하리로다 그러나 나의 인자함을 그에게서 다 거두지는 아니하며 나의 성실함도 폐하지 아니하며"(시89:31-33)

16. 하나님으로부터 의롭다 함 받은 자들도 스스로 죄를 지었을 때 스스로를 낮추고, 죄를 고백하고, 용서를 구하고, 믿음과 회개를 새롭게 하기 전까지는 그들에게로 회복된 하나님의 얼굴의 빛을 누리지 못한다.

"우슬초로 나를 정결하게 하소서 내가 정하리이다 나의 죄를 씻어 주소서 내가 눈보다 희리이다 내게 즐겁고 기쁜 소리를 들려 주시사 주께서 꺾으신 뼈들도 즐거워하게 하소서 주의 얼굴을 내 죄에서 돌이키시고 내 모든 죄악을 지워 주소서 하나님이여 내 속에 정한 마음을 창조하시고 내 안에 정직한 영을 새롭게 하소서 나를 주 앞에서 쫓아내지 마시며 주의 성령을 내게서 거두지 마소서 주의 구원의 즐거움을 내게 회복시켜 주시고 자원하는 심령을 주사 나를 붙드소서"(시51:7-12)

"이에 베드로가 예수의 말씀에 닭 울기 전에 네가 세 번 나를 부인하리라 하심이 생각나서 밖에 나가서 심히 통곡하니라"(마26:75)

17. 구약 아래 있었던 신자들의 칭의도 이 모든 점들에 있어서 신약 아래 있는 신 자들의 칭의와 하나였고, 동일했다.

"그러므로 믿음으로 말미암은 자는 믿음이 있는 아브라함과 함께 복을 받느니라"(갈3:9)

"그리스도께서 우리를 위하여 저주를 받은 바 되사 율법의 저주에서 우리를 속량하셨으니 기록된 바 나무에 달린 자마다 저주 아래에 있는 자라 하였음이라 이는 그리스도 예수 안 에서 아브라함의 복이 이방인에게 미치게 하고 또 우리로 하여금 믿음으로 말미암아 성령 의 약속을 받게 하려 함이라"(갈3:13,14)

"그러므로 그것이 그에게 의로 여겨졌느니라 그에게 의로 여겨졌다 기록된 것은 아브라함 만 위한 것이 아니요 의로 여기심을 받을 우리도 위함이니 곧 예수 우리 주를 죽은 자 가운 데서 살리신 이를 믿는 자니라"(롬4:22-24)

"예수 그리스도는 어제나 오늘이나 영원토록 동일하시니라"(히13:8)

16
46

Chapter XII

Of Adoption

양자 삼음에 관하여

<원문>

All those that are justified, God vouchsafeth, in and for His only Son Jesus Christ, to make partakers of the grace of adoption: by which they are taken into the number, and enjoy the liberties and privileges of the children of God, have His name put upon them, receive the spirit of adoption, have access to the throne of grace with boldness, are enabled to cry, Abba, Father, are pitied, protected, provided for, and chastened by Him as by a Father; yet never cast off, but sealed to the day of redemption, and inherit the promises, as heirs of everlasting salvation.

<번역>

하나님께서는 자신의 독생자인 예수 그리스도 안에서, 그리고 그 때문에 의롭다 함 받는 모든 사람들을 양자 삼음의 은혜의 참여자들이 되게 하시는데, 양자 삼음에 의해서 그들은 하나님의 자녀들의 숫자에 포함되고, 그로 인해 그들의 자유와 특권을 누리며, 그의 이름이 그들에게 붙여지고, 양자 삼음의 영을 받으며, 은혜의 보좌로 담대하게 나아가고, 아바 아버지라고 부를 수 있게 되고, 아버지에 의한 것처럼 그에 의해 불쌍하게 여김 받고, 보호받고, 공급받고, 징계받지만, 결코 버림받지는 않고, 구속의 그날까지 인침 받으며, 영속하는 구원의 상속자들로서 약속을 유업으로 받는다.

<원문분석>

1. All those that are justified, God vouchsafeth, in and for His only Son Jesus Christ, to make partakers of the grace of adoption

- **All those that are justified** 'are justified'는 현재형이다. 따라서 이 부분은 '의롭다 함 받는 모든 자들'로 번역해야지, '의롭다 함 받은 모든 자들'(All those that were justified)로 번역하면 안 된다. 이 표현이 말하는 '의롭다 함 받는 모

든 자들'이란 과거에 의롭다 함 받은 자들 뿐 아니라, 앞으로 의롭다 함 받기로 하나님께서 작정하신 모든 이들을 다 포함한다.

- vouchsafe ~을 하사하다, 허락하다, (친절하게도) ~해 주시다.(vi.) (to do)
- God vouchsafeth to make all those that are justified partakers of the grace of adoption. 하나님께서는 의롭다 함 받는 모든 사람을 양자 삼음의 은혜의 참여자들로 만드신다.
- partaker '참여자'라는 뜻으로 웨스트민스터 신앙고백서, 대교리교육서, 소교리교육서에서 사용된 partaker(참여자)는 어떠한 일에 동참할 기회를 얻은 자일 뿐 아니라, 그에 따른 풍성한 은덕들(benefits)을 받을 수 있는 자격을 부여받은 자라는 뜻이다.
- in and for His only Son Jesus Christ 그분의 독생자 예수 그리스도 안에서 그리고 그분의 독생자 예수 그리스도 때문에
- 하나님께서는 자신의 독생자인 예수 그리스도 안에서, 그리고 그 때문에 의롭다 함 받는 모든 사람들을 양자 삼음의 은혜의 참여자들이 되게 하시는데

2. by which they are taken into the number, and enjoy the liberties and privileges of the children of God, have His name put upon them, receive the spirit of adoption, have access to the throne of grace with boldness, are enabled to cry, Abba, Father, are pitied, protected, provided for, and chastened by Him as by a Father; yet never cast off, but sealed to the day of redemption, and inherit the promises, as heirs of everlasting salvation.

- by which '그것에 의해서'로 which의 선행사는 adoption이다.
- they are taken into~ they are taken into~, and enjoy~, have~, receive, have~, are enabled~, are pitied, protected, provided for, and chastened~; yet never cast off, but sealed~, and inherit~. 양자 삼음의 은혜에 참여하게 되는 자들이 누리는 특권 열세 가지를 크게 'A, B, C......, and N'의 구조로 나열하고 있다. 그러면서도 이 열세 개의 동사들 중간에 두 개의 and를 별도로 추

가하고 있다. 그중 'they are taken into~, and'에서 사용된 첫 번째 and는 뒤에 나오는 열두 개의 특권이 모두 첫 번째 언급한 하나님의 자녀들의 숫자에 포함되는 특권에 따라서 온다는 것을 의도적으로 나타내는 표현이다. 따라서이는 '~인데, 그러므로'라고 꼭 해석을 해 주어야 한다. 반면에 'are pitied,(g) protected,(h) provided for,(i) and chastened'에서 사용된 and는 네 개의 과거분사가 동등하게 are와 연결된 수동의 표현이라는 것을 나타낸다.

- take into ~을 포함하다.

- liberties 자유, 해방 (freedom: 자유로움)

- have His name put upon them have는 5형식에서 사용된 사역동사로 His name이 그들에게 붙여진 상태가 된다는 뜻이다.

- the spirit of adoption 양자 삼음의 영

- have access to~ ~로 접근하다. ~로 가까이 나아가다.

- the throne of grace 은혜의 보좌

- with boldness 담대하게

- to cry, Abba, Father 아바, 아버지라고 (크게) 부르다.

- chasten 징벌하다. 혼내다.

- as by a Father 자녀들이 아버지에 의해 불쌍히 여김 받고, 보호받고, 공급받고, 징계받는 것처럼

- cast off ~을 버리다.

- to the day of redemption 구속의 그날까지

- inherit 유업을 받다. ~을 상속받다.

- everlasting 영속하는 (참고, eternal: 영원한, forever: 영구한)

- as heirs of everlasting salvation 영속하는 구원의 상속자들로서

- 양자 삼음에 의해서 그들은 하나님의 자녀들의 숫자에 포함되고, 그로 인해 그들의 자유와 특권을 누리며, 그의 이름이 그들에게 붙여지고, 양자 삼음의 영을 받으며, 은혜의 보좌로 담대하게 나아가고, 아바 아버지라고 부를 수 있게 되고, 아버지에 의한 것처럼 그에 의해 불쌍하게 여김 받고, 보호받고, 공급받고, 징계 받지만, 결코 버림받지는 않고, 구속의 그날까지 인침 받으며, 영속하는 구원의

상속자들로서 약속을 유업으로 받는다.

<원문으로 요약하고 성경으로 해설하기>

1. 하나님께서는 자신의 독생자인 예수 그리스도 안에서 의롭다 함 받은 모든 사람들을 양자 삼음의 은혜의 참여자들이 되게 하신다.

   "그 기쁘신 뜻대로 우리를 예정하사 예수 그리스도로 말미암아 자기의 아들들이 되게 하셨으니"(엡1:5)

2. 양자 삼음의 은혜에 참여자가 된다는 것은 하나님의 자녀들의 숫자에 공식적으로 들어간다는 뜻이며, 동시에 하나님의 자녀로서의 자유와 특권을 누리게 된다는 것을 말한다.

   "때가 차매 하나님이 그 아들을 보내사 여자에게서 나게 하시고 율법 아래에 나게 하신 것은 율법 아래에 있는 자들을 속량하시고 우리로 아들의 명분을 얻게 하려 하심이라"(갈4:4,5)

   "자녀이면 또한 상속자 곧 하나님의 상속자요 그리스도와 함께 한 상속자니 우리가 그와 함께 영광을 받기 위하여 고난도 함께 받아야 할 것이니라"(롬8:17)

   "영접하는 자 곧 그 이름을 믿는 자들에게는 하나님의 자녀가 되는 권세를 주셨으니"(요1:12)

3. 하나님의 양자 삼음의 은혜에 참여하는 자에게는 하나님의 이름이 새겨진다.

   "어찌하여 놀란 자 같으시며 구원하지 못하는 용사 같으시니이까 여호와여 주는 그래도 우리 가운데 계시고 우리는 주의 이름으로 일컬음을 받는 자이오니 우리를 버리지 마옵소서"(렘14:9)

   "너희에게 아버지가 되고 너희는 내게 자녀가 되리라 전능하신 주의 말씀이니라 하셨느니라"(고후6:18)

   "이기는 자는 내 하나님 성전에 기둥이 되게 하리니 그가 결코 다시 나가지 아니하리라 내가 하나님의 이름과 하나님의 성 곧 하늘에서 내 하나님께로부터 내려오는 새 예루살렘의

이름과 나의 새 이름을 그이 위에 기록하리라"(계3:12)

4. 하나님의 양자 삼음의 은혜에 참여하는 자는 양자의 영을 받는다.
　　"너희는 다시 무서워하는 종의 영을 받지 아니하고 양자의 영을 받았으므로 우리가 아빠
　　아버지라고 부르짖느니라"(롬8:15)

5. 하나님의 양자 삼음의 은혜에 참여하는 자는 은혜의 보좌로 담대히 나아가게
　　된다.
　　"우리가 그 안에서 그를 믿음으로 말미암아 담대함과 확신을 가지고 하나님께 나아감을
　　얻느니라"(엡3:12)

　　"또한 그로 말미암아 우리가 믿음으로 서 있는 이 은혜에 들어감을 얻었으며 하나님의 영
　　광을 바라고 즐거워하느니라"(롬5:2)

　　"그러므로 우리는 긍휼하심을 받고 때를 따라 돕는 은혜를 얻기 위하여 은혜의 보좌 앞에
　　담대히 나아갈 것이니라"(히4:16)

6. 하나님의 양자 삼음의 은혜에 참여하는 자는 하나님을 아빠 아버지라고 부를
　　수 있게 된다.
　　"너희는 다시 무서워하는 종의 영을 받지 아니하고 양자의 영을 받았으므로 우리가 아빠
　　아버지라고 부르짖느니라"(롬8:15)

　　"너희가 아들이므로 하나님이 그 아들의 영을 우리 마음 가운데 보내사 아빠 아버지라 부
　　르게 하셨느니라"(갈4:6)

7. 하나님의 양자 삼음의 은혜에 참여하는 자는 하나님으로부터 긍휼히 여김을
　　받는다.
　　"아버지가 자식을 긍휼히 여김 같이 여호와께서는 자기를 경외하는 자를 긍휼히 여기시나
　　니"(시103:13)

8. 하나님의 양자 삼음의 은혜에 참여하는 자는 하나님으로부터 보호를 받는다.

"여호와를 경외하는 자에게는 견고한 의뢰가 있나니 그 자녀들에게 피난처가 있으리라"(잠14:26)

9. 하나님의 양자 삼음의 은혜에 참여하는 자는 아버지 되신 하나님의 직접적인 돌보심 아래에서 그분으로부터 필요한 것들을 공급받는다.

   "오늘 있다가 내일 아궁이에 던져지는 들풀도 하나님이 이렇게 입히시거든 하물며 너희일까보냐 믿음이 작은 자들아 그러므로 염려하여 이르기를 무엇을 먹을까 무엇을 마실까 무엇을 입을까 하지 말라 이는 다 이방인들이 구하는 것이라 너희 하늘 아버지께서 이 모든 것이 너희에게 있어야 할 줄을 아시느니라"(마6:30-32)

   "너희 염려를 다 주께 맡기라 이는 그가 너희를 돌보심이라"(벧전5:7)

10. 하나님께서는 자신이 양자 삼은 자들이 잘못을 행할 때에 징계하심으로 훈육하신다.

    "주께서 그 사랑하시는 자를 징계하시고 그가 받아들이시는 아들마다 채찍질하심이라 하였으니"(히12:6)

11. 하나님께서는 자신이 양자 삼은 자들을 결코 버리시지 않으신다.

    "이는 주께서 영원하도록 버리지 아니하실 것임이며"(애3:31)

12. 하나님께서는 자신이 양자 삼은 자들을 구원의 그 날까지 인치신다.

    "하나님의 성령을 근심하게 하지 말라 그 안에서 너희가 구원의 날까지 인치심을 받았느니라"(엡4:30)

13. 하나님께서는 자신이 양자 삼은 자들에게 기업을 약속하신다.

    "게으르지 아니하고 믿음과 오래 참음으로 말미암아 약속들을 기업으로 받는 자들을 본받는 자 되게 하려는 것이니라"(히6:12)

14. 하나님께서는 자신이 양자 삼은 자들을 영원한 구원의 상속자로 삼으신다.

    "우리 주 예수 그리스도의 아버지 하나님을 찬송하리로다 그의 많으신 긍휼대로 예수 그리스도를 죽은 자 가운데서 부활하게 하심으로 말미암아 우리를 거듭나게 하사 산 소망이

있게 하시며"(벧전1:3,4)

"모든 천사들은 섬기는 영으로서 구원 받을 상속자들을 위하여 섬기라고 보내심이 아니냐"(히1:14)

Chapter XIII

Of Sanctification

성화에 관하여

I. They who are once effectually called and regenerated, having a new heart and a new spirit created in them, are further sanctified, really and personally, through the virtue of Christ's death and resurrection, by His Word and Spirit dwelling in them: the dominion of the whole body of sin is destroyed, and the several lusts thereof are more and more weakened and mortified; and they more and more quickened and strengthened in all saving graces, to the practice of true holiness, without which no man shall see the Lord.

<번역>

한번 효력 있게 부르심을 받고 중생하는 그들은 그들 안에서 창조된 새로운 심정과 새로운 영을 갖고 있기에 그리스도의 죽음과 부활의 공덕을 통하여, 그들 안에 거하시는 그분의 말씀과 영에 의해서, 실질적이고 인격적으로 더욱 성화되는데, 온 몸에 대한 죄의 지배가 파괴되고, 그로 인한 여러 정욕들이 점점 더 약화되고 억제되기에, 그들은 참 거룩함의 실천에까지 모든 구원하는 은혜들 안에서 더욱 더 소생되고 강해지는데, 그것 없이는 그 누구도 주님을 보지 못할 것이다.

<원문분석>

1. They who are once effectually called and regenerated, having a new heart and a new spirit created in them, are further sanctified, really and personally, through the virtue of Christ's death and resurrection, by His Word and Spirit dwelling in them:

- They who are once effectually called and regenerated, 한번 효력 있게 부르심을 받고, 중생하는 자들

- having a new heart and a new spirit created in them 이유를 나타내는 분사

구문으로 '그들 안에서 창조된 새로운 심정과 새로운 영을 갖고 있기에'라는 뜻이다. 의미상으로는 결정적인 성화(Definitive Sanctification, 근본적인 성화)를 말하며, 'are further sanctified'와 그 이후에 부연되는 설명들은 점진적인 성화(Progressive Sanctification)를 말한다고 할 수 있다.[5]

- **heart** 심정 (참고, mind: 마음)
- **a new heart and a new spirit (which are) created in them** 그들 안에서 창조된 새로운 심정과 새로운 영
- **sanctify** 성화시키다.
- **really and personally** 실질적이고 인격적으로
- **virtue** 공덕 (merit: 공로, benefit: 은덕)
- **by His Word and Spirit (which are) dwelling in them** 그들 안에 거하시는 그분의 말씀과 영에 의해서
- 한번 효력 있게 부르심을 받고 중생하는 그들은 그들 안에서 창조된 새로운 심정과 새로운 영을 갖고 있기에 그리스도의 죽음과 부활의 공덕을 통하여, 그들 안에 거하시는 그분의 말씀과 영에 의해서, 실질적이고 인격적으로 더욱 성화된다.

2. **the dominion of the whole body of sin is destroyed, and the several lusts thereof are more and more weakened and mortified;**
- **the dominion of the whole body of sin** 죄의 온 몸에 대한 지배
- **destroy** 파괴하다.
- **the several lusts thereof** '그러한 까닭에 의한 여러 정욕들'로, 앞서 언급한 죄가 온 몸을 지배하기 때문에 당연히 나타나게 되는 여러 정욕들을 말한다.
- **more and more** 점점 더
- **mortify** (육욕, 감정 따위)를 극복하다. 억제하다. 『병리』 괴사하게 하다.
- 온 몸에 대한 죄의 지배가 파괴되고, 그로 인한 여러 정욕들이 점점 더 약화되고 억제된다.

---

5. 정두성, 『키워드카테키즘』 (서울: 세움북스, 2019) 207-9.

3. ; and they more and more quickened and strengthened in all saving graces, to the practice of true holiness, without which no man shall see the Lord.

- ; and ~하기에, 그래서

- quicken 소생시키다.

- in all saving graces 모든 구원하는 은혜들 안에서

- to the practice of true holiness 참 거룩함의 실천에까지

- without which no man shall see the Lord '그것(참 거룩함) 없이는 누구도 주님을 보지 못 할 것이다.' shall은 단순한 미래를 말하는 것도, 주어의 의지를 나타내는 것도 아니다. 이는 외부의 어떠한 힘에 의해 미래에 그러한 결과가 당연히 도출 될 것이라는 뜻이다. 'You shall not see me any more.'(너는 다시는 나를 보지 못할 것이다)가 'You are not allowed to see me any more'(너는 나를 보는 것이 더 이상 허락되지 않는다)나 'You can not see me any more, because I will never see you more'(내가 너를 더 이상 보지 않을 것이기 때문에, 너는 나를 결코 볼 수 없을 거야)의 뜻을 나타내는 것과 유사한 표현이다.

- 그들은 참 거룩함의 실천에까지 모든 구원하는 은혜들 안에서 더욱더 소생되고 강해지는데, 그것 없이는 그 누구도 주님을 보지 못할 것이다.

<원문>

II. This sanctification is throughout, in the whole man; yet imperfect in this life, there abiding still some remnants of corruption in every part: whence ariseth a continual and irreconcilable war; the flesh lusting against the Spirit, and the Spirit against the flesh.

<번역>

이 성화는 전인 안에서 전체에 걸쳐서 있기는 하지만, 그럼에도 불구하고 부패의

잔재들이 모든 부분에서 여전히 약간은 잔존하고 있어서, 거기에서 육체는 성령을 거슬러서 정욕을 품고, 성령은 육체를 거스르는 계속적이고 화해 불가한 전쟁이 일어나기 때문에, 이생에서는 불완전하다.

<원문분석>

1. This sanctification is throughout, in the whole man; yet imperfect in this life, there abiding still some remnants of corruption in every part:

- This sanctification is throughout 1형식으로 is는 '~이 있다,' '~이 존재하다'는 뜻이다.

- throughout 전체에 걸쳐서

- in the whole man 전인 안에서

- yet imperfect yet (it is) imperfect로 그럼에도 불구하고 그것은 불완전하다. 참고로 in not perfect면 '완전하지는 않다'로 번역한다.

- in this life 이생에서

- abide in ~에 살다. 체류하다. 머무르다.

- there abiding still some remnants of corruption some remnants of corruption이 주어인 독립분사구문이다.

- there abiding~ 잔존하고 있기 때문에, 살아 있기 때문에

- 이 성화는 전인 안에서 전체에 걸쳐서 있기는 하지만, 그럼에도 불구하고 부패의 잔재들이 모든 부분에서 여전히 약간은 잔존하고 있어서, 이생에서는 불완전하다.

2. whence ariseth a continual and irreconcilable war; the flesh lusting against the Spirit, and the Spirit against the flesh.

- whence 거기에서

- continual 끊이지 않고 연결되는 것은 아니지만, 반복적으로 꾸준한

- continuous 끊김 없이 쭉 이어지는

- irreconcilable 화해가 안 되는, 화해가 불가한

- **the flesh lusting against the Spirit** the flesh가 주어인 독립분사구문으로 '육체
는 성령을 거슬러 정욕을 품기 때문에'로 해석한다.
- **the Spirit (being) against the flesh** the Spirit이 주어인 독립분사구문으로 '성
령은 육체를 거슬러서 존재하기 때문에'로 해석한다.
- 거기에서 육체는 성령을 거슬러서 정욕을 품고, 성령은 육체를 거스르는 계속적
이고 화해 불가한 전쟁이 일어난다.

<원문>

III. In which war, although the remaining corruption, for a
time, may much prevail; yet through the continual supply of
strength from the sanctifying Spirit of Christ, the regenerate part
doth overcome; and so, the saints grow in grace, (m) perfecting
holiness in the fear of God.

<번역>

그 전쟁에서 비록 남아있는 부패가 잠시 동안은 훨씬 우세하기도 하지만, 그럼에
도 불구하고 그리스도의 성화시키는 영으로부터의 계속적인 힘의 공급을 통하여
그 중생한 지체는 이겨내며, 그렇게 됨으로써 성도들은 하나님을 두려워하는 가
운데 거룩함을 완성해가면서 은혜 안에서 성장한다.

<원문분석>

1. In which war, although the remaining corruption, for a time, may much
prevail; yet through the continual supply of strength from the sanctifying
Spirit of Christ, the regenerate part doth overcome;
- **In which war** which는 관계 형용사로 war를 수식한다. '그 전쟁에서'로 앞항에
서 언급한 신자 속에서 일어나는 영적 전쟁을 말한다.
- **the remaining corruption** 남아 있는 부패, 잔존하는 부패

- **for a time** 잠시 동안은

- **may much prevail** '훨씬 우세하기도 한다.' 혹은 '훨씬 우세할 수도 있다'로 항상 그런 것은 아니고, 그럴 가능성이 있거나, 종종 그러기도 하다는 뜻이다.

- **the continual supply of strength** 계속적인 힘의 공급

- **the sanctifying Spirit of Christ** 그리스도의 성화시키는 영

- **the regenerate part** '그 중생한 지체'로, 중생한 신자들(believers) 한 사람 한 사람을 나타낸다. 따라서 여기서 the는 '그'로 해석해 주는 것이 좋다.

- **doth overcome** '이겨내다, 극복해내다'는 뜻이며, doth는 강조를 나타내는 조동사다. 참고로 can overcome이나, may overcome으로 쓰지 않고, doth overcome으로 표현함으로 어떠한 상황에 따라 이겨낼 수도 있는 가능성이 아니라, 항상 이겨내게 된다는 당위성이 잘 드러나는 것을 알 수 있다.

- 그 전쟁에서 비록 남아있는 부패가 잠시 동안은 훨씬 우세하기도 하지만, 그럼에도 불구하고 그리스도의 성화시키는 영으로부터의 계속적인 힘의 공급을 통하여 그 중생한 지체는 이겨낸다.

2. and so, the saints grow in grace, perfecting holiness in the fear of God.

- **; and so** 그렇게 됨으로써

- **the saints grow in grace** 성도들은 은혜 안에서 성장한다.

- **perfecting holiness** 동시동작을 나타내는 분사구문으로 '거룩함을 완성해 가면서'로 해석한다.

- **in the fear of God** 하나님을 두려워하는 가운데

- 그렇게 됨으로써 성도들은 하나님을 두려워하는 가운데 거룩함을 완성해가면서 은혜 안에서 성장한다.

<원문으로 요약하고 성경으로 해설하기>

1. 한 번 효력 있게 부르심을 받고 중생하는 자들은 그들 안에서 창조된 새로운 심정과 새로운 영을 갖고 있기에 그리스도의 죽음과 부활의 공덕을 통하여, 그들 안에 거하시는 그분의 말씀과 영에 의해서, 실질적이고 인격적으로 더욱 성화된다.

"너희 중에 이와 같은 자들이 있더니 주 예수 그리스도의 이름과 우리 하나님의 성령 안에서 씻음과 거룩함과 의롭다 하심을 받았느니라"(고전6:11)

"지금 내가 여러분을 주와 및 그 은혜의 말씀에 부탁하노니 그 말씀이 여러분을 능히 든든히 세우사 거룩하게 하심을 입은 모든 자 가운데 기업이 있게 하시리라"(행20:32)

"내가 그리스도와 그 부활의 권능과 그 고난에 참여함을 알고자 하여 그의 죽으심을 본받아"(빌3:10)

"만일 우리가 그의 죽으심과 같은 모양으로 연합한 자가 되었으면 또한 그의 부활과 같은 모양으로 연합한 자도 되리라 우리가 알거니와 우리의 옛 사람이 예수와 함께 십자가에 못 박힌 것은 죄의 몸이 죽어 다시는 우리가 죄에게 종 노릇 하지 아니하려 함이니"(롬6:5,6)

2. 하나님께서 성화시키시는 자는 그 안에 말씀과 성령이 함께 계신다.

"그들을 진리로 거룩하게 하옵소서 아버지의 말씀은 진리니이다"(요17:17)

"이는 곧 물로 씻어 말씀으로 깨끗하게 하사 거룩하게 하시고"(엡5:26)

"주께서 사랑하시는 형제들아 우리가 항상 너희에 관하여 마땅히 하나님께 감사할 것은 하나님이 처음부터 너희를 택하사 성령의 거룩하게 하심과 진리를 믿음으로 구원을 받게 하심이니"(살후2:13)

3. 하나님께서 성화시키시는 자에게는 그의 온 몸과 마음에서 죄의 지배가 파괴되어, 정욕들이 점점 약화되고 억제된다.

"우리가 알거니와 우리의 옛 사람이 예수와 함께 십자가에 못 박힌 것은 죄의 몸이 죽어 다시는 우리가 죄에게 종 노릇 하지 아니하려 함이니"(롬6:6)

"죄가 너희를 주장하지 못하리니 이는 너희가 법 아래에 있지 아니하고 은혜 아래에 있음이라"(롬6:14)

"그리스도 예수의 사람들은 육체와 함께 그 정욕과 탐심을 십자가에 못 박았느니라"(갈5:24)

"너희가 육신대로 살면 반드시 죽을 것이로되 영으로써 몸의 행실을 죽이면 살리니"(롬 8:13)

4. 하나님께서 성화시키시는 자는 모든 구원하는 은혜들 안에서 참 거룩함을 실천하는 데까지 더욱 소생되고 강건해진다.

"그의 영광의 힘을 따라 모든 능력으로 능하게 하시며 기쁨으로 모든 견딤과 오래 참음에 이르게 하시고"(골1:11)

"그의 영광의 풍성함을 따라 그의 성령으로 말미암아 너희 속사람을 능력으로 강건하게 하시오며 믿음으로 말미암아 그리스도께서 너희 마음에 계시게 하시옵고 너희가 사랑 가운데서 뿌리가 박히고 터가 굳어져서 능히 모든 성도와 함께 지식에 넘치는 그리스도의 사랑을 알고 그 너비와 길이와 높이와 깊이가 어떠함을 깨달아 하나님의 모든 충만하신 것으로 너희에게 충만하게 하시기를 구하노라"(엡3:16-19)

5. 하나님께서 베푸시는 성화의 은혜가 없이는 그 누구도 거룩하신 하나님을 뵐 수 없다.

"그가 온 것뿐 아니요 오직 그가 너희에게서 받은 그 위로로 위로하고 너희의 사모함과 애통함과 나를 위하여 열심 있는 것을 우리에게 보고함으로 나를 더욱 기쁘게 하였느니라"(고후7:1)

"모든 사람과 더불어 화평함과 거룩함을 따르라 이것이 없이는 아무도 주를 보지 못하리라"(히12:14)

6. 중생한 자에게서 나타나는 하나님의 성화의 사역은 그의 전인 안에서 그리고 인생 전반에 걸쳐 나타난다.

"평강의 하나님이 친히 너희를 온전히 거룩하게 하시고 또 너희의 온 영과 혼과 몸이 우리 주 예수 그리스도께서 강림하실 때에 흠 없게 보전되기를 원하노라"(살전5:23)

7. 중생하지 않은 자들을 물론, 모든 중생한 자들에게도 여전히 부패한 본성은 남아 있기 때문에 이생에서의 성화는 결코 완전할 수는 없다.

"만일 우리가 범죄하지 아니하였다 하면 하나님을 거짓말하는 이로 만드는 것이니 또한 그의 말씀이 우리 속에 있지 아니하니라"(요일1:10)

"이제는 그것을 행하는 자가 내가 아니요 내 속에 거하는 죄니라 내 속 곧 내 육신에 선한 것이 거하지 아니하는 줄을 아노니 원함은 내게 있으나 선을 행하는 것은 없노라 내가 원하는 바 선은 행하지 아니하고 도리어 원하지 아니하는 바 악을 행하는도다 만일 내가 원하지 아니하는 그것을 하면 이를 행하는 자는 내가 아니요 내 속에 거하는 죄니라 그러므로 내가 한 법을 깨달았노니 곧 선을 행하기 원하는 나에게 악이 함께 있는 것이로다 내 속 사람으로는 하나님의 법을 즐거워하되 내 지체 속에서 한 다른 법이 내 마음의 법과 싸워 내 지체 속에 있는 죄의 법으로 나를 사로잡는 것을 보는도다"(롬7:17-23)

"내가 이미 얻었다 함도 아니요 온전히 이루었다 함도 아니라 오직 내가 그리스도 예수께 잡힌 바 된 그것을 잡으려고 달려가노라"(빌3:12)

8. 하나님께서 성화시키는 자들 속에서는 육체는 성령을 거슬러서 정욕을 품고, 성령은 육체의 정욕을 거스르는 영적 전쟁이 항상 일어난다.
    "오호라 나는 곤고한 사람이로다 이 사망의 몸에서 누가 나를 건져내랴 우리 주 예수 그리스도로 말미암아 하나님께 감사하리로다 그런즉 내 자신이 마음으로는 하나님의 법을 육신으로는 죄의 법을 섬기노라"(롬8:24,25)

    "육체의 소욕은 성령을 거스르고 성령은 육체를 거스르나니 이 둘이 서로 대적함으로 너희가 원하는 것을 하지 못하게 하려 함이니라"(갈5:17)

    "사랑하는 자들아 거류민과 나그네 같은 너희를 권하노니 영혼을 거슬러 싸우는 육체의 정욕을 제어하라"(벧전2:11)

9. 하나님께서 성화시키는 자 속에서 발생하는 영적 전투에서는 남아 있는 부패가 잠시 동안 더 우세하게 나타나기도 한다.
    "내 지체 속에서 한 다른 법이 내 마음의 법과 싸워 내 지체 속에 있는 죄의 법으로 나를 사로잡는 것을 보는도다"(롬7:23)

10. 하나님께서 성화시키는 자는 자신 속에서 발생하는 영적 전투에서 남아 있는 부패에 잠시 동안 눌리기도 하지만, 그리스도의 성화시키는 영으로부터 지속적인 힘을 공급받기에 그 중생한 지체들은 결국 이겨낸다.

"죄가 너희를 주장하지 못하리니 이는 너희가 법 아래에 있지 아니하고 은혜 아래에 있음이라"(롬6:14)

"무릇 하나님께로부터 난 자마다 세상을 이기느니라 세상을 이기는 승리는 이것이니 우리의 믿음이니라"(요일5:4)

"오직 사랑 안에서 참된 것을 하여 범사에 그에게까지 자랄지라 그는 머리니 곧 그리스도라 그에게서 온 몸이 각 마디를 통하여 도움을 받음으로 연결되고 결합되어 각 지체의 분량대로 역사하여 그 몸을 자라게 하며 사랑 안에서 스스로 세우느니라"(엡4:15,16)

11. 하나님께서 성화시키는 자는 자신 속에서 발생하는 영적 전투에서 남아 있는 부패에 잠시 동안 눌리기도 하지만, 그리스도의 성화시키는 영으로부터 지속적인 힘을 공급받기에 은혜 안에서 성장한다.

"오직 우리 주 곧 구주 예수 그리스도의 은혜와 그를 아는 지식에서 자라 가라 영광이 이제와 영원한 날까지 그에게 있을지어다"(벧후3:18)

"우리가 다 수건을 벗은 얼굴로 거울을 보는 것 같이 주의 영광을 보매 그와 같은 형상으로 변화하여 영광에서 영광에 이르니 곧 주의 영으로 말미암음이니라"(고후3:18)

12. 하나님께서 성화시키는 자는 자신 속에서 발생하는 영적 전투에서 남아 있는 부패에 잠시 동안 눌리기도 하지만, 그리스도의 성화시키는 영으로부터 지속적인 힘을 공급받기에 하나님을 두려워하는 가운데 거룩함을 완성해간다.

"그런즉 사랑하는 자들아 이 약속을 가진 우리는 하나님을 두려워하는 가운데서 거룩함을 온전히 이루어 육과 영의 온갖 더러운 것에서 자신을 깨끗하게 하자"(고후7:1)

16

Chapter XIV

Of Saving Faith

구원하는 믿음에 관하여

1646

<원문>

I. The grace of faith, whereby the elect are enabled to believe to the saving of their souls, is the work of the Spirit of Christ in their hearts; and is ordinarily wrought by the ministry of the Word: by which also, and by the administration of the sacraments, and prayer, it is increased and strengthened.

<번역>

믿음의 은혜는, 그것에 의해서 택자들이 자신들의 영혼을 구원하는 것으로 믿을 수 있게 능력을 부여받는데, 그들의 심정에 있는 그리스도의 영의 사역이며, 통상적으로 말씀의 사역에 의해 작동되지만, 그것에 의해서는 물론, 성례들의 시행과 기도에 의해서도 믿음의 은혜는 증가하고 강화된다.

<원문분석>

1. The grace of faith, whereby the elect are enabled to believe to the saving of their souls, is the work of the Spirit of Christ in their hearts; and is ordinarily wrought by the ministry of the Word:

- Saving Faith 장로교 교리를 다루는 웨스트민스터 세 문서(신앙고백서, 대교리교육서, 소교리교육서)는 믿음을 다른 주제들처럼 '믿음에 관하여'(Of Faith)로 다루지 않는다. 그뿐 아니라 각 문서들은 각각 다른 이름으로 믿음을 정의하고 설명한다. 소교리교육서는 86문에서 'faith in Jesus Christ(그리스도 안에 있는 믿음)'로 설명하고, 대교리교육서는 72문에서 'justifying faith(의롭게 하는 믿음)'로 설명한다. 그리고 이곳 신앙고백서에서는 'Saving Faith(구원하는 믿음)'로 다룬다.

- The grace of faith 믿음의 은혜

- The grace of faith is the work of~; and is wrought by~ 믿음의 은혜는 ~의 사역이고, ~에 의해 작동한다.

- **,whereby** 그것에 의해서

- **the elect** 선택받은 사람들, 택자들

- **be enabled to believe** '믿을 수 있는 능력을 갖게 된다'로, '믿을 수 있게 된다'로 번역되는 can believe와는 분명히 구별되어야 한다.

- **to the saving of their souls** to는 방향이나 목적지를 나타내는 전치사다. 따라서 이 부분은 '그들의 영혼들을 구원하는 것을 목적으로' 혹은 '그들의 영혼들을 구원하는 방향으로' 정도로 번역할 수 있다.

- **the work of the Spirit of Christ** 그리스도의 영의 사역

- **in their hearts** 그들의 심정들 안에 있는 (mind: 마음)

- **wrought** work(작동하다)의 과거분사

- **(The grace of faith) is ordinarily wrought by~** 믿음의 은혜는 통상적으로 ~에 의해 작동한다.

- **the ministry of the Word** 말씀의 사역

- 믿음의 은혜는, 그것에 의해서 택자들이 자신들의 영혼을 구원하는 것에로 믿을 수 있게 능력을 부여 받는 것으로, 그들의 심정에 있는 그리스도의 영의 사역이며, 통상적으로 말씀의 사역에 의해 작동된다.

2. **by which also, and by the administration of the sacraments, and prayer, it is increased and strengthened.**

- **by which also** '그것에 의해서뿐만 아니라'로 그 의미는 '말씀의 사역에 의해서뿐만 아니라'이다.

- **by the administration of the sacraments, and prayer** and 앞에 콤마(,)가 the administration of가 prayer와는 연결되지 않는다는 것을 나타낸다. 따라서 이 구문은 '성례들의 시행과 기도에 의해서'라고 해석되어야지, '성례들과 기도의 시행에 의해서'라고 해석해서는 안 된다.

- **it is increased and strengthened** '그것은 증가하고 강화된다'인데, 여기서 it은 이 항 전체의 주어인 the grace of faith(믿음의 은혜)이다. 이 표현을 통해 분명히 알 수 있는 것은 말씀, 성례, 기도를 통해 증가하고 강화되는 것은 믿음(faith)

이 아니라, 믿음의 은혜(the grace of faith)라는 점이다.

- 그것에 의해서는 물론, 성례들의 시행과 기도에 의해서도 믿음의 은혜는 증가하고 강화된다.

<원문>

II. By this faith, a Christian believeth to be true whatsoever is revealed in the Word, for the authority of God Himself speaking therein; and acteth differently upon that which each particular passage thereof containeth; yielding obedience to the commands, trembling at the threatenings, and embracing the promises of God for this life, and that which is to come. But the principal acts of saving faith are accepting, receiving, and resting upon Christ alone for justification, sanctification, and eternal life, by virtue of the covenant of grace.

<번역>

이 믿음에 의해서 그리스도인은 말씀 안에 계시된 것은 그 무엇이라도, 그 안에서 말씀하시는 하나님 자신의 권위 때문에, 진리로 믿을 뿐 아니라, 각각 특별한 단락이 그렇게 각각 포함하고 있는 것에 대해서는 다르게 행동하는데, 계명들에는 순종을 표명하고, 경고들에는 두려워 떨며, 이생과 오는 생을 위해 하나님의 약속을 품는다. 그러나 구원하는 믿음의 주요한 행위들은 은혜언약의 공덕에 의해 칭의와 성화와 영원한 생명을 위해서 그리스도만을 수용하고, 받아들이고, 의지하는 것이다.

<원문분석>

1. By this faith, a Christian believeth to be true whatsoever is revealed in the Word, for the authority of God Himself speaking therein; and acteth

differently upon that which each particular passage thereof containeth; yielding obedience to the commands, trembling at the threatenings, and embracing the promises of God for this life, and that which is to come.

- **By this faith** 이 믿음으로

- **a Christian believeth~; and acteth ~; yielding~, trembling~ and enbracing~** 그리스도인은 ~을 믿을 뿐 아니라, ~을 행하는데, ~을 표명하고, ~을 두려워하며, ~을 품어 안는다.

- **a Christian believeth to be true whatsoever is revealed in the Word** 현대 문법의 틀로 바꾸면 a Christian believeth whatsoever is revealed in the Word to be true가 된다. 5형식 문장으로 whatsoever is revealed in the Word(말씀에 계시되어 있는 것은 그 무엇이나)가 목적어이고, to be true(진리이다)가 목적보어이다. 따라서 이 문장의 전체 의미는 '그리스도인은 말씀에 계시되어 있는 것은 그 무엇이나 진리라고 믿는다'이다.

- **for the authority of God Himself (who is) speaking therein** 그 안에서 말씀하시는 하나님 자신의 권위 때문에

- **upon** '~에 관하여'로 특별히 다루는 어떠한 주제를 나타낼 때 주로 사용한다.

- **upon that which each particular passage thereof containeth** thereof는 '그러한 까닭으로'라는 뜻이다. '각각의 특별한 단락이 그러한 까닭으로 포함하고 있다'는 말은, 그 단락들이 각각 특별하기 때문에, 그러한 특별함에 의해서 달리 포함하는 내용들이 있다는 뜻이다. 그래서 이 부분은 '각각 특별한 단락이 그렇게 각각 포함하고 있는 것에 대해서는'으로 번역한다.

- **yielding~, trembling~, and embracing~** acteth와 연결되는 분사구문 세 개를 A, B, and C의 구조로 동등하게 나열했다. 이는 앞에서 언급한 '각각의 특별한 내용에 어떻게 다르게 행동하는지'에 관한 각각 다른 세 가지의 행동에 관한 것이다.

- **yielding obedience to the commands** 계명들에는 순종을 표명하고

- **trembling at the threatenings** 경고들에는 두려워 떨고

- **embracing the promises of God** 하나님의 약속을 품고

- for this life, and that which is to come 이생과 오는 생을 위해
- 이 믿음에 의해서 그리스도인은 말씀 안에 계시된 것은 그 무엇이라도, 그 안에서 말씀하시는 하나님 자신의 권위 때문에, 진리로 믿을 뿐 아니라, 각각 특별한 단락이 그렇게 각각 포함하고 있는 것에 대해서는 다르게 행동하는데, 계명들에는 순종을 표명하고, 경고들에는 두려워 떨며, 이생과 오는 생을 위해 하나님의 약속을 품는다.

2. But the principal acts of saving faith are accepting, receiving, and resting upon Christ alone for justification, sanctification, and eternal life, by virtue of the covenant of grace.

- the principal acts of saving faith 구원하는 믿음의 주요한 행위들
- are accepting, receiving, and resting upon Christ alone '그리스도만을 수용하고, 받아들이고, 의지하는 것'으로 accepting, receiving, resting은 모두 동명사이다.
- for justification, sanctification, and eternal life 칭의와 성화와 영원한 생명을 위하여
- by virtue of the covenant of grace 은혜언약의 공덕에 의해서
- 그러나 구원하는 믿음의 주요한 행위들은 은혜언약의 공덕에 의해 칭의와 성화와 영원한 생명을 위해서 그리스도만을 수용하고, 받아들이고, 의지하는 것이다.

<원문>
III. This faith is different in degrees, weak or strong; may be often and many ways assailed, and weakened, but gets the victory; growing up in many to the attainment of a full assurance through Christ, who is both the author and finisher of our faith.

<번역>

이 믿음은 정도에 있어서 달라서 약하기도 하고 강하기도 하며, 자주 그리고 많은 경우에 있어서 공격을 받고, 약해지기도 하지만, 승리에 이르는데, 이는 우리의 믿음의 조성자이시며 동시에 종결자이신 그리스도를 통해 충만한 확신에 도달하기까지 많은 경우에서 자라기 때문이다.

<원문분석>

1. This faith is different in degrees, weak or strong; may be often and many ways assailed, and weakened, but gets the victory;

- This faith is~; may be assailed, and wekened, but gets~ This faith가 주어인 네 개의 동사를 A, B, and C, but D(이 믿음은 A와 B와 C이지만, D한다)의 틀로 묶어 놓았다.

- different in degrees 정도에 있어서 다르다.

- different in degrees, weak or strong weak or strong은 different in degrees의 동격으로, 그 의미에 대한 추가 설명이다.

- often 자주

- many ways 많은 경우에 있어서

- assail 공격하다.

- be assailed, and weakened 콤마(,) and는 단순한 동급연결을 넘어, 원인-결과를 나타낸다. 따라서 이는 '공격을 받아서, 약해지다'로 해석해야 한다.

- may be often and many ways assailed, and weakened, but gets the victory gets the victory는 '승리에 이른다'인데, 여기서 gets이 동사원형이 아니라 3인칭 단수 현재형인 것은 may가 be assailed와 be weakened까지만 영향을 주고 있다는 것을 나타낸다. 이는 믿음이 공격을 받아서 약해지는 것은 항상 그런 것이 아니라, 그럴 수도 있고 아닐 수도 있지만, 믿음이 승리에 이르는 것은 언제나 그렇다는 것을 잘 드러내 보여주는 아주 중요한 문법적인 장치라 할 수 있다.

- 이 믿음은 정도에 있어서 달라서 약하기도 하고 강하기도 하며, 자주 그리고 많은 경우에 있어서 공격을 받고, 약해지기도 하지만, 승리에 이른다.

2. growing up in many to the attainment of a full assurance through Christ,(m) who is both the author and finisher of our faith.

- growing up~ 이유를 나타내는 분사구문으로 '자라기 때문'으로 해석한다.

- attainment 도달, 달성

- to the attainment of a full assurance through Chris 그리스도를 통해 충만한 확신에 도달하기까지

- both the author and finisher of our faith 우리의 믿음의 조성자이시며 동시에 종결자

- 우리의 믿음의 조성자이시며 동시에 종결자이신 그리스도를 통해 충만한 확신에 도달하기까지 많은 경우에서 자라기 때문에

<원문으로 요약하고 성경으로 해설하기>

1. 택자들은 믿음의 은혜에 의하여 자신들의 영혼 구원을 믿을 수 있는 능력을 부여받는다.

"우리는 뒤로 물러가 멸망할 자가 아니요 오직 영혼을 구원함에 이르는 믿음을 가진 자니라"(히10:39)

2. 믿음의 은혜는 택자들의 심정 속에 있는 그리스도의 영의 사역이다.

"기록된 바 내가 믿었으므로 말하였다 한 것 같이 우리가 같은 믿음의 마음을 가졌으니 우리도 믿었으므로 또한 말하노라"(고후4:13)

"우리 주 예수 그리스도의 하나님, 영광의 아버지께서 지혜와 계시의 영을 너희에게 주사 하나님을 알게 하시고 너희 마음의 눈을 밝히사 그의 부르심의 소망이 무엇이며 성도 안에서 그 기업의 영광의 풍성함이 무엇이며 그의 힘의 위력으로 역사하심을 따라 믿는 우리에게 베푸신 능력의 지극히 크심이 어떠한 것을 너희로 알게 하시기를 구하노라"(엡1:17-19)

"너희는 그 은혜에 의하여 믿음으로 말미암아 구원을 받았으니 이것은 너희에게서 난 것이 아니요 하나님의 선물이라"(엡2:8)

3. 믿음의 은혜는 통상적으로 말씀의 사역에 의해 작동된다.

"그런즉 그들이 믿지 아니하는 이를 어찌 부르리요 듣지도 못한 이를 어찌 믿으리요 전파하는 자가 없이 어찌 들으리요 보내심을 받지 아니하였으면 어찌 전파하리요 기록된 바 아름답도다 좋은 소식을 전하는 자들의 발이여 함과 같으니라 그러나 그들이 다 복음을 순종하지 아니하였도다 이사야가 이르되 주여 우리가 전한 것을 누가 믿었나이까 하였으니 그러므로 믿음은 들음에서 나며 들음은 그리스도의 말씀으로 말미암았느니라"(롬 10:14-17)

4. 믿음의 은혜는 말씀의 사역은 물론 성례들의 시행과 기도에 의해 증가하고 강화된다.

"갓난 아기들 같이 순전하고 신령한 젖을 사모하라 이는 그로 말미암아 너희로 구원에 이르도록 자라게 하려 함이라"(벧전2:2)

"지금 내가 여러분을 주와 및 그 은혜의 말씀에 부탁하노니 그 말씀이 여러분을 능히 든든히 세우사 거룩하게 하심을 입은 모든 자 가운데 기업이 있게 하시리라"(행20:32)

"사도들이 주께 여짜오되 우리에게 믿음을 더하소서 하니"(눅17:5)

"내가 복음을 부끄러워하지 아니하노니 이 복음은 모든 믿는 자에게 구원을 주시는 하나님의 능력이 됨이라 먼저는 유대인에게요 그리고 헬라인에게로다 복음에는 하나님의 의가 나타나서 믿음으로 믿음에 이르게 하나니 기록된 바 오직 의인은 믿음으로 말미암아 살리라 함과 같으니라"(롬1:16,17)

5. 믿음으로 그리스도인은 말씀 안에 계시된 모든 것이 진리임을 믿는데, 이는 전적으로 그 말씀 속에서 증언하시는 하나님의 권위에 근거한다.

"그 여자에게 말하되 이제 우리가 믿는 것은 네 말로 인함이 아니니 이는 우리가 친히 듣고 그가 참으로 세상의 구주신 줄 앎이라 하였더라"(요4:42)

"이러므로 우리가 하나님께 끊임없이 감사함은 너희가 우리에게 들은 바 하나님의 말씀을 받을 때에 사람의 말로 받지 아니하고 하나님의 말씀으로 받음이니 진실로 그러하도다 이 말씀이 또한 너희 믿는 자 가운데에서 역사하느니라"(살전2:13)

"하나님의 아들을 믿는 자는 자기 안에 증거가 있고 하나님을 믿지 아니하는 자는 하나님을 거짓말하는 자로 만드나니 이는 하나님께서 그 아들에 대하여 증언하신 증거를 믿지 아니하였음이라"(요일5:10)

"그러나 이것을 당신께 고백하리이다 나는 그들이 이단이라 하는 도를 따라 조상의 하나님을 섬기고 율법과 선지자들의 글에 기록된 것을 다 믿으며"(행24:14)

6. 믿음으로 그리스도인은 말씀 속에 있는 계명들에 대해서는 순종을 표명한다.

"이제는 나타내신 바 되었으며 영원하신 하나님의 명을 따라 선지자들의 글로 말미암아 모든 민족이 믿어 순종하게 하시려고 알게 하신 바 그 신비의 계시를 따라 된 것이니 이 복음으로 너희를 능히 견고하게 하실"(롬16:26)

7. 믿음으로 그리스도인은 말씀 속에 있는 경고들에 대해서는 두려워 떨며 반응한다.

"나 여호와가 말하노라 내 손이 이 모든 것을 지었으므로 그들이 생겼느니라 무릇 마음이 가난하고 심령에 통회하며 내 말을 듣고 떠는 자 그 사람은 내가 돌보려니와"(사66:2)

8. 믿음으로 그리스도인은 이생과 오는 생을 위해 말씀 속에 있는 하나님의 약속을 품는다.

"이 사람들은 다 믿음을 따라 죽었으며 약속을 받지 못하였으되 그것들을 멀리서 보고 환영하며 또 땅에서는 외국인과 나그네임을 증언하였으니"(히11:13)

"육체의 연단은 약간의 유익이 있으나 경건은 범사에 유익하니 금생과 내생에 약속이 있느니라"(딤전4:8)

9. 구원하는 믿음의 주요한 행위들은 은혜언약에 따라, 그리고 칭의와 성화와 영원한 생명을 위해서 그리스도만을 수용하고, 받아들이고, 의지하는 것이다.

"영접하는 자 곧 그 이름을 믿는 자들에게는 하나님의 자녀가 되는 권세를 주셨으니"(요1:12)

"이르되 주 예수를 믿으라 그리하면 너와 네 집이 구원을 받으리라 하고"(행16:31)

"내가 그리스도와 함께 십자가에 못 박혔나니 그런즉 이제는 내가 사는 것이 아니요 오직 내 안에 그리스도께서 사시는 것이라 이제 내가 육체 가운데 사는 것은 나를 사랑하사 나를 위하여 자기 자신을 버리신 하나님의 아들을 믿는 믿음 안에서 사는 것이라"(갈2:20)

"그러나 우리는 그들이 우리와 동일하게 주 예수의 은혜로 구원 받는 줄을 믿노라 하니라"(행15:11)

10. 이 믿음은 그 정도가 달라서 약하기도 하고 강하기도 하다.

"이는 젖을 먹는 자마다 어린 아이니 의의 말씀을 경험하지 못한 자요 단단한 음식은 장성한 자의 것이니 그들은 지각을 사용함으로 연단을 받아 선악을 분별하는 자들이니라"(히 5:13,14)

"그가 백 세나 되어 자기 몸이 죽은 것 같고 사라의 태가 죽은 것 같음을 알고도 믿음이 약하여지지 아니하고 믿음이 없어 하나님의 약속을 의심하지 않고 믿음으로 견고하여져서 하나님께 영광을 돌리며"(롬4:19,20)

"오늘 있다가 내일 아궁이에 던져지는 들풀도 하나님이 이렇게 입히시거든 하물며 너희일까보냐 믿음이 작은 자들아"(마6:30)

"예수께서 들으시고 놀랍게 여겨 따르는 자들에게 이르시되 내가 진실로 너희에게 이르노니 이스라엘 중 아무에게서도 이만한 믿음을 보지 못하였노라"(마8:10)

11. 믿음은 자주 그리고 많은 경우에 있어서 공격을 받기도 한다. 그러나 믿음은 결국 승리한다.

"시몬아, 시몬아, 보라 사탄이 너희를 밀 까부르듯 하려고 요구하였으나 그러나 내가 너를 위하여 네 믿음이 떨어지지 않기를 기도하였노니 너는 돌이킨 후에 네 형제를 굳게 하라"(눅22:31,32)

"모든 것 위에 믿음의 방패를 가지고 이로써 능히 악한 자의 모든 불화살을 소멸하고"(엡 6:16)

"무릇 하나님께로부터 난 자마다 세상을 이기느니라 세상을 이기는 승리는 이것이니 우리

의 믿음이니라 예수께서 하나님의 아들이심을 믿는 자가 아니면 세상을 이기는 자가 누구냐"(요일5:4,5)

12. 믿음은 많은 경우에 있어서 그리스도를 통하여 충만한 확신에까지 자란다.

"우리가 간절히 원하는 것은 너희 각 사람이 동일한 부지런함을 나타내어 끝까지 소망의 풍성함에 이르러 게으르지 아니하고 믿음과 오래 참음으로 말미암아 약속들을 기업으로 받는 자들을 본받는 자 되게 하려는 것이니라"(히6:11,12)

"우리가 마음에 뿌림을 받아 악한 양심으로부터 벗어나고 몸은 맑은 물로 씻음을 받았으니 참 마음과 온전한 믿음으로 하나님께 나아가자"(히10:22)

"이는 그들로 마음에 위안을 받고 사랑 안에서 연합하여 확실한 이해의 모든 풍성함과 하나님의 비밀인 그리스도를 깨닫게 하려 함이니"(골2:2)

13. 그리스도는 믿음의 조성자이시며, 동시에 종결자이시다.

"믿음의 주요 또 온전하게 하시는 이인 예수를 바라보자 그는 그 앞에 있는 기쁨을 위하여 십자가를 참으사 부끄러움을 개의치 아니하시더니 하나님 보좌 우편에 앉으셨느니라"(히12:2)

Chapter XV

Of Repentance unto Life
생명으로의 회개에 관하여

<번역>

생명으로의 회개는 복음적인 은혜인데, 그리스도 안에 있는 믿음에 관한 교리는 물론이거니와 그것에 관한 교리도 모든 복음의 사역자들에 의해 설교되어야 한다.

<원문분석>

1. Repentance unto life is an evangelical grace.

- **Repentance unto life** 생명으로의 회개, 생명에 이르는 회개 (penitence: 참회)

- **is** be 동사의 현재형 is는 생명으로의 회개는 언제나 그리고 어떠한 상황에서도 변하지 않는 복음적인 은혜라는 것을 분명히 나타낸다.

- **evangelical** 복음적인, 복음전파의, 복음을 전하는, 복음에 관한, 복음을 심는

- **an evangelical grace** a saving grace가 여러 구원하는 은혜들 중에 하나라는 것처럼, an evangelical grace는 여러 복음적인 은혜들 중에 하나라는 뜻이다. 그리스도에 관한 소식인 복음(gospel)이 택자들(the elect) 안에서 효력 있게 되도록 하시는 하나님의 은혜라는 의미다.

- 생명으로의 회개는 복음적인 은혜다.

2. the doctrine whereof is to be preached by every minister of the Gospel, as well as that of faith in Christ.

- **whereof** ~에 관한

- **the doctrine whereof** '그것에 관한 교리'로 여기서 whereof는 of repentance unto life(생명으로의 회개에 관하여)의 의미로 쓰였다. 따라서 이 부분은 '생명으로의 회개에 관한 교리'로

- **is to be preached** '설교되어야 한다'로 생명으로의 회개에 대한 설교가 선택의 문제가 아니라, 필연적인 사역임을 표현하고 있다.
- **by every minister of the Gospel** '모든 복음의 사역자에 의해서'
- **A as well as B** B는 물론이거니와 A도
- **that of faith in Christ** '그리스도 안에 있는 믿음의 그것'으로 여기서 that은 앞에서 언급한 doctrine을 받는다.
- **faith in Christ** '그리스도 안에 있는 믿음'은 택자를 효력 있게 부르실 때 하나님께서 그들에게 선물로 주시는 바로 그 믿음(엡2:8)을 말한다. 소교리교육서는 제86문에서 'faith in Jesus Christ'라는 표현으로 유아세례 받은 어린이들과 세례를 준비하는 성인들에게 믿음을 가르친다.
- 그리스도 안에 있는 믿음에 관한 교리는 물론이거니와 그것에 관한 교리도 모든 복음의 사역자들에 의해 설교되어야 한다.

<원문>

II. By it, a sinner, out of the sight and sense not only of the danger, but also of the filthiness and odiousness of his sins, as contrary to the holy nature and righteous law of God; and upon the apprehension of his mercy in Christ to such as are penitent, so grieves for, and hates his sins, as to turn from them all unto God, purposing and endeavouring to walk with Him in all the ways of His commandments.

<번역>

그것에 의해서 죄인은 거룩한 본성과 하나님의 의로운 법에 반하는 자신의 죄들의 그 위험성은 물론 그 불결함과 추악함에 대한 시각과 의식으로부터, 그리고 참회하는 그러한 자들에 대한 그리스도 안에서의 그분의 자비에 대한 이해 위에서, 자신의 죄들을 그토록 슬퍼하고 미워하기에, 그분의 계명의 모든 길에서 그분과

함께 걷기를 목표하고 노력하면서, 그것들 모두로부터 하나님께로 돌아선다.

<원문분석>

1. By it, a sinner, out of the sight and sense not only of the danger, but also of the filthiness and odiousness of his sins, as contrary to the holy nature and righteous law of God; and upon the apprehension of his mercy in Christ to such as are penitent,

- a sinner~ 이 항은 전체적으로 a sinner~ so grieves for, and hates his sins, as to turn from ~의 구조로 '죄인은 자신의 죄를 그렇게 슬퍼하고, 미워해서 ~로 부터 돌아선다.'는 뜻이다.

- by it it은 앞항에서 언급한 Repentance unto life(생명으로의 회개)를 말한다.

- sence 느낌, 감각, 의식

- out of the sight and sense of ~에 대한 시각과 의식으로부터

- not only A but also B A뿐만 아니라, B도 역시

- filthiness 불결함

- odiousness 추악함

- contrary to~ ~에 반하다. ~에 반대하다.

- as contrary to the holy nature and righteous law of God as (they are) contrary to~로 여기서 they는 their sins를 말하고, 따라서 그 뜻은 '그것들이 거룩한 본성과 하나님의 의로운 법에 반하기 때문이다'이다. 그러나 이 내용을 그대로 번역하면 상당히 어색한 한국어 표현되기에, 그 의미가 뒤틀리지 않은 범위 내에서 his sins which are contrary~로 각색하여 '거룩한 본성과 하나님 의 의로운 법에 반하는 그의 죄들' 정도로 번역하는 것이 좋을 듯하다.

- out of ~; and upon ~ ~으로부터, 그리고 ~위에서

- upon the apprehension of ~에 대한 이해 위에서

- his mercy in Christ '그리스도 안에서의 그분의 자비'로 여기서 his는 앞에 언급 된 God를 말한다.

- penitent 회개하는, 뉘우치는 (penitence: 참회, repentance: 회개)

- such as are penitent '참회하는 그러한 자들'로 여기서 as는 such를 선행사로 받은 관계대명사이다.
- 그것에 의해서 죄인은 거룩한 본성과 하나님의 의로운 법에 반하는 자신의 죄들의 그 위험성은 물론 그 불결함과 추악함에 대한 시각과 의식으로부터, 그리고 참회하는 그러한 자들에 대한 그리스도 안에서의 그분의 자비에 대한 이해 위에서,

2. so grieves for, and hates his sins, as to turn from them all unto God,(c) purposing and endeavouring to walk with Him in all the ways of His commandments.
- so ~ as to~ 그렇게 ~해서, ~하다.
- grieve for~ ~을 몹시 슬퍼하다.
- turn from them all unto God '그것들 모두로부터 하나님께로 돌아선다'인데, 여기서 them(그것들)은 앞서 언급한 his sins를 말한다.
- purposing and endeavouring~ to turn과 연결되는 동시동작의 분사구문으로 '~을 목표하고 노력하면서'라는 뜻이다.
- 자신의 죄들을 그토록 슬퍼하고 미워하기에, 그분의 계명의 모든 길에서 그분과 함께 걷기를 목표하고 노력하면서, 그것들 모두로부터 하나님께로 돌아선다.

<원문>
III. Although repentance be not to be rested in, as any satisfaction for sin, or any cause of the pardon thereof, which is the act of God's free grace in Christ; yet is it of such necessity to all sinners, that none may expect pardon without it.

<번역>
비록 그리스도 안에서 하나님의 값없는 은혜의 행위인 회개가 죄에 대한 어떠한

속죄나 혹은 그러한 까닭으로 용서의 어떠한 근거로서 의지될 수는 없다 하더라도, 모든 죄인들에게 그러한 것에 있어서 필수적이기 때문에, 누구도 그것 없이는 용서를 기대할 수 없다.

<원문분석>

1. Although repentance be not to be rested in, as any satisfaction for sin, or any cause of the pardon thereof, which is the act of God's free grace in Christ;

- **rest in(on)** 의지하다. 믿다
- **repentance be not to be rested in** be to가 가능을 나타내는 용법이라면 '회개는 의지될 수 없다'가 되고, 의무를 나타내는 용법이라면 '회개는 의지되어서는 안 된다'가 된다. 문맥으로 볼 때 여기서는 가능의 용법이 더 적절한 것 같다.
- **satisfaction** 속죄, 보속, 배상, 보속
- **as any satisfaction for sin** 죄에 대한 어떠한 속죄
- **pardon** 용서, 용서하다. (참고, forgive: 사해주다)
- **thereof** '그러한 까닭으로'로 '죄에 대한 속죄가 되는 까닭에'라는 의미다.
- **any cause of the pardon** 용서의 어떤 근거
- **, which is the act of God's free grace in Christ;** which가 계속적 용법의 관계대명사로 '그런데, 그것은 그리스도 안에 있는 하나님의 값없는 은혜의 행위이다.'이지만, 부드러운 한국어 번역을 위해 의미에 변화가 없는 한 한정적 용법으로 번역할 수도 있다.
- 비록 그리스도 안에서 하나님의 값없는 은혜의 행위인 회개가 죄에 대한 어떠한 속죄나 혹은 그러한 까닭으로 용서의 어떠한 근거로서 의지될 수는 없다 하더라도

2. yet is it of such necessity to all sinners, that none may expect pardon without it.

- **yet** 그럼에도 불구하고

- **of such necessity** '그러한 것에 있어서 필수적인,' 또는 '그 정도로 필수적인'을 말하는데, 여기서 such는 앞에서 언급한 속죄나 용서와 같은 것을 의미한다. 즉 생명으로의 회개가 속죄와 용서의 근거가 되지는 않지만, 그럼에도 불구하고 필수적인 요소임에는 분명하다는 뜻이다.

- **to all sinners** 모든 죄인들에게

- **that none may expect pardon without it** that은 결과를 나타내는 접속사이다. 따라서 이 경우에는 '~이기에' 정도로 해석한다.

- **none may expect pardon** '누구도 용서를 기대할 수 없다.'인데, 이는 그러할 능력이 없다(can not, be not able to)는 뜻이 아니라, 그러한 경우가 생길 수 있는 일말의 여지도 없다는 뜻이다.

- **without it** '그것이 없다면'으로 if there is not it의 개념인데, 이는 가정법 현재 표현으로 반대의 경우인 생명의 회개가 있는 경우에는 용서를 기대할 수 있게 된다는 의미를 동시에 포함하는 표현이다. 물론 앞서 언급한 것처럼 이것이 속죄나 용서의 근거나 조건이 된다는 것이 아니라, 속죄나 사죄의 필수적이 수단이 된다는 뜻이다.

- 모든 죄인들에게 그 정도로 필수적이기 때문에, 누구도 그것 없이는 용서를 기대할 수 없다.

<원문>

IV. As there is no sin so small, but it deserves damnation, so there is no sin so great, that it can bring damnation upon those who truly repent.

<번역>

아주 작아서 천벌에 마땅하지 않은 죄가 없듯이, 아주 커서 진정으로 회개하는 자들에게 천벌을 가져다줄 수 있는 죄도 없다.

<원문분석>

1. As there is no sin so small, but it deserves damnation, so there is no sin so great, that it can bring damnation upon those who truly repent.

- As~, so~. ~한 것처럼, 그렇게 ~하다.
- there is no sin (which is) so small 그렇게 작은 죄는 없다.
- but it deserves damnation but은 부정의 선행사를 받는 유사관계대명사로 that ~ not을 의미한다. 따라서 'but it deserves damnation'은 'that it does not deserve damnation'으로 '천벌에 마땅하지 않은'의 뜻이다.
- damnation 천벌
- 아주 작아서 천벌에 마땅하지 않은 죄가 없듯이,

2, so there is no sin so great, that it can bring damnation upon those who truly repent.
- there is no sin so great 그렇게 큰 죄는 없다.
- so great, that it can bring damnation~ 너무 커서 그것은 천벌을 가져다줄 수 있다.
- upon those who truly repent 참으로 회개하는 자들에게
- 아주 커서 진정으로 회개하는 자들에게 천벌을 가져다줄 수 있는 죄도 없다.

<원문>

V. Men ought not to content themselves with a general repentance, but it is every man's duty to endeavour to repent of his particular sins, particularly.

<번역>

사람들은 막연한 회개에 스스로 만족하지 말아야 하며, 자신의 개별적인 죄들에 관해서 개별적으로 회개하도록 노력하는 것이 모든 사람의 의무다.

<원문분석>

1. Men ought not to content themselves with a general repentance,

- **Men** '모든 사람'으로 이는 신자와 불신자 모두를 포함한다.

- **ought not to** ~을 하지 말아야 한다.

- **content themselves with** ~에 스스로 만족하다.

- **general** 개괄적인, 포괄적인, 구체적이지 않고 막연한

- 사람들은 막연한 회개에 스스로 만족하지 말아야 한다.

2. but it is every man's duty to endeavour to repent of his particular sins, particularly.

- **it is every man's duty to endeavour~** it(가주어)-to(진주어)구문으로, '~을 노력하는 것이 모든 사람의 의무이다.'

- **endeavour** 노력하다. 수고하다.

- **repent of** ~을 회개하다.

- **particular** 개개의, 개별적인, 하나하나의, 특별한

- **particularly** '개별적으로,' '상세히'라는 뜻으로, 지은 죄들을 두루뭉술하게 언급하고 넘어가는 것이 아니라, 죄목 하나하나를 구체적이고 꼼꼼하게 하나님 앞에 아뢰는 것을 말한다.

- 자신의 개별적인 죄들에 관해서 개별적으로 회개하도록 노력하는 것이 모든 사람의 의무다.

<원문>

VI. As every man is bound to make private confession of his sins to God, praying for the pardon thereof; upon which, and the forsaking of them, he shall find mercy: so, he that scandalizeth his brother, or the Church of Christ, ought to be willing, by a private or public confession, and sorrow for his sin, to declare his repentance to those that are offended, who are thereupon to be reconciled to him, and in love to receive him.

<번역>

모든 사람이 자신의 죄들에 대하여 하나님께 사적인 고백을 해야 하며, 그것들에 대한 용서를 기도해야 할 때, 그들이 그러한 것과 죄들을 버리는 것에 대하여 자비를 찾을 것처럼, 그런 식으로 자기의 형제나 그리스도의 교회를 분개시키는 자는, 사적이거나 공적인 고백과 자신의 죄에 대한 슬픔에 의해, 감정이 상한 자들에게 자신의 회개를 기꺼이 선포해야 하며, 그들은 그 즉시 그와 화해해야 하며, 그를 사랑으로 받아들여야 한다.

<원문분석>

1. As every man is bound to make private confession of his sins to God, praying for the pardon thereof; upon which, and the forsaking of them, he shall find mercy:

- is bound to ~해야 할 의무가 있다. ~하도록 되어있다.
- make private confession 사적인 고백을 하다. 참고로 profess는 공적으로 고백하는 것을 말하지만, confess는 공사에 구분 없이 고백한다는 것 자체를 말하는 것이다.
- thereof 그것에 관하여, 그러한 까닭으로
- praying for the pardon thereof 동시동작을 나타내는 분사구문이다. 하나님께

자신의 죄들을 사적으로 고백하면서 동시에 그것에 대한 용서를 기도해야한다는 뜻이다.

- **upon which** which는 앞에서 언급한 사적인 죄의 고백과 그것에 대한 용서를 기도하는 것을 의미한다.

- **(upon) the forsaking of them** them은 앞부분에서 언급된 유일한 복수 명사인 sins를 받는다. 따라서 여기서 '죄들을 버리는 것'이란 지은 죄를 고백하고 용서를 구하면서, 동시에 그 죄에서 완전히 돌아서는 것을 의미한다.

- **he shall find mercy** '그는 자비를 찾을 것이다.'이다. 그러나 여기서 he가 분명 every man을 받는 단수의 표현이지만, 의미상으로는 모든 한 사람 한 사람을 다 말하는 복수의 의미를 나타내기에, '그'보다는 '그들'로 번역해 주는 것이 바람직하다.

- 모든 사람이 자신의 죄들에 대하여 하나님께 사적인 고백을 해야 하며, 그것들에 대한 용서를 기도해야 할 때, 그들이 그러한 것과 죄들을 버리는 것에 대하여 자비를 찾을 것이기에,

2. so, he that scandalizeth his brother, or the Church of Christ, ought to be willing, by a private or public confession, and sorrow for his sin, to declare his repentance to those that are offended, who are thereupon to be reconciled to him, and in love to receive him.

- **As~; so, he~** as~so는 일반적으로 '~하기에, ~하다'라는 뜻이다. 그러나 이 구문은 자세히 보면 so뒤에 콤마(,)가 있어서 이 구문이 as~so 구문이 아니라는 것을 나타낸다. 따라서 여기서 as는 '~인 것처럼'으로, so는 '그렇게' 혹은 '그런 식으로'로 분리해서 이해하면 된다.

- **so, he~** 이 부분 전체는 he~ ought to be willing~ to declare his repentance의 구조로 되어 있고 그 의미는 '그는 자신의 회개를 기꺼이 선포해야 한다.'이다. 그리고 여기서 he는 앞의 every man을 받고 있다.

- **scandalize** ~을 험담하다. ~을 분개시키다.

- **he that scandalizeth his brother, or the Church of Christ** that이 he를 선행사

로 받는 주격관계대명사이므로 이 부분은 '자기의 형제나 그리스도의 교회를 분개시키는 자'라는 뜻이다.

- be willing to 기꺼이 ~하다.
- by a private or public confession 사적이나 공적인 고백에 의해서
- (by) sorrow for his sin 자신의 죄에 대한 슬픔에 의해서
- to declare his repentance 자신의 회개를 선언하다.
- offend 감정을 해치다. 화나게 하다. 비위를 건드리다. 『성경』 ~에게 죄를 짓게 하다. 실족케 하다.
- those that are offended 감정이 상한 자들, 실족한 자들
- , who are~ 계속적 용법으로 사용되었기에 '~이며, 그들은~'으로 해석하는데, 여기서 who의 선행사는 those that are offended(감정이 상한 자들)이다.
- thereupon 그 즉시
- are thereupon to be reconciled to him 즉시 그와 화해해야 한다.
- (are thereupon) in love to receive him 즉시 사랑으로 그를 받아들여야 한다.
- 그래서 자기의 형제나 그리스도의 교회를 분개시키는 자는, 사적이거나 공적인 고백과 자신의 죄에 대한 슬픔에 의해, 감정이 상한 자들에게 자신의 회개를 기꺼이 선포해야 하며, 그들은 그 즉시 그와 화해해야 하며, 그를 사랑으로 받아들여야 한다.

<원문으로 요약하고 성경으로 해설하기>

1. 생명으로의 회개는 하나님께서 사랑하시는 자들에게 베푸시는 복음적인 은혜다.

"내가 다윗의 집과 예루살렘 주민에게 은총과 간구하는 심령을 부어 주리니 그들이 그 찌른 바 그를 바라보고 그를 위하여 애통하기를 독자를 위하여 애통하듯 하며 그를 위하여 통곡하기를 장자를 위하여 통곡하듯 하리로다"(슥12:10)

"그들이 이 말을 듣고 잠잠하여 하나님께 영광을 돌려 이르되 그러면 하나님께서 이방인에게도 생명 얻는 회개를 주셨도다 하니라"(행11:18)

2. 믿음에 관한 교리뿐 아니라, 생명으로의 회개에 관한 교리도 복음의 사역자들에 의해 설교되어져야 한다.

"또 그의 이름으로 죄 사함을 받게 하는 회개가 예루살렘에서 시작하여 모든 족속에게 전파될 것이 기록되었으니"(눅24:47)

"이르시되 때가 찼고 하나님의 나라가 가까이 왔으니 회개하고 복음을 믿으라 하시더라"(막1:15)

"유대인과 헬라인들에게 하나님께 대한 회개와 우리 주 예수 그리스도께 대한 믿음을 증언한 것이라"(행20:21)

3. 생명으로의 회개에 의하여 죄인은 하나님의 의로운 법에 반하는 자신의 죄들의 위험성에서 하나님께로 돌아선다.

"주 여호와의 말씀이니라 이스라엘 족속아 내가 너희 각 사람이 행한 대로 심판할지라 너희는 돌이켜 회개하고 모든 죄에서 떠날지어다 그리한즉 그것이 너희에게 죄악의 걸림돌이 되지 아니하리라 너희는 너희가 범한 모든 죄악을 버리고 마음과 영을 새롭게 할지어다 이스라엘 족속아 너희가 어찌하여 죽고자 하느냐"(겔18:30,31)

4. 생명으로의 회개에 의하여 죄인은 하나님의 의로운 법에 반하는 자신의 죄들의 불결함과 추악함에서 하나님께로 돌아선다.

"그 때에 너희가 너희 악한 길과 너희 좋지 못한 행위를 기억하고 너희 모든 죄악과 가증한 일로 말미암아 스스로 밉게 보리라"(겔36:31)

5. 생명으로의 회개에 의하여 죄인은 자신이 지은 죄를 슬퍼하고 미워하며 하나님께로 돌아선다.

"내가 주께만 범죄하여 주의 목전에 악을 행하였사오니 주께서 말씀하실 때에 의로우시다 하고 주께서 심판하실 때에 순전하시다 하리이다"(시51:4)

"그러므로 내가 범사에 모든 주의 법도들을 바르게 여기고 모든 거짓 행위를 미워하나이다"(시119:128)

6. 생명으로의 회개에 의하여 죄인은 진정으로 참회하는 자들에 대해서는 하나님께서 자비를 베푸실 것이라는 확신을 가지고 하나님께로 돌아선다.

"에브라임이 스스로 탄식함을 내가 분명히 들었노니 주께서 나를 징벌하시매 멍에에 익숙하지 못한 송아지 같은 내가 징벌을 받았나이다 주는 나의 하나님 여호와이시니 나를 이끌어 돌이키소서 그리하시면 내가 돌아오겠나이다 내가 돌이킨 후에 뉘우쳤고 내가 교훈을 받은 후에 내 볼기를 쳤사오니 이는 어렸을 때의 치욕을 지므로 부끄럽고 욕됨이니이다 하도다 에브라임은 나의 사랑하는 아들 기뻐하는 자식이 아니냐 내가 그를 책망하여 말할 때마다 깊이 생각하노라 그러므로 그를 위하여 내 창자가 들끓으니 내가 반드시 그를 불쌍히 여기리라 여호와의 말씀이니라"(렘31:18-20)

"여호와의 말씀에 너희는 이제라도 금식하고 울며 애통하고 마음을 다하여 내게로 돌아오라 하셨나니 너희는 옷을 찢지 말고 마음을 찢고 너희 하나님 여호와께로 돌아올지어다 그는 은혜로우시며 자비로우시며 노하기를 더디하시며 인애가 크시사 뜻을 돌이켜 재앙을 내리지 아니하시나니"(욜2:12,13)

7. 생명으로의 회개에 의하여 죄인은 하나님의 계명에 대한 철저한 순종을 맹세하며 하나님께로 돌아선다.

"내가 주의 모든 계명에 주의할 때에는 부끄럽지 아니하리이다"(시119:6)

"내가 내 행위를 생각하고 주의 증거들을 향하여 내 발길을 돌이켰사오며"(시119:59)

"주의 의로운 규례들을 지키기로 맹세하고 굳게 정하였나이다"(시119:106)

"요시야와 같이 마음을 다하며 뜻을 다하며 힘을 다하여 모세의 모든 율법을 따라 여호와께로 돌이킨 왕은 요시야 전에도 없었고 후에도 그와 같은 자가 없었더라"(왕하23:25)

8. 생명으로의 회개에 의한 근심은 하나님의 뜻대로 하는 근심으로 사망을 이루는 세상 근심과는 다르다.

"하나님의 뜻대로 하는 근심은 후회할 것이 없는 구원에 이르게 하는 회개를 이루는 것이요 세상 근심은 사망을 이루는 것이니라"(고후7:11)

9. 생명으로의 회개는 그리스도 안에 있는 하나님의 값없는 은혜의 행위다.

"너는 말씀을 가지고 여호와께로 돌아와서 아뢰기를 모든 불의를 제거하시고 선한 바를 받으소서 우리가 수송아지를 대신하여 입술의 열매를 주께 드리리이다"(호14:2)

"그리스도 예수 안에 있는 속량으로 말미암아 하나님의 은혜로 값 없이 의롭다 하심을 얻은 자 되었느니라"(롬3:24)

"우리는 그리스도 안에서 그의 은혜의 풍성함을 따라 그의 피로 말미암아 속량 곧 죄 사함을 받았느니라"(엡1:7)

10. 회개 자체가 죄에 대한 속죄의 효력이 있는 것은 아니다. 뿐만 아니라 이 회개 자체가 용서의 근거가 되는 것은 아니다.

"그 때에 너희가 너희 악한 길과 너희 좋지 못한 행위를 기억하고 너희 모든 죄악과 가증한 일로 말미암아 스스로 밉게 보리라 주 여호와의 말씀이니라 내가 이렇게 행함은 너희를 위함이 아닌 줄을 너희가 알리라 이스라엘 족속아 너희 행위로 말미암아 부끄러워하고 한탄할지어다"(겔36:31,32)

"네가 네 형과 아우를 접대할 때에 네 행위를 기억하고 부끄러워할 것이라 내가 그들을 네게 딸로 주려니와 네 언약으로 말미암음이 아니라 내가 네게 내 언약을 세워 내가 여호와인 줄 네가 알게 하리니 이는 내가 네 모든 행한 일을 용서한 후에 네가 기억하고 놀라고 부끄러워서 다시는 입을 열지 못하게 하려 함이니라 주 여호와의 말씀이니라"(겔16:61-63)

11. 비록 회개 자체가 속죄의 효력이 있는 것도 아니고, 용서의 근거가 되는 것은 아니지만, 그럼에도 불구하고 회개는 죄인들이 하나님께로 돌아섬에 있어서 필수적인 요소이기에, 그 누구도 회개 없이는 죄에 대한 하나님의 용서를 기대할 수 없다.

"너희에게 이르노니 아니라 너희도 만일 회개하지 아니하면 다 이와 같이 망하리라"(눅13:3,5)

"알지 못하던 시대에는 하나님이 간과하셨거니와 이제는 어디든지 사람에게 다 명하사 회개하라 하셨으니 이는 정하신 사람으로 하여금 천하를 공의로 심판할 날을 작정하시고 이에 그를 죽은 자 가운데서 다시 살리신 것으로 모든 사람에게 믿을 만한 증거를 주셨음이

니라 하니라"(행17:30,31)

12. 모든 죄는 다 하나님의 뜻에 반하는 악한 것으로, 너무 작아서 하나님의 진노와 저주를 피할 수 있는 죄는 없다.

"죄의 삯은 사망이요 하나님의 은사는 그리스도 예수 우리 주 안에 있는 영생이니라"(롬 6:23)

"그러므로 한 사람으로 말미암아 죄가 세상에 들어오고 죄로 말미암아 사망이 들어왔나니 이와 같이 모든 사람이 죄를 지었으므로 사망이 모든 사람에게 이르렀느니라"(롬5:12)

"내가 너희에게 이르노니 사람이 무슨 무익한 말을 하든지 심판 날에 이에 대하여 심문을 받으리니"(마12:36)

13. 모든 죄는 하나님의 진노와 저주를 받기에 마땅하지만, 진정으로 회개하는 자들에게는 그 어떤 죄라도 하나님께서 그 진노와 저주를 거두시고 용서하신다.

"악인은 그의 길을, 불의한 자는 그의 생각을 버리고 여호와께로 돌아오라 그리하면 그가 긍휼히 여기시리라 우리 하나님께로 돌아오라 그가 너그럽게 용서하시리라"(사55:7)

"그러므로 이제 그리스도 예수 안에 있는 자에게는 결코 정죄함이 없나니"(롬8:1)

"너희는 스스로 씻으며 스스로 깨끗하게 하여 내 목전에서 너희 악한 행실을 버리며 행악을 그치고 선행을 배우며 정의를 구하며 학대 받는 자를 도와 주며 고아를 위하여 신원하며 과부를 위하여 변호하라 하셨느니라 여호와께서 말씀하시되 오라 우리가 서로 변론하자 너희의 죄가 주홍 같을지라도 눈과 같이 희어질 것이요 진홍 같이 붉을지라도 양털 같이 희게 되리라"(사1:16-18)

14. 회개는 결코 두루뭉술해서는 안 된다. 회개는 각각의 개별적인 죄에 대하여 개별적일 뿐 아니라, 구체적이어야 한다.

"삭개오가 서서 주께 여짜오되 주여 보시옵소서 내 소유의 절반을 가난한 자들에게 주겠사오며 만일 누구의 것을 속여 빼앗은 일이 있으면 네 갑절이나 갚겠나이다"(눅19:8)

"내가 전에는 비방자요 박해자요 폭행자였으나 도리어 긍휼을 입은 것은 내가 믿지 아니

할 때에 알지 못하고 행하였음이라"(딤전1:13)

15. 모든 사람은 자신의 죄에 대해 하나님께 사적으로 고백해야하며, 그것에 대하
여 용서를 구해야 한다.

"하나님이여 주의 인자를 따라 내게 은혜를 베푸시며 주의 많은 긍휼을 따라 내 죄악을 지
워 주소서 나의 죄악을 말갛게 씻으시며 나의 죄를 깨끗이 제하소서 무릇 나는 내 죄과를
아오니 내 죄가 항상 내 앞에 있나이다 내가 주께만 범죄하여 주의 목전에 악을 행하였사
오니 주께서 말씀하실 때에 의로우시다 하고 주께서 심판하실 때에 순전하시다 하리이다
내가 죄악 중에서 출생하였음이여 어머니가 죄 중에서 나를 잉태하였나이다 보소서 주께
서는 중심이 진실함을 원하시오니 내게 지혜를 은밀히 가르치시리이다 우슬초로 나를 정
결하게 하소서 내가 정하리이다 나의 죄를 씻어 주소서 내가 눈보다 희리이다 내게 즐겁
고 기쁜 소리를 들려 주시사 주께서 꺾으신 뼈들도 즐거워하게 하소서 주의 얼굴을 내 죄
에서 돌이키시고 내 모든 죄악을 지워 주소서 하나님이여 내 속에 정한 마음을 창조하시
고 내 안에 정직한 영을 새롭게 하소서 나를 주 앞에서 쫓아내지 마시며 주의 성령을 내게
서 거두지 마소서 주의 구원의 즐거움을 내게 회복시켜 주시고 자원하는 심령을 주사 나
를 붙드소서 그리하면 내가 범죄자에게 주의 도를 가르치리니 죄인들이 주께 돌아오리이
다 하나님이여 나의 구원의 하나님이여 피 흘린 죄에서 나를 건지소서 내 혀가 주의 의를
높이 노래하리이다"(시51:1-14)

"내가 이르기를 내 허물을 여호와께 자복하리라 하고 주께 내 죄를 아뢰고 내 죄악을 숨기
지 아니하였더니 곧 주께서 내 죄악을 사하셨나이다 (셀라) 이로 말미암아 모든 경건한 자
는 주를 만날 기회를 얻어서 주께 기도할지라 진실로 홍수가 범람할지라도 그에게 미치지
못하리이다"(시32:5,6)

16. 악을 행함으로 자기의 형제나 그리스도의 교회를 분개시키는 자들은 공적으
로나 사적으로 자신의 죄를 고백함으로 회개를 선포해야 하며, 피해를 입은 자
나 교회는 그들을 사랑으로 받아들이고 화해해야 한다.

"그러므로 너희 죄를 서로 고백하며 병이 낫기를 위하여 서로 기도하라 의인의 간구는 역
사하는 힘이 큼이니라"(약5:16)

"너희는 스스로 조심하라 만일 네 형제가 죄를 범하거든 경고하고 회개하거든 용서하라
만일 하루에 일곱 번이라도 네게 죄를 짓고 일곱 번 네게 돌아와 내가 회개하노라 하거든

너는 용서하라 하시더라"(눅17:3,4)

"그러므로 여호수아가 아간에게 이르되 내 아들아 청하노니 이스라엘의 하나님 여호와께
영광을 돌려 그 앞에 자복하고 네가 행한 일을 내게 알게 하라 그 일을 내게 숨기지 말라
하니"(수7:19)

16

Chapter XVI

Of Good Works

선한 일들에 관하여

<원문>

I. Good works are only such as God hath commanded in His holy Word, and not such as, without the warrant thereof, are devised by men, out of blind zeal, or upon any pretence of good intention.

<번역>

선한 일들은 오직 하나님의 거룩한 말씀 안에서 그분이 명하신 그러한 것들만이지, 그것에 의한 보증 없이 맹목적인 열정에서부터, 혹은 선한 의도에 대한 그 어떠한 가식에 근거해서 사람들로부터 고안된 그러한 것들은 아니다.

<원문분석>

1. Good works are only such as God hath commanded in His holy Word,

- good works 선한 일들 (act: 행위, behavior: 행동, motion: 활동)
- such as God hath commanded~ '하나님께서 명하신 그러한 것(들)'로 as는 such를 선행사로 받는 유사관계대명사이다.
- in His holy Word 그의 거룩한 말씀 안에서
- 선한 일들은 오직 하나님의 거룩한 말씀 안에서 그분이 명하신 그러한 것들만이다.

2. and not such as, without the warrant thereof, are devised by men, out of blind zeal, or upon any pretence of good intention.

- not such as are devised by men, '사람에 의해서 고안된 그러한 것들이 아니다.'로, as는 such를 선행사로 받는 관계대명사이다.
- warrant 권한, 보증, 위임장,
- thereof 그것에 관한, 그러한 까닭으로, 그러한 이유에서
- without the warrant thereof '그것에 의한 보증 없이'로 하나님의 거룩한 말씀

으로부터 보증되지 않고 사람에 의해 고안된 것은 그 어떤 것이라도 선한 사역들이 아니라는 것을 강조하는 표현이다.

- **out of blind zeal** 맹목적인 열정에서부터
- **pretence** 가식, 겉치레, 위장
- **upon any pretence of good intention** 선한 의도에 대한 그 어떠한 가식에 근거해서
- 그것에 의한 보증 없이 맹목적인 열정에서부터, 혹은 선한 의도에 대한 그 어떠한 가식에 근거해서 사람들로부터 고안된 그러한 것들은 아니다.

<원문>

II. These good works, done in obedience to God's commandments, are the fruits and evidences of a true and lively faith: and by them believers manifest their thankfulness, strengthen their assurance, edify their brethren, adorn the profession of the Gospel, stop the mouths of the adversaries, and glorify God, whose workmanship they are, created in Christ Jesus thereunto; that, having their fruit unto holiness, they may have the end, eternal life.

<번역>

이 선한 일들은, 하나님의 계명들에 대한 순종으로 행해지기에, 참되고 생생한 믿음의 열매들과 증거들인데, 그리스도 예수 그 안에서 그것들을 위해 창조된 하나님의 작품인 신자들은 그것들에 의해서 그들의 감사를 분명히 드러내고, 그들의 확신을 강화시키며, 그들의 형제애를 기르고, 복음에 대한 고백을 단장하며, 대적들의 입을 막고, 하나님을 영화롭게 함으로 그들은 거룩함을 향한 그들의 열매를 맺으면서 영원한 생명이라는 목적을 가질 수 있다.

<원문분석>

1. **These good works, done in obedience to God's commandments, are the fruits and evidences of a true and lively faith:**

- **done in obedience to God's commandments** 두 가지로 해석이 가능하다. ', (which are) done in obedience~'로 보면 '그것들은 ~에 대한 순종으로 행해지는데'로 해석해야 하며, '(being) done in obedience~'로 보면 '~에 대한 순종으로 행해지기에'로 해석해야 한다. '(being) done in obedience~'를 문법적으로만 보면 '~에 대한 순종으로 행해진다면'으로도 볼 수 있지만, 이미 선한 사역들(the good works)에 대한 정의가 첫 번째 항에서 정리되었기에, 그것을 이어서 받는 두 번째 항에서는 그 의미를 다시 한 번 점검하고 강조하는 차원으로 'These good works, (being) done in obedience to~,'가 쓰였다고 할 수 있다. 그러므로 이 표현은 '~에 대한 순종으로 행해지기에'로 해석하는 것이 가장 적절하다고 본다.
- **the fruits and evidences** 열매들과 증거들
- **a true and lively faith** 참되고 생생한 믿음 (참고로 살아 있는 믿음은 living faith 나 faith alive로 표현한다.)
- 이 선한 일들은, 하나님의 계명들에 대한 순종으로 행해지기에, 참되고 생생한 믿음의 열매들과 증거들이다.

2. **and by them believers manifest their thankfulness, strengthen their assurance, edify their brethren, adorn the profession of the Gospel, stop the mouths of the adversaries, and glorify God,**

- **by them** '그것들에 의해서'로 them은 good works(선한 일들)를 말한다.
- **believers manifest~** believers manifest~, strengthen~, edify~, adorn~, stop~, and glorify~의 구조로 '신자들은 ~을 분명히 드러내고, ~을 강화시키며, ~을 기르고, ~을 단장하며, ~을 막고, ~을 영화롭게 한다.'의 뜻이다.
- **manifest their thankfulness** 그들의 감사를 분명히 드러낸다.
- **strengthen their assurance** 그들의 확신을 강화시킨다.

- edify ~의 신념을 기르다. ~을 교화하다. (edification: 교화, 교도, 신앙심 함양)
- edify their brethren 그들의 형제애를 기르다.
- adorn the profession of the Gospel 복음에 대한 고백을 단장하다.
- stop the mouths of the adversaries 대적들의 입을 막는다.
- glorify God 하나님을 영화롭게 하다.
- 신자들은 그들의 감사를 분명히 드러내고, 그들의 확신을 강화시키며, 그들의 형제애를 기르고, 복음에 대한 고백을 단장하며, 대적들의 입을 막고, 하나님을 영화롭게 한다.

3. whose workmanship they are, created in Christ Jesus thereunto;

- workmanship 솜씨, 기량, 작품
- , whose workmanship they are 그들은 그분(God)의 작품인데
- (who are) created in Christ Jesus 그리스도 안에서 창조된 (자들)
- thereunto '그것에' 혹은 '그곳으로'의 뜻으로 여기서는 문맥상 '선한 일들 쪽으로,' '선한 일들의 방향으로,' '선한 일들을 목적으로,' '선한 일들을 위해'라는 의미로 사용되었다. 따라서 ', whose workmanship they are, created in Christ Jesus thereunto'는 '그들은 그리스도 안에서 선한 일들을 위해 창조된 하나님의 작품이다'라는 의미로 이해할 수 있도록, '그리스도 안에서 그것들을 위해 창조된 하나님의 작품인'으로 정도로 번역하는 것이 좋을 듯하다(엡2:10).
- 그리스도 예수 그 안에서 그것들을 위해 창조된 하나님의 작품인

4. that, having their fruit unto holiness, they may have the end, eternal life.

- having their fruit unto holiness, 동시동작을 나타내는 분사구문으로 '거룩함을 향한 그들의 열매를 맺으면서'로 해석한다.
- that they may have the end, eternal life. that~they may~는 목적을 나타내는 종속절로 보통 '~하기 위해서'로 해석한다. 따라서 이 부분은 '그들은 영원한 생명이라는 목적을 가지기 위해'로 이해할 수 있다. 그러나 문맥의 흐름상 '그렇게

함으로 그들은 영원한 생명이라는 목적을 가질 수 있다.'로 이해하는 것이 더욱 바람직해 보인다.

- the end, eternal life 영원한 생명이라는 목적
- ~함으로, 그들은 거룩함을 향한 그들의 열매를 맺으면서 영원한 생명이라는 목적을 가질 수 있다.

<원문>

III. Their ability to do good works is not at all of themselves, but wholly from the Spirit of Christ. And that they may be enabled thereunto, besides the graces they have already received, there is required an actual influence of the same Holy Spirit, to work in them to will and to do of His good pleasure: yet are they not hereupon to grow negligent, as if they were not bound to perform any duty, unless upon a special motion of the Spirit; but they ought to be diligent in stirring up the grace of God that is in them.

<번역>

선한 일들을 행하는 그들의 능력은 전혀 그들 스스로에 속한 것이 아니라, 전부 다 그리스도의 영으로부터 나온다. 그래서 그들이 그것들에 대한 능력을 얻게 되기 위해서는 그들이 이미 받은 은혜들과 더불어서 거기에 그들 안에서 그분의 선하신 기쁨에 관하여 의지를 갖고 행하도록 역사하시는 동일한 성령의 실질적인 영향이 요구되지만, 그럼에도 불구하고 그들은 만일 그 영의 특별한 움직임에 대한 것이 아니라면 마치 그들이 어떠한 의무도 이행하지 않아도 된다는 것처럼 이것에 관해서 나태해져서는 안 되며, 오히려 그들은 그들 안에 있는 하나님의 은혜를 촉진시키는 데 근면해야 한다.

<원문분석>

1. Their ability to do good works is not at all of themselves, but wholly from the Spirit of Christ.

- **Their** 앞항의 believers(신자들)를 의미한다.

- **ability to do good works** 선한 일들을 행하는 능력

- **not at all** 전혀 ~아니다.

- **is not of themselves** 그들 스스로에게 속한 것이 아니다.

- **wholly** 전부 다

- **(is) from the Spirit of Christ.** 그리스도의 영으로부터 나온다.

- 선한 일들을 행하는 그들의 능력은 전혀 그들 스스로에 속한 것이 아니라, 전부 다 그리스도의 영으로부터 나온다.

2. And that they may be enabled thereunto, besides the graces they have already received, there is required an actual influence of the same Holy Spirit, to work in them to will and to do of His good pleasure:

- **that they may be enabled** may를 약한 가능성으로 보아 '그들은 능력을 얻게 될 수도 있다'라고 해석해서는 안 된다. 이 부분은 목적을 나타내는 종속절이다. 따라서 '그들이 능력을 얻게 되기 위해서는'으로 해석해야 한다.

- **thereunto** '거기에,' '그곳에'의 뜻으로 여기서는 '선한 일들에'라는 의미로 사용되었기에, '그것들에 대한' 정도로 번역하면 좋을 듯하다.

- **besides** ~와 더불어서

- **the graces they have already received** '그들이 이미 받은 은혜들'인데, have received의 현재완료 표현은 그들이 이전에 이미 이 은혜들을 다 받았을 뿐 아니라, 그 은혜들을 여전히 지금도 소유하고 있다는 뜻이다. 그리고 already는 기대하거나 예상할 수 있는 것보다 이전에 그 은혜를 받았다는 뜻이다.

- **there is required an actual influence** 여기서 there is~는 '~있다'를 뜻하는 유도부사로 사용된 것이 아니다. 앞에서 언급한 the graces they have already received, 즉 그들이 은혜 받은 상태를 위치의 개념으로 표현한 것이다. an actual influence is required there에서 부사인 there가 문장 앞으로 나가면서 주어와 동사가 도치된 표현이다. 따라서 이 부분은 '그들이 은혜 받은 상태 위에 어떠한 실질적인 영향이 요구된다'는 뜻이다.

- **to work in them to will and to do** to work가 influence를 수식하는 형용사적 용법으로 사용되어, '그들 안에서 의지를 갖고 행하도록 역사하시는'의 뜻이다.

- **of His good pleasure** 그분의 선하신 기쁨에 관하여

- 그래서 그들이 거기에 능력을 얻게 되기 위해서는 그들이 이미 받은 은혜들과 더불어서 거기에 그들 안에서 그분의 선하신 기쁨에 관하여 의지를 갖고 행하 도록 역사하시는 동일한 성령의 실질적인 영향이 요구된다.

3. **yet are they not hereupon to grow negligent, as if they were not bound to perform any duty, unless upon a special motion of the Spirit; but they ought to be diligent in stirring up the grace of God that is in them.**

- **hereupon** 이것에 관해서, 여기에 있어서, 이 직후에(잇따라서)

- **grow negligent** 나태해지다. 무관심해지다. 부주의해지다.

- **as if** 마치 ~인 것처럼

- **be not bound to** ~해야 하는 것은 아니다. ~하지 않아도 된다. ~에 얽매이지 않다.

- **unless upon a special motion of the Spirit** unless (it is) upon a special motion of the Spirit으로 '만일 (그것이) 그 영의 어떤 특별한 움직임에 관한 것 이 아니라면'

- **a special motion** 여기서 부정관사 a는 certain의 뜻으로 사용되었다. 따라서 '어떤'으로 해석해 주어야 한다.

- **the Spirit** 앞서 언급한 Holy Spirit을 말한다. 따라서 정관사 the는 '그'로 해석 해 주어야 한다.

- **be diligent in ~ing** ~하는데 근면하다. 근면하게 ~하다. (be busy in ~ing: ~하는 데 바쁘다.)

- **stir up** 촉진시키다. 선동하다. 잘 뒤섞다. 분발시키다.

- **the grace of God that is in them** 그들 안에 있는 하나님의 은혜
- 그럼에도 불구하고 그들은 만일 그 영의 특별한 움직임에 대한 것이 아니라면 마치 그들이 어떠한 의무도 이행하지 않아도 된다는 것처럼 이것에 관해서 나태해져서는 안 되며, 오히려 그들은 그들 안에 있는 하나님의 은혜를 촉진시키는 데 근면해야 한다.

<원문>

IV. They, who in their obedience attain to the greatest height which is possible in this life, are so far from being able to supererogate, and to do more than God requires, as that they fall short of much which in duty they are bound to do.

<번역>

자신들의 순종에 있어서 이생에서 가능한 최고의 경지에 이르는 자들은 의무 이상의 더 많은 일을 할 수 있는 능력이 안 되고, 하나님께서 요구하시는 것보다 더 많이 할 수 있는 능력이 없기에, 의무에 있어서 그들이 행해야 하는 양에 못 미칠 수밖에 없다.

<원문분석>

1. **They, who in their obedience attain to the greatest height which is possible in this life,**
- **in their obedience** '자신들의 순종에 있어서'로 이는 순종이라는 범위 안에서 그렇다는 말이다. 따라는 이것을 '자신들의 순종으로'(by their obedience)로 이해해서는 안 된다.
- **attain to** ~에까지 이르다. ~에까지 도달하다.
- **the greatest height which is possible** 가능한 가장 높은 곳, 가능한 최고의 경지
- 자신들의 순종에 있어서 이생에서 가능한 최고의 경지에 이르는 자들

2. are so far from being able to supererogate, and to do more than God requires, as that they fall short of much which in duty they are bound to do.

- be far from~ ~할 수 없다, ~에서 아주 멀다.

- be able to ~할 수 있다. ~할 능력이 있다.

- supererogate 의무(필요) 이상으로 일을 하다.

- (so far from being able) to do more than God requires 하나님께서 요구하시는 것보다 더 많이 할 수 없다.

- so~as~ 그렇게 ~해서 ~하다. 그렇게 ~해서, ~일 수밖에 없다.

- fall short of~ ~이 부족하다. ~에 못 미치다.

- much 명사로 쓰여 '다량', '많음'의 뜻이다. 뒤에 따라 오는 관계대명사 which 의 선행사다.

- which in duty they are bound to do 의무에 있어서 그들이 행해야 하는

- 의무 이상의 더 많은 일을 할 수 있는 능력이 안 되고, 하나님께서 요구하시는 것보다 더 많이 할 수 있는 능력이 없기에, 의무에 있어서 그들이 행해야하는 양에 못 미칠 수밖에 없다.

<원문>

V. We cannot, by our best works, merit pardon of sin, or eternal life at the hand of God, by reason of the great disproportion that is between them and the glory to come; and the infinite distance that is between us and God, whom, by them, we can neither profit, nor satisfy for the debt of our former sins, but when we have done all we can, we have done but our duty, and are unprofitable servants; and because, as they are good, they proceed from His Spirit; and as they are wrought by us, they are defiled, and mixed with so much weakness and imperfection, that they cannot endure the severity of God's judgment.

<번역>

우리는 우리의 최고의 일들로도 그것들과 오는 영광 사이에 있는 엄청난 불균형과 우리와 하나님 사이에 있는 무한한 거리라는 이유 때문에 죄의 용서나 하나님 손에 달린 영원한 생명을 받을 만한 가치가 없는데, 그 하나님께 우리는 그것들에 의해서 아무런 도움을 드릴 수도 없을 뿐더러, 우리의 이전의 죄들에 대한 빚에 대해서도 그분을 만족시킬 수도 없고, 우리가 할 수 있는 모든 것을 다 마쳤을 때 우리는 단지 우리의 의무를 다한 것이고, 우리는 무익한 종일 뿐이기에, 그러한 이유로 그것들이 선할 때면, 그것들은 성령으로부터 나온 것이고, 그것들이 우리에 의해 작동될 때면, 그것들은 더럽혀지고, 너무 많은 나약함과 불완전함과 섞인 것이기 때문에 그것들은 하나님의 심판의 엄중함을 견뎌내지 못한다.

<원문분석>

1. We cannot, by our best works, merit pardon of sin, or eternal life at the hand of God, by reason of the great disproportion that is between them and the glory to come; and the infinite distance that is between

us and God,

- by our best works '우리의 최고의 일들로도'로 수단을 나타내는 양보 부사구이다.
- merit (상, 벌)을 받을 만하다. ~할 가치가 있다.
- pardon of sin 죄의 용서
- eternal life at the hand of God 하나님의 손에 달린 영원한 생명
- by reason of ~의 이유로, ~의 근거로
- disproportion 불균형, 부조화
- that is between them and the glory to come '그것들과 오는 영광 사이에 있는'로 여기서 that은 disproportion을 선행사로 받는 주격 관계대명사이고, is는 '있다, 존재하다'는 뜻을 가진 1형식 동사이다.
- that is between us and God 우리와 하나님 사이에 있는
- by reason of the great disproportion~ ; and the infinite distance~ '엄청난 불균형과 무한한 거리'라는 두 가지의 이유 때문에
- 우리는 우리의 최고의 일들로도 그것들과 오는 영광 사이에 있는 엄청난 불균형과 우리와 하나님 사이에 있는 무한한 거리라는 이유 때문에 죄의 용서나 하나님 손에 달린 영원한 생명을 받을 만한 가치가 없다.

2. whom, by them, we can neither profit, nor satisfy for the debt of our former sins, but when we have done all we can, we have done but our duty, and are unprofitable servants;

-, whom whom의 선행사는 God이다.
- neither A nor B A도 B도 아니다.
- profit ~에게 득이 되다. ~에게 도움이 되다.
- satisfy for the debt of our former sins 우리의 이전의 죄들에 대한 빚에 대해서 (그분을) 만족시키다.
- when we have done all we can 우리가 할 수 있는 모든 것을 다 행했을 때

- we have done but our duty 우리는 단지 우리의 의무를 완수했다.
- (we) are unprofitable servants 우리는 무익한 종들이다.
- 그 하나님께 우리는 그것들에 의해서 아무런 도움을 드릴 수도 없을 뿐더러, 우리의 이전의 죄들에 대한 빚에 대해 그분을 만족시킬 수도 없고, 우리가 할 수 있는 모든 것을 다 마쳤을 때 우리는 단지 우리의 의무를 다 한 것이고, 우리는 무익한 종일뿐이다.

3. and because, as they are good, they proceed from His Spirit; and as they are wrought by us, they are defiled, and mixed with so much weakness and imperfection, that they cannot endure the severity of God's judgment.
- as they are good 그것들이 선할 때면
- as they are wrought by us 그것들이 우리에 의해 작동될 때면
- because~ they proceed from~; and~ they are defiled~, that they cannot~. 그것들이 ~로부터 나오고, 또한 그것들이 더럽혀지기 때문에, 그것들은 ~할 수 없다.
- (they are) mixed with so much weakness and imperfection 그것들은 그렇게 많은 약함과 불완전과 혼합된다.
- they cannot endure the severity of God's judgment. 그것들은 하나님의 심판의 엄중함을 견뎌내지 못한다.
- 그러한 이유로 그것들이 선할 때면, 그것들은 성령으로부터 나온 것이고, 그것들이 우리에 의해 작동될 때면, 그것들은 더럽혀지고, 너무 많은 나약함과 불완전함과 섞인 것이기 때문에 그것들은 하나님의 심판의 엄중함을 견뎌내지 못한다.

<원문>

VI. Yet notwithstanding, the persons of believers being accepted through Christ, their good works also are accepted in Him, not as though they were in this life wholly unblamable and unreproveable in God's sight; but that He, looking upon them in His Son, is pleased to accept and reward that which is sincere, although accompanied with many weaknesses and imperfections.

<번역>

그러나 그럼에도 불구하고, 신자들의 그 인격들이 그리스도를 통해 받아들여지듯이, 그들의 선한 일들 또한 그리스도 안에서 받아들여지는데, 이는 마치 그들이 이생의 전반에서 하나님 보시기에 잘못도 없고, 책망받을 것도 없는 것처럼이 아니라, 자신의 아들 안에서 그들을 살펴보시는 하나님께서 비록 많은 약점들과 결함들을 동반한다 할지라도 진정한 것은 받아들이시고 상 주시기를 기뻐하신다는 것을 말한다.

<원문분석>

1. Yet notwithstanding, the persons of believers being accepted through Christ, their good works also are accepted in Him,

- Yet notwithstanding 그러나 그럼에도 불구하고

- the persons 그 인격들

- accept 받아들이다. 참고로 accept가 마음으로 동의하고 받아들이는 것을 나타낸다면, receive는 마음의 상태와는 상관없이 단지 받는 동작에만 초점을 두는 표현이라 할 수 있다.

- the persons of believers being accepted through Christ the persons of believers가 주어인 독립분사구문으로 '신자들의 인격들이 그리스도를 통해 받

아들여지듯이'의 뜻이다.

- **their good works also are accepted in Him** '그들의 선한 일들 역시 그 안에서 받아들여진다'인데, 신자들의 인격들은 그리스도를 통해서(through Christ) 받아들여지고, 신자들의 선한 일들은 그리스도 안에서(in Him) 받아들여진다는 것에 주의할 필요가 있다.

2. not as though they were in this life wholly unblamable and unreproveable in God's sight; but that He, looking upon them in His Son, is pleased to accept and reward that which is sincere, although accompanied with many weaknesses and imperfections.

- **not A but B** A가 아니라, B이다.
- **as though they were~** '마치 그들이 ~인 것처럼'의 뜻인 가정법 과거 표현이다. 이는 실제로는 그렇지 않은 현재의 상황을 가정하는 표현이다.
- **wholly** '완전히, 전적으로, 전반에서'의 뜻이다. 따라서 in this life wholly는 '이 생의 전반에서'로 번역할 수 있다.
- **unblamable** 잘못이 없는, 결백한
- **unreproveable** 책망할 수 없는
- **in God's sight** 하나님 보시기에
- **but that He~ is pleased to~** '~이 아니라, 그가 to~를 기뻐한다'는 것을 말한다. 여기서 'as though~'가 현재 사실에 반대되는 상황을 가정한 표현이라면, that 이하는 분명한 사실을 언급하는 것이다.
- **look upon** ~을 살펴보다.
- **looking upon them in His Son** ', (who is) looking upon them in His Son,'으로, He를 설명하는 계속적 용법의 관계대명사 절이 삽입된 구조다. 문법적으로만 보면 '그는 자신의 아들 안에서 그들을 살펴보시는데'로 번역해야 하나, 부드러운 한국어 표현을 위해 '자신의 아들 안에서 그들을 살펴보시는'으로 번역할 수도 있다.
- **to accept and reward that which is sincere,** '진정한 것을 받아들이시고 상 주

신다.'로, that은 현대영어에서 일반적인 그 무엇을 지칭할 때 사용하는 thing과 같은 것으로 which의 선행사다.

- **although accompanied with~** '비록 ~을 동반한다 할지라도'인데 이는 although (they are) accompanied with~의 틀이며, 여기서 they는 their good works(신자들의 선한 일들)을 의미한다.

- **many weaknesses and imperfections** 많은 약점들과 결함들

- 이는 마치 그들이 이생의 전반에서 하나님 보시기에 잘못도 없고, 책망받을 것도 없는 것처럼이 아니라, 자신의 아들 안에서 그들을 살펴보시는 하나님께서 비록 많은 약점들과 결함들을 동반한다 할지라도 진정한 것은 받아들이시고 상주시기를 기뻐하신다는 것을 말한다.

<원문>

VII. Works done by unregenerate men, although, for the matter of them, they may be things which God commands, and of good use both to themselves and others: yet, because they proceed not from a heart purified by faith; nor are done in a right manner according to the Word; nor to a right end, the glory of God; they are therefore sinful, and cannot please God, or make a man meet to receive grace from God. And yet, their neglect of them is more sinful, and displeasing unto God.

<번역>

일들이 비록 그것들 자체의 문제로만 볼 때 하나님께서 명하시는 것들이고, 그들 자신들과 다른 이들 모두에게 선하게 유용할 수는 있다 하더라도, 만일 중생하지 않은 자들에 의해서 행해진다면, 그것들은 믿음으로 정화된 심정으로부터 나온 것이 아니고, 말씀에 따른 바른 방식 안에서도, 하나님의 영광이라는 바른 목적에 따라서도 행해지지 않기 때문에, 그래서 그것들은 사악하며, 하나님을 기쁘시게

하거나, 사람을 하나님의 은혜를 받기에 적합하게 할 수도 없다. 그래서, 그럼에도 불구하고, 사역들에 대한 그들의 무시는 더욱 사악하며, 하나님을 노하시게 하는 것이다.

<원문분석>

1. Works done by unregenerate men, although, for the matter of them, they may be things which God commands, and of good use both to themselves and others:

- Works (being) done by unregenerate men~; they are therefore sinful~ they are therefore sinful~이 주절인 분사구문이다. 분사구문에 works라는 주어가 있기 때문에 독립분사구문으로 볼 수 있다. 그러나 주절의 주어가 명사가 아닌 대명사인 they라는 것은 주절의 주어가 앞서 언급한 종속절의 주어와 같다는 것을 나타낸다. 즉 이 문장은 분사구문에서 주어를 먼저 밝혀주고, 주절의 주어는 그 주어를 받는 대명사를 사용하여 표현하는 방식이다. Works done by unregenerate men은 조건을 의미하는 분사구문으로 '일들이 비록 중생하지 않는 자들에 의해서 행해진다면'으로 해석하면 된다.

- **for the matter of them** 그것들 자체의 문제로만 볼 때

- **although they may be things which God commands** 비록 그것들이 하나님께서 명령하시는 것들일 수 있다 할지라도

- **of good use** (although they may be) of good use로 of use는 useful(유용한)이란 뜻이다. 문장 구조상 형용사인 good가 명사인 use를 수식하고 있으나, 한국어로 번역할 때는 유용한(useful)을 수식하는 것으로 정리해야 하기에 부사처럼 '선하게'로 해석해야 한다.

- **both to themselves and others** '그들 자신들과 다른 이들에게'로 themselves는 unregenerate men(중생하지 않은 자들)을 받는다.

- 일들이 비록 그것들 자체의 문제로만 볼 때 하나님께서 명하시는 것들이고, 그들 자신들과 다른 이들 모두에게 선하게 유용할 수는 있다 하더라도, 만일 중생하지 않은 자들에 의해서 행해진다면,

2. yet, because they proceed not from a heart purified by faith; nor are done in a right manner according to the Word; nor to a right end, the glory of God;

- yet 그러나, 그럼에도 불구하고

- they proceed not from 그것들은 ~로부터 나오지 않는다.

- a heart purified by faith a heart (which is) purified by faith로 '믿음으로 정화되는 심정'이다.

- nor are done in a right manner according to the Word 말씀에 따른 바른 방식 안에서도 행해지는 것이 아니고,

- nor (according) to a right end, the glory of God; 하나님의 영광이라는 바른 목적에 따라서도 (행해지는 것이 아니다.)

- 그것들은 믿음으로 정화된 심정으로부터 나온 것이 아니고, 말씀에 따른 바른 방식 안에서도, 하나님의 영광이라는 바른 목적에 따라서도 행해지지 않기 때문에

3. they are therefore sinful, and cannot please God, or make a man meet to receive grace from God.

- they are therefore sinful, 그것들은 그러므로 죄악되다.

- (they therefore) cannot please God 그것들은 그러므로 하나님을 기쁘시게 할 수 없다.

- make a man meet to receive grace from God. '사람을 하나님으로부터의 은혜를 받기에 적합하게 만들다.'로 make는 5형식 사역동사이며, meet는 '적합하다,' '일치하다'는 뜻으로 사용되었다.

- 그래서 그것들은 사악하며, 하나님을 기쁘시게 하거나, 사람을 하나님의 은혜를 받기에 적합하게 할 수도 없다.

4. And yet, their neglect of them is more sinful, and displeasing unto God.

- their neglect of them '그것들에 대한 그들의 무시'로 their은 중생하지 않은 자

들을 의미하며, them은 works(사역들)을 의미한다.

- is more sinful, and displeasing unto God. ~은 더욱 사악하며, 하나님을 노하시게 하는 것이다.

- 그래서, 그럼에도 불구하고, 그것들에 대한 그들의 무시는 더욱 사악하며, 하나님을 노하시게 하는 것이다.

<원문으로 요약하고 성경으로 해설하기>

1. 사람이 행하는 일들 중에서 오직 하나님께서 거룩한 말씀 속에서 명하신 것들만이 선한 일이다.

"사람아 주께서 선한 것이 무엇임을 네게 보이셨나니 여호와께서 네게 구하시는 것은 오직 정의를 행하며 인자를 사랑하며 겸손하게 네 하나님과 함께 행하는 것이 아니냐"(미 6:8)

"너희는 이 세대를 본받지 말고 오직 마음을 새롭게 함으로 변화를 받아 하나님의 선하시고 기뻐하시고 온전하신 뜻이 무엇인지 분별하도록 하라"(롬12:2)

"모든 선한 일에 너희를 온전하게 하사 자기 뜻을 행하게 하시고 그 앞에 즐거운 것을 예수 그리스도로 말미암아 우리 가운데서 이루시기를 원하노라 영광이 그에게 세세무궁토록 있을지어다 아멘"(히13:21)

2. 사람이 행하는 일들 중에서 하나님의 말씀에 의해서 보증되지 않는 것은 결코 선한 일이 될 수 없다.

"사람의 계명으로 교훈을 삼아 가르치니 나를 헛되이 경배하는도다 하였느니라 하시고"(마15:9)

"내가 증언하노니 그들이 하나님께 열심이 있으나 올바른 지식을 따른 것이 아니니라"(롬10:2)

"너희가 알거니와 너희 조상이 물려 준 헛된 행실에서 대속함을 받은 것은 은이나 금 같이 없어질 것으로 된 것이 아니요"(벧전1:18)

3. 사람이 행하는 일들 중에서 선한 의도에 대한 가식에 근거한 것은 결코 선한 일이 될 수 없다.

"주께서 이르시되 이 백성이 입으로는 나를 가까이 하며 입술로는 나를 공경하나 그들의 마음은 내게서 멀리 떠났나니 그들이 나를 경외함은 사람의 계명으로 가르침을 받았을 뿐이라"(사29:13)

"사람들이 너희를 출교할 뿐 아니라 때가 이르면 무릇 너희를 죽이는 자가 생각하기를 이것이 하나님을 섬기는 일이라 하리라"(요16:2)

4. 사람이 행하는 일 중에 단지 맹목적인 열정만을 따르는 것은 결코 선한 일이 될 수 없다.

"다만 백성이 그 마땅히 멸할 것 중에서 가장 좋은 것으로 길갈에서 당신의 하나님 여호와께 제사하려고 양과 소를 끌어 왔나이다 하는지라 사무엘이 이르되 여호와께서 번제와 다른 제사를 그의 목소리를 청종하는 것을 좋아하심 같이 좋아하시겠나이까 순종이 제사보다 낫고 듣는 것이 숫양의 기름보다 나으니 이는 거역하는 것은 점치는 죄와 같고 완고한 것은 사신 우상에게 절하는 죄와 같음이라 왕이 여호와의 말씀을 버렸으므로 여호와께서도 왕을 버려 왕이 되지 못하게 하셨나이다 하니"(삼상15:21-23)

5. 선한 일은 참되고 생생한 믿음의 열매와 증거들이다. 다시 말해 참된 믿음은 언제나 선한 행실로 열매 맺고, 증명된다.

"어떤 사람은 말하기를 너는 믿음이 있고 나는 행함이 있으니 행함이 없는 네 믿음을 내게 보이라 나는 행함으로 내 믿음을 네게 보이리라 하리라"(약2:18)

"네가 보거니와 믿음이 그의 행함과 함께 일하고 행함으로 믿음이 온전하게 되었느니라"(약2:22)

6. 선한 일들은 신자들이 하나님께 감사를 표현하는 수단이다. 다시 말해 신자는 선한 일을 행함으로 하나님께서 베풀어 주신 은혜에 대한 감사하는 마음을 드러낸다.

"내게 주신 모든 은혜를 내가 여호와께 무엇으로 보답할까 내가 구원의 잔을 들고 여호와의 이름을 부르며"(시116:12,13)

"그러나 너희는 택하신 족속이요 왕 같은 제사장들이요 거룩한 나라요 그의 소유가 된 백성이니 이는 너희를 어두운 데서 불러 내어 그의 기이한 빛에 들어가게 하신 이의 아름다운 덕을 선포하게 하려 하심이라"(벧전2:9)

7. 선한 일들은 신자들이 진리에 대한 확신을 강화시키는 수단이다.

"우리가 그의 계명을 지키면 이로써 우리가 그를 아는 줄로 알 것이요 그를 아노라 하고 그의 계명을 지키지 아니하는 자는 거짓말하는 자요 진리가 그 속에 있지 아니하되 누구든지 그의 말씀을 지키는 자는 하나님의 사랑이 참으로 그 속에서 온전하게 되었나니 이로써 우리가 그의 안에 있는 줄을 아노라"(요일2:3,5)

"그러므로 너희가 더욱 힘써 너희 믿음에 덕을, 덕에 지식을, 지식에 절제를, 절제에 인내를, 인내에 경건을, 경건에 형제 우애를, 형제 우애에 사랑을 더하라 이런 것이 너희에게 있어 흡족한즉 너희로 우리 주 예수 그리스도를 알기에 게으르지 않고 열매 없는 자가 되지 않게 하려니와 이런 것이 없는 자는 맹인이라 멀리 보지 못하고 그의 옛 죄가 깨끗하게 된 것을 잊었느니라 그러므로 형제들아 더욱 힘써 너희 부르심과 택하심을 굳게 하라 너희가 이것을 행한즉 언제든지 실족하지 아니하리라"(벧후1:5-10)

8. 선한 일들은 신자들이 서로의 형제애를 기르고 고양하는 수단이다.

"이는 내가 너희의 원함을 앎이라 내가 너희를 위하여 마게도냐인들에게 아가야에서는 일 년 전부터 준비하였다는 것을 자랑하였는데 과연 너희의 열심이 퍽 많은 사람들을 분발하게 하였느니라"(고후9:2)

"이같이 너희 빛이 사람 앞에 비치게 하여 그들로 너희 착한 행실을 보고 하늘에 계신 너희 아버지께 영광을 돌리게 하라"(마5:16)

9. 선한 일들은 신자들이 복음에 대한 고백을 더욱 아름답고 고상하게 드러내는 수단이다.

"신중하며 순전하며 집안 일을 하며 선하며 자기 남편에게 복종하게 하라 이는 하나님의 말씀이 비방을 받지 않게 하려 함이라"(딛2:5)

"종들은 자기 상전들에게 범사에 순종하여 기쁘게 하고 거슬러 말하지 말며 훔치지 말고 오히려 모든 참된 신실성을 나타내게 하라 이는 범사에 우리 구주 하나님의 교훈을 빛나게 하려 함이라 모든 사람에게 구원을 주시는 하나님의 은혜가 나타나 우리를 양육하시되 경건하지 않은 것과 이 세상 정욕을 다 버리고 신중함과 의로움과 경건함으로 이 세상에 살고"(딛2:9-12)

"무릇 멍에 아래에 있는 종들은 자기 상전들을 범사에 마땅히 공경할 자로 알지니 이는 하나님의 이름과 교훈으로 비방을 받지 않게 하려 함이라"(딤전6:1)

10. 신자들의 선한 일들은 대적들의 입을 막는 수단이다.

"곧 선행으로 어리석은 사람들의 무식한 말을 막으시는 것이라"(벧전2:15)

11. 신자들은 선한 일들을 행하면서 영원한 생명을 소망한다.

"그러나 이제는 너희가 죄로부터 해방되고 하나님께 종이 되어 거룩함에 이르는 열매를 맺었으니 그 마지막은 영생이라"(롬6:22)

12. 신자들은 그리스도 예수 안에서 선한 일들을 위해 창조된 하나님의 작품들이다.

"우리는 그가 만드신 바라 그리스도 예수 안에서 선한 일을 위하여 지으심을 받은 자니 이 일은 하나님이 전에 예비하사 우리로 그 가운데서 행하게 하려 하심이니라"(엡2:10)

13. 하나님께서는 신자들이 행하는 선한 일들을 통해 영광 받으시길 기뻐하신다.

"너희가 이방인 중에서 행실을 선하게 가져 너희를 악행한다고 비방하는 자들로 하여금 너희 선한 일을 보고 오시는 날에 하나님께 영광을 돌리게 하려 함이라"(벧전2:12)

"예수 그리스도로 말미암아 의의 열매가 가득하여 하나님의 영광과 찬송이 되기를 원하노라"(빌1:11)

"너희가 열매를 많이 맺으면 내 아버지께서 영광을 받으실 것이요 너희는 내 제자가 되리라"(요15:8)

14. 신자들이 선한 일을 행하는 능력의 근원은 그리스도의 영이다.

"내 안에 거하라 나도 너희 안에 거하리라 가지가 포도나무에 붙어 있지 아니하면 스스로 열매를 맺을 수 없음 같이 너희도 내 안에 있지 아니하면 그러하리라 나는 포도나무요 너

희는 가지라 그가 내 안에, 내가 그 안에 거하면 사람이 열매를 많이 맺나니 나를 떠나서는
너희가 아무 것도 할 수 없음이라"(요15:4,5)

"또 새 영을 너희 속에 두고 새 마음을 너희에게 주되 너희 육신에서 굳은 마음을 제거하고
부드러운 마음을 줄 것이며 또 내 영을 너희 속에 두어 너희로 내 율례를 행하게 하리니 너
희가 내 규례를 지켜 행할지라"(겔36:26,27)

15. 신자들이 선한 일을 행하기 위해서는 그들이 이미 받은 은혜들과 더불어 선한
    일을 하고자 하는 의지를 갖게 하고, 그것을 실행하도록 하는 성령의 실질적인
    작용이 필요하다.
    "너희 안에서 행하시는 이는 하나님이시니 자기의 기쁘신 뜻을 위하여 너희에게 소원을
    두고 행하게 하시나니"(빌2:13)

    "내게 능력 주시는 자 안에서 내가 모든 것을 할 수 있느니라"(빌4:13)

    "우리가 무슨 일이든지 우리에게서 난 것 같이 스스로 만족할 것이 아니니 우리의 만족은
    오직 하나님으로부터 나느니라"(고후3:5)

16. 신자들은 성령을 핑계 삼아 그들 스스로는 선한 일에 대한 어떠한 의무나 책
    임이 없는 것처럼 나태해서는 안 되고, 더욱 열심히 선한 일을 행함으로 하나님
    의 은혜를 촉진시키도록 노력해야한다.
    "그러므로 나의 사랑하는 자들아 너희가 나 있을 때뿐 아니라 더욱 지금 나 없을 때에도 항
    상 복종하여 두렵고 떨림으로 너희 구원을 이루라"(빌2:12)

    "우리가 간절히 원하는 것은 너희 각 사람이 동일한 부지런함을 나타내어 끝까지 소망의
    풍성함에 이르러 게으르지 아니하고 믿음과 오래 참음으로 말미암아 약속들을 기업으로
    받는 자들을 본받는 자 되게 하려는 것이니라"(히6:11,12)

    "그러므로 내가 나의 안수함으로 네 속에 있는 하나님의 은사를 다시 불일듯 하게 하기 위
    하여 너로 생각하게 하노니"(딤후1:6)

    "사랑하는 자들아 너희는 너희의 지극히 거룩한 믿음 위에 자신을 세우며 성령으로 기도

하며 하나님의 사랑 안에서 자신을 지키며 영생에 이르도록 우리 주 예수 그리스도의 긍휼을 기다리라"(유1:20,21)

17. 어떤 신자도 자신의 선한 일들을 통해 하나님의 의를 만족시킬 수 없다.

"이와 같이 너희도 명령 받은 것을 다 행한 후에 이르기를 우리는 무익한 종이라 우리가 하여야 할 일을 한 것뿐이라 할지니라"(눅17:10)

"진실로 내가 이 일이 그런 줄을 알거니와 인생이 어찌 하나님 앞에 의로우랴"(욥9:2)

"육체의 소욕은 성령을 거스르고 성령은 육체를 거스르나니 이 둘이 서로 대적함으로 너희가 원하는 것을 하지 못하게 하려 함이니라"(갈5:17)

18. 사람이 행하는 그 어떠한 최고의 선한 일도 하나님과 사람 사이에 있는 무한한 영광의 간격 때문에 그 자체로는 죄의 용서와 영원한 생명을 요구할 만한 가치가 없다.

"그러므로 율법의 행위로 그의 앞에 의롭다 하심을 얻을 육체가 없나니 율법으로는 죄를 깨달음이니라"(롬3:20)

"만일 아브라함이 행위로써 의롭다 하심을 받았으면 자랑할 것이 있으려니와 하나님 앞에서는 없느니라 성경이 무엇을 말하느냐 아브라함이 하나님을 믿으매 그것이 그에게 의로 여겨진 바 되었느니라 일하는 자에게는 그 삯이 은혜로 여겨지지 아니하고 보수로 여겨지거니와 일을 아니할지라도 경건하지 아니한 자를 의롭다 하시는 이를 믿는 자에게는 그의 믿음을 의로 여기시나니 일한 것이 없이 하나님께 의로 여기심을 받는 사람의 복에 대하여 다윗이 말한 바 불법이 사함을 받고 죄가 가리어짐을 받는 사람들은 복이 있고 주께서 그 죄를 인정하지 아니하실 사람은 복이 있도다 함과 같으니라"(롬4:2-8)

"너희는 그 은혜에 의하여 믿음으로 말미암아 구원을 받았으니 이것은 너희에게서 난 것이 아니요 하나님의 선물이라 행위에서 난 것이 아니니 이는 누구든지 자랑하지 못하게 함이라"(엡2:8,9)

"우리를 구원하시되 우리가 행한 바 의로운 행위로 말미암지 아니하고 오직 그의 긍휼하심을 따라 중생의 씻음과 성령의 새롭게 하심으로 하셨나니 우리 구주 예수 그리스도로 말미암아 우리에게 그 성령을 풍성히 부어 주사 우리로 그의 은혜를 힘입어 의롭다 하심을 얻어 영생의 소망을 따라 상속자가 되게 하려 하심이라"(딛3:5-7)

"내가 여호와께 아뢰되 주는 나의 주님이시오니 주 밖에는 나의 복이 없다 하였나이다"(시16:2)

"사람이 어찌 하나님께 유익하게 하겠느냐 지혜로운 자도 자기에게 유익할 따름이니라 네가 의로운들 전능자에게 무슨 기쁨이 있겠으며 네 행위가 온전한들 그에게 무슨 이익이 되겠느냐"(욥22:2,3)

"그대가 의로운들 하나님께 무엇을 드리겠으며 그가 그대의 손에서 무엇을 받으시겠느냐 그대의 악은 그대와 같은 사람에게나 있는 것이요 그대의 공의는 어떤 인생에게도 있느니라"(욥35:7,8)

19. 하나님 앞에서 사람이 행하는 선한 일은 무익한 종으로서 마땅히 해야 할 일을 한 것일 뿐이다.

"이와 같이 너희도 명령 받은 것을 다 행한 후에 이르기를 우리는 무익한 종이라 우리가 하여야 할 일을 한 것뿐이라 할지니라"(눅17:10)

20. 성령이 함께 계시는 신자가 성령의 열매를 맺는 것은 당연한 것이다. 따라서 신자에게는 이러한 열매를 근거로 하나님께 혜택이나 보상을 요구할 어떠한 권리도 없다.

"오직 성령의 열매는 사랑과 희락과 화평과 오래 참음과 자비와 양선과 충성과 온유와 절제니 이같은 것을 금지할 법이 없느니라"(갈5:22,23)

21. 사람의 눈으로 볼 때 아무리 선한 일들처럼 보인다 할지라도 그것이 성령으로부터 나온 것이 아니라면 본질상 악할 뿐이며, 그 일을 행한 자는 하나님의 엄중한 심판을 받게 된다.

"무릇 우리는 다 부정한 자 같아서 우리의 의는 다 더러운 옷 같으며 우리는 다 잎사귀 같이 시들므로 우리의 죄악이 바람 같이 우리를 몰아가나이다"(사64:6)

"육체의 소욕은 성령을 거스르고 성령은 육체를 거스르나니 이 둘이 서로 대적함으로 너희가 원하는 것을 하지 못하게 하려 함이니라"(갈5:17)

"내가 행하는 것을 내가 알지 못하노니 곧 내가 원하는 것은 행하지 아니하고 도리어 미워하는 것을 행함이라 만일 내가 원하지 아니하는 그것을 행하면 내가 이로써 율법이 선한 것을 시인하노니 이제는 그것을 행하는 자가 내가 아니요 내 속에 거하는 죄니라 내 속 곧 내 육신에 선한 것이 거하지 아니하는 줄을 아노니 원함은 내게 있으나 선을 행하는 것은 없노라"(롬7:15,18)

"주의 종에게 심판을 행하지 마소서 주의 눈 앞에는 의로운 인생이 하나도 없나이다"(시143:2)

"여호와여 주께서 죄악을 지켜보실진대 주여 누가 서리이까"(시130:3)

22. 하나님께서는 그리스도를 통해 신자들을 받아들이듯이 그들의 선한 일들 또한 그리스도 안에서 받아들이신다.

"찬송하리로다 하나님 곧 우리 주 예수 그리스도의 아버지께서 그리스도 안에서 하늘에 속한 모든 신령한 복을 우리에게 주시되 곧 창세 전에 그리스도 안에서 우리를 택하사 우리로 사랑 안에서 그 앞에 거룩하고 흠이 없게 하시려고 그 기쁘신 뜻대로 우리를 예정하사 예수 그리스도로 말미암아 자기의 아들들이 되게 하셨으니 이는 그가 사랑하시는 자 안에서 우리에게 거저 주시는 바 그의 은혜의 영광을 찬송하게 하려는 것이라"(엡1:6)

"너희도 산 돌 같이 신령한 집으로 세워지고 예수 그리스도로 말미암아 하나님이 기쁘게 받으실 신령한 제사를 드릴 거룩한 제사장이 될지니라"(벧전2:5)

"아벨은 자기도 양의 첫 새끼와 그 기름으로 드렸더니 여호와께서 아벨과 그의 제물은 받으셨으나"(창4:4) "믿음으로 아벨은 가인보다 더 나은 제사를 하나님께 드림으로 의로운 자라 하시는 증거를 얻었으니 하나님이 그 예물에 대하여 증언하심이라 그가 죽었으나 그 믿음으로써 지금도 말하느니라"(히11:4)

23. 하나님께서 신자들의 선한 일들을 받아들이시는 것이 신자들이 삶의 전반에서 하나님 보시기에 잘못도 없고 책망받을 것도 없는 것처럼 받아들이시는 것

은 아니다.

"가령 내가 의로울지라도 내 입이 나를 정죄하리니 가령 내가 온전할지라도 나를 정죄하시리라"(욥9:20)

"주의 종에게 심판을 행하지 마소서 주의 눈 앞에는 의로운 인생이 하나도 없나이다"(시143:2)

24. 하나님께서 신자들의 선한 일들을 그리스도 안에서 받아들이시는 것은 비록 그들과 그들이 행하는 선한 일들 속에 많은 약점들과 결함들이 있다 할지라도 선한 일을 하려는 그들의 진정한 마음을 인정하시고 상 주시기를 기뻐하신다는 것을 의미한다.

"양들의 큰 목자이신 우리 주 예수를 영원한 언약의 피로 죽은 자 가운데서 이끌어 내신 평강의 하나님이 모든 선한 일에 너희를 온전하게 하사 자기 뜻을 행하게 하시고 그 앞에 즐거운 것을 예수 그리스도로 말미암아 우리 가운데서 이루시기를 원하노라 영광이 그에게 세세무궁토록 있을지어다 아멘"(히13:20,21)

"내가 명령으로 하는 말이 아니요 오직 다른 이들의 간절함을 가지고 너희의 사랑의 진실함을 증명하고자 함이로라 우리 주 예수 그리스도의 은혜를 너희가 알거니와 부요하신 이로서 너희를 위하여 가난하게 되심은 그의 가난함으로 말미암아 너희를 부요하게 하려 하심이라 이 일에 관하여 나의 뜻을 알리노니 이 일은 너희에게 유익함이라 너희가 일 년 전에 행하기를 먼저 시작할 뿐 아니라 원하기도 하였은즉 이제는 하던 일을 성취할지니 마음에 원하던 것과 같이 완성하되 있는 대로 하라 할 마음만 있으면 있는 대로 받으실 터이요 없는 것은 받지 아니하시리라"(고후8:8-12)

"하나님은 불의하지 아니하사 너희 행위와 그의 이름을 위하여 나타낸 사랑으로 이미 성도를 섬긴 것과 이제도 섬기고 있는 것을 잊어버리지 아니하시느니라"(히6:10)

"그 주인이 이르되 잘하였도다 착하고 충성된 종아 네가 적은 일에 충성하였으매 내가 많은 것을 네게 맡기리니 네 주인의 즐거움에 참여할지어다 하고 두 달란트 받았던 자도 와서 이르되 주인이여 내게 두 달란트를 주셨는데 보소서 내가 또 두 달란트를 남겼나이다 그 주인이 이르되 잘하였도다 착하고 충성된 종아 네가 적은 일에 충성하였으매 내가 많은 것을 네게 맡기리니 네 주인의 즐거움에 참여할지어다 하고"(마25:21-23)

25. 비록 중생하지 않은 자들이 행하는 일들도 그 일 자체로만 볼 때 하나님께서 말씀에서 명하신 일들과 같을 수도 있고, 심지어 불신자들은 물론 신자들에게도 유익한 영향을 주는 경우들도 있다.

"여호와께서 예후에게 이르시되 네가 나보기에 정직한 일을 행하되 잘 행하여 내 마음에 있는 대로 아합 집에 다 행하였은즉 네 자손이 이스라엘 왕위를 이어 사대를 지내리라 하시니라 그러나 예후가 전심으로 이스라엘 하나님 여호와의 율법을 지켜 행하지 아니하며 여로보암이 이스라엘에게 범하게 한 그 죄에서 떠나지 아니하였더라"(왕하10:30,31)

"아합이 이 모든 말씀을 들을 때에 그의 옷을 찢고 굵은 베로 몸을 동이고 금식하고 굵은 베에 누우며 또 풀이 죽어 다니더라 여호와의 말씀이 디셉 사람 엘리야에게 임하여 이르시되 아합이 내 앞에서 겸비함을 네가 보느냐 그가 내 앞에서 겸비하므로 내가 재앙을 저의 시대에는 내리지 아니하고 그 아들의 시대에야 그의 집에 재앙을 내리리라 하셨더라"(왕상21:27-29)

"어떤 이들은 투기와 분쟁으로, 어떤 이들은 착한 뜻으로 그리스도를 전파하나니 이들은 내가 복음을 변증하기 위하여 세우심을 받은 줄 알고 사랑으로 하나 그들은 나의 매임에 괴로움을 더하게 할 줄로 생각하여 순수하지 못하게 다툼으로 그리스도를 전파하느니라 그러면 무엇이냐 겉치레로 하나 참으로 하나 무슨 방도로 하든지 전파되는 것은 그리스도니 이로써 나는 기뻐하고 또한 기뻐하리라"(빌1:15-18)

26. 중생하지 않은 자들에게서 행해지는 일들은 그것이 비록 그 일 자체로는 하나님께서 말씀에서 명하신 것과 일치하고, 그 일의 결과가 불신자는 물론 신자에게도 선한 영향력을 가진다 할지라도 그것은 결코 믿음으로 정화된 심정에서 나온 것은 아니다.

"가인과 그의 제물은 받지 아니하신지라 가인이 몹시 분하여 안색이 변하니"(창4:5) "믿음으로 아벨은 가인보다 더 나은 제사를 하나님께 드림으로 의로운 자라 하시는 증거를 얻었으니 하나님이 그 예물에 대하여 증언하심이라 그가 죽었으나 그 믿음으로써 지금도 말하느니라"(히11:4)

"믿음이 없이는 하나님을 기쁘시게 하지 못하나니 하나님께 나아가는 자는 반드시 그가 계신 것과 또한 그가 자기를 찾는 자들에게 상 주시는 이심을 믿어야 할지니라"(히11:6)

27. 중생하지 않은 자들에게서 행해지는 일들은 그것이 비록 그 일 자체로는 하나님께서 말씀에서 명하신 것과 일치하고, 그 일의 결과가 불신자는 물론 신자에게도 선한 영향력을 가진다 할지라도 그것은 결코 말씀에 따른 옳은 방식으로 행해진 것은 아니다.

"내가 내게 있는 모든 것으로 구제하고 또 내 몸을 불사르게 내줄지라도 사랑이 없으면 내게 아무 유익이 없느니라"(고전13:3)

"너희가 내 앞에 보이러 오니 이것을 누가 너희에게 요구하였느냐 내 마당만 밟을 뿐이니라"(사1:12)

28. 중생하지 않은 자들에게서 행해지는 일들은 그것이 비록 그 일 자체로는 하나님께서 말씀에서 명하신 것과 일치하고, 그 일의 결과가 불신자는 물론 신자에게도 선한 영향력을 가진다 할지라도 그것은 결코 하나님의 영광이라는 바른 목적을 따른 것이 아니다.

"그러므로 구제할 때에 외식하는 자가 사람에게서 영광을 받으려고 회당과 거리에서 하는 것 같이 너희 앞에 나팔을 불지 말라 진실로 너희에게 이르노니 그들은 자기 상을 이미 받았느니라"(마6:2)

"또 너희는 기도할 때에 외식하는 자와 같이 하지 말라 그들은 사람에게 보이려고 회당과 큰 거리 어귀에 서서 기도하기를 좋아하느니라 내가 진실로 너희에게 이르노니 그들은 자기 상을 이미 받았느니라"(마6:5)

"금식할 때에 너희는 외식하는 자들과 같이 슬픈 기색을 보이지 말라 그들은 금식하는 것을 사람에게 보이려고 얼굴을 흉하게 하느니라 내가 진실로 너희에게 이르노니 그들은 자기 상을 이미 받았느니라"(마6:16)

29. 중생하지 않은 자들에게서 행해지는 일들은 그것이 비록 그 일 자체로는 하나님께서 말씀에서 명하신 것과 일치하고, 그 일의 결과가 불신자는 물론 신자에게도 선한 영향력을 가진다 할지라도 본질적으로 그들의 행위는 사악하다.

"이에 학개가 대답하여 이르되 여호와의 말씀에 내 앞에서 이 백성이 그러하고 이 나라가 그러하고 그들의 손의 모든 일도 그러하고 그들이 거기에서 드리는 것도 부정하니

라"(학2:14)

"깨끗한 자들에게는 모든 것이 깨끗하나 더럽고 믿지 아니하는 자들에게는 아무 것도 깨
끗한 것이 없고 오직 그들의 마음과 양심이 더러운지라"(딛1:15)

30. 중생하지 않은 자들에게서 행해지는 일들은 그것이 비록 그 일 자체로는 하
   나님께서 말씀에서 명하신 것과 일치하고, 그 일의 결과가 불신자는 물론 신자
   에게도 선한 영향력을 가진다 할지라도 하나님을 기쁘시게 할 수는 없다.
   "너희가 내게 번제나 소제를 드릴지라도 내가 받지 아니할 것이요 너희의 살진 희생의 화
   목제도 내가 돌아보지 아니하리라 네 노랫소리를 내 앞에서 그칠지어다 네 비파 소리도
   내가 듣지 아니하리라"(암5:22,23)

31. 중생하지 않은 자들에게서 행해지는 일들은 그것이 비록 그 일 자체로는 하나
   님께서 말씀에서 명하신 것과 일치하고, 그 일의 결과가 불신자는 물론 신자에
   게도 선한 영향력을 가진다 할지라도 사람들을 하나님의 은혜를 받기에 적합하
   게 할 수는 없다.
   "여호와께서 호세아에게 이르시되 그의 이름을 이스르엘이라 하라 조금 후에 내가 이스르
   엘의 피를 예후의 집에 갚으며 이스라엘 족속의 나라를 폐할 것임이니라"(호1:4)

32. 중생하지 않은 자들에게서 행해지는 일들은 그것이 비록 그 일 자체로는 하나
   님께서 말씀에서 명하신 것과 일치하고, 그 일의 결과가 불신자는 물론 신자에
   게도 선한 영향력을 가진다 할지라도 결국 하나님의 노여움을 살 뿐이다.
   "죄악을 행하는 자는 다 무지하냐 그들이 떡 먹듯이 내 백성을 먹으면서 여호와를 부르지
   아니하는도다"(시14:4)

   "그의 입에서 나오는 말은 죄악과 속임이라 그는 지혜와 선행을 그쳤도다"(시36:3)

   "그러할지라도 그들은 하나님께 말하기를 우리를 떠나소서 우리가 주의 도리 알기를 바라
   지 아니하나이다 전능자가 누구이기에 우리가 섬기며 우리가 그에게 기도한들 무슨 소용
   이 있으랴 하는구나"(욥21:14,15)

"또 왼편에 있는 자들에게 이르시되 저주를 받은 자들아 나를 떠나 마귀와 그 사자들을 위하여 예비된 영원한 불에 들어가라 내가 주릴 때에 너희가 먹을 것을 주지 아니하였고 목마를 때에 마시게 하지 아니하였고 나그네 되었을 때에 영접하지 아니하였고 헐벗었을 때에 옷 입히지 아니하였고 병들었을 때와 옥에 갇혔을 때에 돌보지 아니하였느니라 하시니 그들도 대답하여 이르되 주여 우리가 어느 때에 주께서 주리신 것이나 목마르신 것이나 나그네 되신 것이나 헐벗으신 것이나 병드신 것이나 옥에 갇히신 것을 보고 공양하지 아니하더이까 이에 임금이 대답하여 이르시되 내가 진실로 너희에게 이르노니 이 지극히 작은 자 하나에게 하지 아니한 것이 곧 내게 하지 아니한 것이니라 하시리니"(마25:41-45)

"화 있을진저 외식하는 서기관들과 바리새인들이여 너희가 박하와 회향과 근채의 십일조는 드리되 율법의 더 중한 바 정의와 긍휼과 믿음은 버렸도다 그러나 이것도 행하고 저것도 버리지 말아야 할지니라"(마23:23)

Chapter XVII

Of the Perseverance of the Saints

성도들의 견인에 관하여

<원문>

I. They, whom God hath accepted in His Beloved, effectually called, and sanctified by His Spirit, can neither totally, nor finally, fall away from the state of grace: but shall certainly persevere therein to the end, and be eternally saved.

<번역>

하나님께서 자신의 사랑받는 자들 안에 받아들이시고, 효력 있게 부르시고, 자신의 영으로 성화시키신 자들은 전적으로나 궁극적으로나 은혜의 상태에서 떨어져 나갈 수는 없고, 그 안에서 끝까지 확실히 인내할 것이며, 영원히 구원될 것이다.

<원문분석>

1. They, whom God hath accepted in His Beloved, effectually called, and sanctified by His Spirit, can neither totally, nor finally, fall away from the state of grace:

- in His Beloved 자신의 사랑을 받는 자들 안에 (참고, 자신이 사랑하는 자들 안에는 in His Loving이다.)

- hath accepted~, ~ called, and sanctified~ 받아들이시고, 부르시고, 성화시키시고의 세 내용을 모두 현재완료형으로 표현하고 있다. 이는 이미 그렇게 하셨고, 그 결과가 변함없이 현재까지 영향을 미친다는 뜻이다. 이러한 현재완료 표현은 하나님의 작정의 불변성과 섭리의 확실성을 잘 드러내준다.

- hath accepted in His Beloved '자신의 사랑을 받은 자들 안에 받아들이셨다'로, 이는 하나님께서 영원한 생명으로 선택하신 것을 의미한다.

- (hath) effectually called 효력 있게 부르셨다.

- (hath) sanctified by His Spirit 성령으로 성화시키셨다.

- neither totally, nor finally 전적으로나, 궁극적으로나 ~은 아니다.

- fall away from the state of grace 은혜의 상태로부터 떨어져 나간다.

- can neither totally, nor finally, fall away from the state of grace 여기서의 can은 능력이 아니라, 가능성을 말한다. 즉, 이는 은혜의 상태에서 전적으로나, 궁극적으로나 떨어져 나갈 가능성은 없다는 뜻이다. 그렇지만 '전적으로나', '궁극적으로나' 떨어져 나갈 가능성은 없다는 것은 부분적으로나 일시적으로는 은혜의 상태에서 떨어지는 그러한 일이 발생할 수도 있다는 것을 암시하고 있다.
- 하나님께서 자신의 사랑받는 자들 안에 받아들이시고, 효력 있게 부르시고, 자신의 영으로 성화시키신 자들은 전적으로나 궁극적으로나 은혜의 상태에서 떨어져 나갈 수는 없다.

2. but shall certainly persevere therein to the end, and be eternally saved.
- **shall** 미래를 나타내는 조동사로 주어의 의지나 능력이 아니라, 외부의 힘에 의해 그렇게 될 것이라는 뜻이다. 즉, 성도들이 견인하고, 궁극적인 구원에 이르는 것은 성도들의 의지나 힘에 달린 것이 아니라, 그렇게 하시기로 작정하시고, 이루시는 하나님께 달려 있다는 뜻이다. 결국 성도들의 견인 또한 원론적으로는 성도들의 일이 아니라, 하나님의 일이라는 뜻이다.
- **certainly persevere** 확실히 인내한다.
- **therein** '그 안에서'로 '은혜의 상태 안에서'(in the state of grace)라는 뜻이다.
- **to the end** 끝까지
- **(shall) be eternally saved.** 영원히 구원될 것이다.
- 그 안에서 끝까지 확실히 인내할 것이며, 영원히 구원될 것이다.

<원문>

II. This perseverance of the saints depends not upon their own free will, but upon the immutability of the decree of election, flowing from the free and unchangeable love of God the Father; upon the efficacy of the merit and intercession of Jesus Christ; the abiding of the Spirit, and of the seed of God within them; and the nature of the covenant of grace: from all which ariseth also the certainty and infallibility thereof.

<번역>

이 성도들의 견인은 그들 자신의 자유의지가 아니라, 아버지 하나님의 값없고 변치 않는 사랑으로부터 흘러나오는 선택 작정의 불변성과, 예수 그리스도의 공로와 중보기도의 효력과, 그들 안에서 성령과 하나님의 씨가 거하는 것과, 은혜언약의 본질에 의존하는데, 이 모든 것으로부터 그것에 관한 확실성과 무오성 역시 나온다.

<원문분석>

1. This perseverance of the saints depends not upon their own free will, but upon the immutability of the decree of election, flowing from the free and unchangeable love of God the Father;

- This perseverance of the saints depends not upon~ 이 항의 전체 구조는 This perseverance of the saints depends not upon A, but upon B; upon C; D; and E~로, '이 성도의 견인은 A에 의한 것이 아니라, B와 C와 D와 E에 의한 것이다.'라고 풀 수 있다.

- the Perseverance of the Saints Saint는 로마 가톨릭에서 죽은 자들 중에 교회에 의해 성인으로 시성된 사람을 부르는 칭호로 주로 사용되며, 개신교에서는 일반적으로 성도를 지칭할 때 사용된다. 그리고 이 단어가 the Saints의 형태로

사용되면 하나의 집합체를 의미하는 것으로 로마 가톨릭에서는 천상에 있는 모든 성자들을 총칭하는 뜻이 되고, 개신교에서는 이 땅에 살아 있는 모든 그리스도인들을 총칭하는 뜻이 된다. 그리고 the Perseverance of the Saints에서 of는 '성도들의 견인'으로 번역하지만, 주어적 소유격으로 실제 그 의미는 '성도들이 견인하는 것'이다.

- **depends not upon their own free will** does not depend upon their own free will의 옛 표현으로써 '그들 자신들의 의지에 의존하지 않는다'는 뜻이다.
- **the immutability of the decree of election** 선택 작정의 불변성
- **flowing from~** ~로부터 흘러나오는
- **unchangeable** 변하지 않는, 변할 수 없는 (참고, immutable: 불변의)
- 이 성도의 견인은 그들 자신의 자유의지가 아니라, 아버지 하나님의 값없고 변치 않는 사랑으로부터 흘러나오는 선택 작정의 불변성에 의존한다.

2. **upon the efficacy of the merit and intercession of Jesus Christ; the abiding of the Spirit, and of the seed of God within them; and the nature of the covenant of grace:**

- **upon the efficacy~** upon the efficacy of~; the abiding of~ ; and the nature of~: upon A; B; and C의 구조다.
- **efficacy** (기대한 대로 나타나는) 효력 (efficacious: 효력 있는)
- **merit** 공로 (virtue: 공덕, benefit: 은덕)
- **intercession** 중보기도 (meditation: 중보사역)
- **the abiding of the Spirit** 문법적으로 '성령의 거하심'인데, 의미상으로는 '성령이 거하시는 것'이다.
- **(the abiding) of the seed of God** 문법적으로 '하나님의 씨의 거주하심'인데, 의미상으로는 '하나님의 씨가 거주하시는 것'이다.
- **(upon) the nature of the covenant of grace** 은혜언약의 본성에 의존하다.
- 예수 그리스도의 공로와 중보기도의 효력과, 그들 안에서 성령과 하나님의 씨가 거하시는 것과, 은혜언약의 본질에 의존한다.

3. from all which ariseth also the certainty and infallibility thereof.

- **from all which** all은 '모든'의 뜻의 형용사이며, 관계대명사 which의 선행사는 앞서 언급한 성도들의 견인이 의존하는 것들이다.

- **arise from** ~로부터 기인한다. ~로부터 나온다.

- **certainty** 확실

- **infallibility** 무오성 (infallible: 오류가 있을 수 없는, fallible: 오류가 있을 수밖에 없는)

- **thereof** '그것에 관한'으로 여기서는 '성도들의 견인에 관한'이란 뜻이다.

- 이 모든 것으로부터 그것에 관한 확실성과 무오성 역시 나온다.

<원문>

III. Nevertheless, they may, through the temptations of Satan and of the world, the prevalency of corruption remaining in them, and the neglect of the means of their preservation, fall into grievous sins; and, for a time, continue therein: whereby they incur God's displeasure, and grieve His Holy Spirit, come to be deprived of some measure of their graces and comforts, have their hearts hardened, and their consciences wounded, hurt and scandalize others, and bring temporal judgments upon themselves.

<번역>

그럼에도 불구하고 그들은 사탄과 세상의 유혹들, 그들 속에 남아 있는 부패의 우세함, 자신들을 보존하는 수단들에 대한 무시를 통해 극악무도한 죄에 빠질 수도 있고, 그로 인해 잠시 동안 그곳 안에 머물 수도 있는데, 그로써 그들은 하나님의 노여움을 사서, 그분의 거룩한 영을 슬프게 하고, 그들의 은혜들과 위로들을 어느 정도 빼앗기게 되며, 그들의 심정을 완고하게, 그리고 그들의 양심이 상처를 입게

만들고, 다른 이들에게 상처도 주고, 험담도 하며, 자신들에게 세속의 심판을 가져온다.

<원문분석>

1. Nevertheless, they may, through the temptations of Satan and of the world, the prevalency of corruption remaining in them, and the neglect of the means of their preservation, fall into grievous sins; and, for a time, continue therein:

- **they may~** 전체적으로 they may~ fall into~; and continue therein의 구조로 그 의미는 '그들은 ~에 빠질 수도, 그리고 거기에 머무를 수도 있다'이다.

- **through the temptations~** through the temptations of~, the prevalency of~, and the neglect of~인 through A, B, and C의 구조로 되어있어서 'A와 B와 C를 통해서'로 해석된다.

- **the temptations of Satan and of the world** 사탄과 세상의 유혹들

- **prevalency** 우세(고어), 보급, 유포, 시대 풍조

- **(which is) remaining in them** 그들 속에 남아 있는

- **the neglect of the means of their preservation** 자신들을 보존하는 수단들에 대한 무시

- **grievous** 극악무도한

- **(They may) fall into grievous sins** '그들은 극악무도한 죄들에 빠질 수도 있다'인데, 여기서 may는 항상 그런 것이 아니라, 상황과 경우에 따라서 그럴 수도 있고 아닐 수도 있다는 것을 잘 말해준다.

- **(They may) continue~** '~를 지속할 수도 있다'는 뜻이다.

- **for a time** 잠시 동안

- **fall into grievous sins; and, for a time, continue therein** 여기서 and는 fall과 continue 두 동사를 단순하게 나열하고 있는 것이 아니라, fall이 먼저 선행된 후 그 결과로 continue가 따라온다는 것을 나타내기 위해 사용되었다. 따라서 이 and는 '그로 인해'로 해석해 주는 것이 좋다.

- 그럼에도 불구하고 그들은 사탄과 세상의 유혹들, 그들 속에 남아 있는 부패의 우세함, 자신들을 보존하는 수단들에 대한 무시를 통해 극악무도한 죄에 빠질 수도 있고, 그로 인해 잠시 동안 그곳 안에 머물 수도 있다.

2. whereby they incur God's displeasure, and grieve His Holy Spirit, come to be deprived of some measure of their graces and comforts, have their hearts hardened, and their consciences wounded, hurt and scandalize others, and bring temporal judgments upon themselves.

- whereby 그것에 의해

- they incur~ they incur~, and grieve~, come to~, have~, hurt and scandalize~, and bring~의 구조로 여기서 첫 번째 and는 앞뒤를 인과관계로 이어주는 역할을 하고, 두 번째 and는 hurt와 scandalize를 하나의 카테고리로 묶어주는 역할을 하며, 마지막 and는 세 개 이상의 단어를 동등하게 나열하는 역할을 한다. 이 구조에 따라 정리하면 이 부분은 '그들은 incur해서, grieve하고, come to하고, have하고 hurt와 scandalize하고 bring한다'는 뜻으로 이해할 수 있다.

- incur (위험, 어려움을) 초래하다.

- incur God's displeasure 하나님의 노여움을 초래하다. 하나님의 노여움을 사다.

- grieve His Holy Spirit 그분의 거룩한 영을 슬프게 하다.

- come to be deprive of ~을 빼앗기게 되다. ~을 빼앗기기에 이르다.

- some measure of 어느 정도의

- have their hearts hardened, and their consciences wounded 'have + 목적어 + 과거분사'의 형태로 사역동사 have가 사용된 5형식 구조로, 그 의미는 '목적어가 과거분사의 상태가 되게 한다.'이다. 따라서 have their hearts hardened는 '그들이 심정들이 굳어진 상태가 되게 하다'이고 (have) their consciences wounded는 '그들의 양심이 상처를 입게 만들다'이다.

- heart 심정 (mind: 마음)

- scandalize ~을 험담하다.

- **temporal** 세속의 (temporary: 일시적인)
- **bring temporal judgments upon themselves** 세속의 심판들을 자신들에게 가져온다.
- 그로써 그들은 하나님의 노여움을 사서, 그분의 거룩한 영을 슬프게 하고, 그들의 은혜들과 위로들을 어느 정도 빼앗기게 되며, 그들의 심정을 완고하게, 그리고 그들의 양심이 상처를 입게 만들고, 다른 이들에게 상처도 주고, 험담도 하며, 자신들에게 세속의 심판들을 가져온다.

<원문으로 요약하고 성경으로 해설하기>

1. 하나님께서 효력 있게 부르시고, 의롭다고 하시고, 성령으로 성화시키는 자들은 결코 은혜의 상태에서 떨어지지 않고, 그 안에서 끝까지 인내하며, 구원에 이른다.

"너희 안에서 착한 일을 시작하신 이가 그리스도 예수의 날까지 이루실 줄을 우리는 확신하노라"(빌1:6)

"그러므로 형제들아 더욱 힘써 너희 부르심과 택하심을 굳게 하라 너희가 이것을 행한즉 언제든지 실족하지 아니하리라"(벧후1:10)

"내가 그들에게 영생을 주노니 영원히 멸망하지 아니할 것이요 또 그들을 내 손에서 빼앗을 자가 없느니라 그들을 주신 내 아버지는 만물보다 크시매 아무도 아버지 손에서 빼앗을 수 없느니라"(요10:28,29)

"하나님께로부터 난 자마다 죄를 짓지 아니하나니 이는 하나님의 씨가 그의 속에 거함이요 그도 범죄하지 못하는 것은 하나님께로부터 났음이라"(요일3:9)

"너희는 말세에 나타내기로 예비하신 구원을 얻기 위하여 믿음으로 말미암아 하나님의 능력으로 보호하심을 받았느니라"(벧전1:5)

"믿음의 결국 곧 영혼의 구원을 받음이라"(벧전1:9)

2. 성도들이 견인할 수 있는 근거는 자신들의 자유의지나 능력이 아니라, 하나님의 값없고 변치 않는 사랑으로부터 흘러나오는 선택 작정의 불변성에 있다.

"진리에 관하여는 그들이 그릇되었도다 부활이 이미 지나갔다 함으로 어떤 사람들의 믿음을 무너뜨리느니라 그러나 하나님의 견고한 터는 섰으니 인침이 있어 일렀으되 주께서 자기 백성을 아신다 하며 또 주의 이름을 부르는 자마다 불의에서 떠날지어다 하였느니라"(딤후2:18,19)

"옛적에 여호와께서 나에게 나타나사 내가 영원한 사랑으로 너를 사랑하기에 인자함으로 너를 이끌었다 하였노라"(렘31:3)

3. 성도들이 견인할 수 있는 근거는 자신들의 자유의지나 능력이 아니라, 예수 그리스도의 공로의 효력에 있다.

"이 뜻을 따라 예수 그리스도의 몸을 단번에 드리심으로 말미암아 우리가 거룩함을 얻었노라 제사장마다 매일 서서 섬기며 자주 같은 제사를 드리되 이 제사는 언제나 죄를 없게 하지 못하거니와 오직 그리스도는 죄를 위하여 한 영원한 제사를 드리시고 하나님 우편에 앉으사 그 후에 자기 원수들을 자기 발등상이 되게 하실 때까지 기다리시나니 그가 거룩하게 된 자들을 한 번의 제사로 영원히 온전하게 하셨느니라"(히10:10-14)

"양들의 큰 목자이신 우리 주 예수를 영원한 언약의 피로 죽은 자 가운데서 이끌어 내신 평강의 하나님이"(히13:20)

"염소와 송아지의 피로 하지 아니하고 오직 자기의 피로 영원한 속죄를 이루사 단번에 성소에 들어가셨느니라 염소와 황소의 피와 및 암송아지의 재를 부정한 자에게 뿌려 그 육체를 정결하게 하여 거룩하게 하거든 하물며 영원하신 성령으로 말미암아 흠 없는 자기를 하나님께 드린 그리스도의 피가 어찌 너희 양심을 죽은 행실에서 깨끗하게 하고 살아 계신 하나님을 섬기게 하지 못하겠느냐 이로 말미암아 그는 새 언약의 중보자시니 이는 첫 언약 때에 범한 죄에서 속량하려고 죽으사 부르심을 입은 자로 하여금 영원한 기업의 약속을 얻게 하려 하심이라"(히9:12-15)

4. 성도들이 견인할 수 있는 근거는 자신들의 자유의지나 능력이 아니라, 예수 그리스도의 중보기도에 있다.

"누가 능히 하나님께서 택하신 자들을 고발하리요 의롭다 하신 이는 하나님이시니 누가 정죄하리요 죽으실 뿐 아니라 다시 살아나신 이는 그리스도 예수시니 그는 하나님 우편에 계신 자요 우리를 위하여 간구하시는 자시니라 누가 우리를 그리스도의 사랑에서 끊으리요 환난이나 곤고나 박해나 기근이나 적신이나 위험이나 칼이랴 기록된 바 우리가 종일 주를 위하여 죽임을 당하게 되며 도살 당할 양 같이 여김을 받았나이다 함과 같으니라 그러나 이 모든 일에 우리를 사랑하시는 이로 말미암아 우리가 넉넉히 이기느니라 내가 확신하노니 사망이나 생명이나 천사들이나 권세자들이나 현재 일이나 장래 일이나 능력이나 높음이나 깊음이나 다른 어떤 피조물이라도 우리를 우리 주 그리스도 예수 안에 있는 하나님의 사랑에서 끊을 수 없으리라"(롬8:33)

"나는 세상에 더 있지 아니하오나 그들은 세상에 있사옵고 나는 아버지께로 가옵나니 거룩하신 아버지여 내게 주신 아버지의 이름으로 그들을 보전하사 우리와 같이 그들도 하나가 되게 하옵소서"(요17:11)

"아버지여 내게 주신 자도 나 있는 곳에 나와 함께 있어 아버지께서 창세 전부터 나를 사랑하시므로 내게 주신 나의 영광을 그들로 보게 하시기를 원하옵나이다"(요17:24)

"그러므로 자기를 힘입어 하나님께 나아가는 자들을 온전히 구원하실 수 있으니 이는 그가 항상 살아 계셔서 그들을 위하여 간구하심이라"(히7:25)

5. 성도들이 견인할 수 있는 근거는 자신들의 자유의지나 능력이 아니라, 그들 안에 있는 하나님의 씨와 그들 안에서 역사하시는 성령님께 있다.

"하나님께로부터 난 자마다 죄를 짓지 아니하나니 이는 하나님의 씨가 그의 속에 거함이요 그도 범죄하지 못하는 것은 하나님께로부터 났음이라"(요일3:9)

"내가 아버지께 구하겠으니 그가 또 다른 보혜사를 너희에게 주사 영원토록 너희와 함께 있게 하리니 그는 진리의 영이라 세상은 능히 그를 받지 못하나니 이는 그를 보지도 못하고 알지도 못함이라 그러나 너희는 그를 아나니 그는 너희와 함께 거하심이요 또 너희 속에 계시겠음이라"(요14:16,17)

"너희는 주께 받은 바 기름 부음이 너희 안에 거하나니 아무도 너희를 가르칠 필요가 없고 오직 그의 기름 부음이 모든 것을 너희에게 가르치며 또 참되고 거짓이 없으니 너희를 가르치신 그대로 주 안에 거하라"(요일2:27)

6. 성도들이 견인할 수 있는 근거는 자신들의 자유의지나 능력이 아니라, 은혜언약의 본질에 있다.

"내가 그들에게 복을 주기 위하여 그들을 떠나지 아니하리라 하는 영원한 언약을 그들에게 세우고 나를 경외함을 그들의 마음에 두어 나를 떠나지 않게 하고"(렘32:40)

7. 아버지 하나님의 값없고 변치 않는 사랑으로부터 흘러나오는 선택 작정의 불변성과, 예수 그리스도의 공로와 중보기도의 효력과, 그들 안에서 성령과 하나님의 씨가 거하는 것과, 은혜언약의 본질은 모두 성도들이 견인할 수 있는 근거가 됨과 동시에, 성도들의 견인의 교리가 확실하고 무오함을 나타낸다.

"내가 그들에게 영생을 주노니 영원히 멸망하지 아니할 것이요 또 그들을 내 손에서 빼앗을 자가 없느니라"(요10:28)

"주는 미쁘사 너희를 굳건하게 하시고 악한 자에게서 지키시리라"(살후3:3)

"그들이 우리에게서 나갔으나 우리에게 속하지 아니하였나니 만일 우리에게 속하였더라면 우리와 함께 거하였으려니와 그들이 나간 것은 다 우리에게 속하지 아니함을 나타내려 함이니라"(요일2:19)

8. 신자들은 견인하는 중에 사탄과 세상의 유혹을 받을 때는 물론 그들 속에 여전히 남아 있는 부패가 우세하게 작용할 때, 그리고 스스로를 보존할 수 있는 수단들을 무시할 때면 심각한 죄에 빠지기도 한다.

"베드로가 바깥 뜰에 앉았더니 한 여종이 나아와 이르되 너도 갈릴리 사람 예수와 함께 있었도다 하거늘 베드로가 모든 사람 앞에서 부인하여 이르되 나는 네가 무슨 말을 하는지 알지 못하겠노라 하며 앞문까지 나아가니 다른 여종이 그를 보고 거기 있는 사람들에게 말하되 이 사람은 나사렛 예수와 함께 있었도다 하매 베드로가 맹세하고 또 부인하여 이르되 나는 그 사람을 알지 못하노라 하더라 조금 후에 곁에 섰던 사람들이 나아와 베드로에게 이르되 너도 진실로 그 도당이라 네 말소리가 너를 표명한다 하거늘 그가 저주하며 맹세하여 이르되 나는 그 사람을 알지 못하노라 하니 곧 닭이 울더라   이에 베드로가 예수의 말씀에 닭 울기 전에 네가 세 번 나를 부인하리라 하심이 생각나서 밖에 나가서 심히 통곡하니라"(마26:69-75)

9. 신자들은 견인하는 중에 잠시 동안 죄 아래 머물기도 한다.

"하나님이여 나의 구원의 하나님이여 피 흘린 죄에서 나를 건지소서 내 혀가 주의 의를 높이 노래하리이다"(시51:14)

10. 신자들은 견인하는 중에 죄에 **빠져서** 하나님의 진노를 사기도 한다.

"주께서 기쁘게 공의를 행하는 자와 주의 길에서 주를 기억하는 자를 선대하시거늘 우리가 범죄하므로 주께서 진노하셨사오며 이 현상이 이미 오래 되었사오니 우리가 어찌 구원을 얻을 수 있으리이까 무릇 우리는 다 부정한 자 같아서 우리의 의는 다 더러운 옷 같으며 우리는 다 잎사귀 같이 시들므로 우리의 죄악이 바람 같이 우리를 몰아가나이다 주의 이름을 부르는 자가 없으며 스스로 분발하여 주를 붙잡는 자가 없사오니 이는 주께서 우리에게 얼굴을 숨기시며 우리의 죄악으로 말미암아 우리가 소멸되게 하셨음이니이다 그러나 여호와여, 이제 주는 우리 아버지시니이다 우리는 진흙이요 주는 토기장이시니 우리는 다 주의 손으로 지으신 것이니이다 여호와여, 너무 분노하지 마시오며 죄악을 영원히 기억하지 마시옵소서 구하오니 보시옵소서 보시옵소서 우리는 다 주의 백성이니이다"(사64:5-9)

"그 장례를 마치매 다윗이 사람을 보내 그를 왕궁으로 데려오니 그가 그의 아내가 되어 그에게 아들을 낳으니라 다윗이 행한 그 일이 여호와 보시기에 악하였더라"(삼하11:27)

11. 신자들은 견인하는 중에 죄에 **빠져서** 하나님의 거룩한 영을 슬프게 하기도 한다.

"하나님의 성령을 근심하게 하지 말라 그 안에서 너희가 구원의 날까지 인치심을 받았느니라"(엡4:30)

12. 신자들은 견인하는 중에 죄에 **빠져서** 하나님의 은혜와 위로를 어느 정도 **빼앗** 기기도 한다.

"내게 즐겁고 기쁜 소리를 들려 주시사 주께서 꺾으신 뼈들도 즐거워하게 하소서"(시51:8)

"하나님이여 내 속에 정한 마음을 창조하시고 내 안에 정직한 영을 새롭게 하소서"(시51:10)

"주의 구원의 즐거움을 내게 회복시켜 주시고 자원하는 심령을 주사 나를 붙드소서"(시51:12)

"그러나 너를 책망할 것이 있나니 너의 처음 사랑을 버렸느니라"(계2:4)

13. 신자들은 견인하는 중에 죄에 빠짐으로 자신의 심정을 완악하게 하기도 한다.

"여호와여 어찌하여 우리로 주의 길에서 떠나게 하시며 우리의 마음을 완고하게 하사 주를·경외하지 않게 하시나이까 원하건대 주의 종들 곧 주의 기업인 지파들을 위하사 돌아오시옵소서"(사63:17)

"이는 그들이 그 떡 떼시던 일을 깨닫지 못하고 도리어 그 마음이 둔하여졌음이러라"(막6:52)

"그 후에 열한 제자가 음식 먹을 때에 예수께서 그들에게 나타나사 그들의 믿음 없는 것과 마음이 완악한 것을 꾸짖으시니 이는 자기가 살아난 것을 본 자들의 말을 믿지 아니함이러라"(막16:14)

14. 신자들은 견인하는 중에 죄에 빠짐으로 자신의 양심에 상처를 입기도 한다.

"내가 입을 열지 아니할 때에 종일 신음하므로 내 뼈가 쇠하였도다 주의 손이 주야로 나를 누르시오니 내 진액이 빠져서 여름 가뭄에 마름 같이 되었나이다 (셀라)"시32:3,4)

"내게 즐겁고 기쁜 소리를 들려 주시사 주께서 꺾으신 뼈들도 즐거워하게 하소서"(시51:8)

15. 신자들은 견인하는 중에 죄에 빠짐으로 다른 이들에게 상처를 주고, 그들에 대해 험담하기도 한다.

"이 일로 말미암아 여호와의 원수가 크게 비방할 거리를 얻게 하였으니 당신이 낳은 아이가 반드시 죽으리이다 하고"(삼하12:14)

16. 신자들은 견인하는 중에 죄에 빠짐으로 세속의 심판을 받기도 한다.

"내 율례를 깨뜨리며 내 계명을 지키지 아니하면 내가 회초리로 그들의 죄를 다스리며 채찍으로 그들의 죄악을 벌하리로다"(시89:31,32)

"다메섹에서 아레다 왕의 고관이 나를 잡으려고 다메섹 성을 지켰으나"(고후11:32)

16

Chapter XVIII

Of the Assurance of Grace and Salvation

은혜와 구원의 확신에 관하여

<원문>

I. Although hypocrites and other unregenerate men may vainly deceive themselves with false hopes, and carnal presumptions of being in the favour of God, and estate of salvation; which hope of theirs shall perish: yet such as truly believe in the Lord Jesus, and love Him in sincerity, endeavouring to walk in all good conscience before Him, may, in this life, be certainly assured that they are in the state of grace, and may rejoice in the hope of the glory of God, which hope shall never make them ashamed.

<번역>

비록 위선자들과 다른 중생하지 않는 사람들이 거짓된 소망들은 물론, 하나님의 은총과 구원의 상태에 있다는 세속적인 추정으로 자신들을 헛되이 속일 수는 있다 할지라도, 그들의 그 소망은 무너져 내릴 것이며, 반면에 참으로 주 예수를 믿고 진정으로 그를 사랑하는 그런 자들은, 그 앞에서 모든 선한 양심으로 걷고자 수고를 아끼지 않기에, 이생에서 자신들이 은혜의 상태에 있다는 것을 분명히 확신할 수도 있으며, 하나님의 영광의 소망 안에서 즐거워할 수도 있는데, 그 소망은 결코 그들을 부끄럽게 하지 않을 것이다.

<원문분석>

1. Although hypocrites and other unregenerate men may vainly deceive themselves with false hopes, and carnal presumptions of being in the favour of God, and estate of salvation; which hope of theirs shall perish:

- hypocrites 위선자들
- unregenerate men 거듭나지 않은 사람들 (regenerate: 거듭나게 하다. 거듭나다)

- vainly 헛되게

- may deceive themselves 자신들 스스로를 속일 수도 있다. 자신들 스스로를 속이기도 한다.

- with false hopes, and carnal presumptions of~ and 앞에 있는 콤마(,)는 of 이하의 내용이 carnal presumptions만을 한정할 뿐, false hopes까지는 영향을 미치지 않는다는 것을 나타내는 문법적인 장치다. 따라서 이러한 경우는 그 구분을 분명하게 하기 위해 콤마(,) and를 '~은 물론'으로 번역하는 것이 좋다.

- carnal 세속적인

- favour 은총 (grace: 은혜)

- being in the favour of God 하나님의 은총 안에 있는 것

- (being in the) estate of salvation 구원의 상태에 있는 것

- , which hope of theirs 콤마(,) which는 '그리고 그~' 혹은 '그래서 그~'의 뜻으로 쓰인 계속적 용법의 관계형용사다. 따라서 이 구문은 '그래서 그들의 그 소망은'으로 번역되어야 한다.

- shall perish 주어의 의지나 능력에 따른 것이 아니라, 외부의 힘에 의해 무너지게 되는 것을 말한다.

- 비록 위선자들과 다른 중생하지 않는 사람들이 거짓된 소망들은 물론, 하나님의 은총과 구원의 상태에 있다는 세속적인 추정으로 자신들을 헛되이 속일 수는 있다 할지라도, 그들의 그 소망은 무너져 내릴 것이다.

2. yet such as truly believe in the Lord Jesus, and love Him in sincerity, endeavouring to walk in all good conscience before Him, may, in this life, be certainly assured that they are in the state of grace, and may rejoice in the hope of the glory of God, which hope shall never make them ashamed.

- such as believe in~, and love~, endeavouring to~, may be assured that~, and may rejoice~. '~을 믿고 ~을 사랑하는 그러한 자들은 ~하도록 수고를 아끼지 않기에, ~을 확신하고, ~을 즐거워할 수도 있다.'

- such as truly believe in the Lord Jesus '주 예수님을 참으로 믿는 그러한 자들'로, as는 such를 선행사로 받는 주격 관계대명사이며, believe의 형태로 보아 복수의 의미로 사용되었다는 것을 알 수 있다.
- (such as) love Him in sincerity 그를 진정으로 사랑하는 그러한 자들
- endeavour ~하려고 수고를 아끼지 않다.
- endeavouring to walk in all good conscience before Him 이유를 나타내는 분사구문으로 쓰였기에 '그 앞에서 모든 선한 양심으로 걷고자 수고를 아끼지 않기에'로 해석한다.
- in this life 이생에서
- may be certainly assured that~ 'that 이하의 사실을 분명히 확신할 수 있다'인데, 여기서 사용된 조동사 may는 항상 확신에 이른다는 당위성을 말하는 것이 아니라, 그럴 수도 있고, 경우에 따라 그렇지 않을 수도 있다는 것을 동시에 암시하고 있다.
- they are in the state of grace 1형식 문장으로 여기서 are는 '~이다'가 아니라, '~에 있다'는 뜻이다. 따라서 이 문장은 '그들은 은혜의 상태에 있다'로 해석한다.
- may rejoice in the hope of the glory of God 하나님의 영광의 소망 안에서 즐거워할 수도 있다.
- ,which hope shall never make them ashamed '그래서 그 소망은 결코 그들을 부끄럽게 하지 않을 것이다'로 해석하는데, 여기서 which는 관계형용사로서 콤마(,) which의 형태로 계속적 용법으로 사용되었기에 '그리고 그~' 혹은 '그래서 그~'로 번역한다.
- 반면에 참으로 주 예수를 믿고 진정으로 그를 사랑하는 그런 자들은, 그 앞에서 모든 선한 양심으로 걷고자 수고를 아끼지 않기에, 이생에서 자신들이 은혜의 상태에 있다는 것을 분명히 확신할 수도 있으며, 하나님의 영광의 소망 안에서 즐거워할 수도 있는데, 그 소망은 결코 그들을 부끄럽게 하지 않을 것이다.

<원문>

II. This certainty is not a bare conjectural and probable persuasion, grounded upon a fallible hope; but an infallible assurance of faith, founded upon the divine truth of the promises of salvation, the inward evidence of those graces unto which these promises are made, the testimony of the Spirit of adoption witnessing with our spirits that we are the children of God: which Spirit is the earnest of our inheritance, whereby we are sealed to the day of redemption.

<번역>

이 확실성은 오류가 있을 수밖에 없는 어떤 희망에 근거한 추측하기 쉬우면서도 있을 법한 텅 빈 신념이 아니라, 구원의 약속들에 대한 신적 진리와 이 약속들이 맺어진 그 은혜들의 내적인 증거들과 우리의 영들과 함께 우리가 하나님의 자녀들이라는 것을 증언하는 양자 삼음의 영의 증거에 기초한 믿음에 관해 오류가 있을 수 없는 하나의 확신인데, 그래서 이 영은 우리의 유업 중 가장 중대한 것이고, 그로써 우리는 구속의 날에로 인침을 받는다.

<원문분석>

1. This certainty is not a bare conjectural and probable persuasion, grounded upon a fallible hope;

- **This certainty** '이 확실성'으로 앞항에서 언급한 은혜와 구원에 대한 확신을 말한다. 이처럼 웨스트민스터 신앙고백서는 각 장 안에서는 그 주제에 따라 사용되는 단어들이나 표현들의 의미가 적절한 문법적인 장치를 통해 서로 연결되어 있다.

- **conjectural** 추측하기 쉬운

- **probable** 있을 법한

- persuasion a persuasion (익살, 다소 비아냥거리는 듯한 의미) 확신, 신념
- fallible 오류를 면치 못하는 (오류가 있을 수밖에 없는)
- infallible 오류가 있을 수 없는
- a fallible hope 여기서 hope는 일반적인 희망이 아니다. 따라서 부정관사 'a'를
  '어떤'으로 해석해 주어야 한다.
- grounded upon ~에 기초한, ~에 근거한
- 이 확실성은 오류가 있을 수밖에 없는 어떤 희망에 근거한 추측하기 쉬우면서
  도 있을 법한 텅 빈 신념이 아니다.

2. but an infallible assurance of faith, founded upon the divine truth of
   the promises of salvation, the inward evidence of those graces unto
   which these promises are made, the testimony of the Spirit of adoption
   witnessing with our spirits that we are the children of God:
- not A but B A가 아니라, B다.
- an infallible assurance of faith 일반적인 확신이 아니다. 따라서 부정관사 'an'
  을 '어떤'이나, '하나의'로 해석해 주어야 한다. 또한 이 구문은 이를 단어 순서
  대로 '오류가 있을 수 없는 신앙의 확신'이라고 번역하면 infallible이 faith만을
  수식하는 것 같은 오해를 살 수 있다. 따라서 이는 '신앙에 관해 오류가 있을 수
  없는 하나의 확신'으로 번역하는 것이 좋다.
- founded upon '~에 기초한, ~에 근거한, ~위에 설립된'인데, 이어지는 the divine
  truth of the promises of salvation과 the inward evidence of those graces와
  the testimony of the Spirit of adoption은 모두 upon의 목적어들이다.
- the divine truth of the promises of salvation 구원의 약속들에 대한 신적 진리
- the inward evidence of those graces 그 은혜들의 내적 증거
- unto which these promises are made '이 약속들이 맺어지는'으로, 여기서
  which는 전치사 unto의 목적어로 사용된 목적격 관계대명사이며, 선행사는
  those graces(그 은혜들)이다. 그리고 be made unto에서 unto는 약속들이 맺
  어지는 상대를 말하는 것이 아니라, 그 약속의 방향과 목적을 나타낸다. 따라서

약속은 은혜들로 귀결되며, 그 은혜들은 내적 증거로 나타나고, 이 내적 증거는 신앙에 관해 오류가 있을 수 없는 하나의 확신의 기초 중 하나가 되는 것이다.

- **the testimony of the Spirit of adoption** 양자 삼음의 영의 증거

- **(which is) witnessing with our spirits that we are the children of God** that이 하는 '우리는 하나님의 자녀들'로 witnessing의 목적어로 쓰인 명사절이다.

- **with our spirits** '우리의 영들과 함께'로 여기서 말하는 spirits는 앞서 언급된 the Spirit of adoption(양자 삼음의 영)과 뒤 따라 오는 which Spirit(그 영)을 말하는 것이 아니다.

- 구원의 약속들에 대한 신적 진리와 이 약속들이 맺어진 그 은혜들의 내적인 증거들과 우리의 영들과 함께 우리가 하나님의 자녀들이라는 것을 증언하는 양자 삼음의 영의 증거에 기초한 믿음에 관해 오류가 있을 수 없는 하나의 확신이다.

3. : **which Spirit is the earnest of our inheritance, whereby we are sealed to the day of redemption.**

- **: which Spirit is~** 콜론(:)은 앞서 언급한 내용에 대한 추가정보를 제공함을 나타내는 장치고, which는 관계형용사이기 때문에 : which Spirit is~는 '그래서 이 영은'으로 해석하면 된다. 참고로 여기서 사용된 Spirit은 the Spirit of adoption(양자 삼음의 영)을 말하는 것으로, our spirits(우리의 영들)와는 구분되어야 한다.

- **the earnest of our inheritance** 우리의 유업 중 가장 중대한 것

- **whereby we are sealed to the day of redemption** 그로써 우리는 구속의 날에로 인침을 받는다.

- 그래서 이 영은 우리의 유업 중 가장 중대한 것이고, 그로써 우리는 구속의 날에로 인침을 받는다.

<원문>

III. This infallible assurance doth not so belong to the essence of faith, but that a true believer may wait long, and conflict with many difficulties before he be partaker of it: yet, being enabled by the Spirit to know the things which are freely given him of God, he may without extraordinary revelation, in the right use of ordinary means, attain thereunto. And therefore it is the duty of everyone to give all diligence to make his calling and election sure; that thereby his heart may be enlarged in peace and joy in the Holy Ghost, in love and thankfulness to God, and in strength and cheerfulness in the duties of obedience, the proper fruits of this assurance: so far is it from inclining men to looseness.

<번역>

이 오류가 있을 수 없는 확신은 참 신자가 그것에 참여자가 되기 전에 오래 기다릴 수 없고, 많은 어려움에 맞서 싸울 수도 없을 정도로 믿음의 본질에 속하지 않는 정도는 아니지만, 그럼에도 불구하고 그가 하나님에게서 그에게 값없이 주어지는 것들을 알 수 있게 되는 것이 그 영에 의한 것이기에, 비상한 계시 없이도 통상적인 수단들의 바른 사용 안에서 거기에 도달하기도 한다. 그러므로 자신의 부르심과 선택에 확신을 갖기 위해 모든 노력을 가하는 것이 모든 이들의 의무인데, 그것에 의하여 그의 심정이 성령님 안에서 평화와 기쁨으로, 하나님에 대한 사랑과 감사로, 이 확신의 고유한 열매들인 순종의 의무들 안에서 힘과 활기로 더 넓어지기도 하기에, 그것은 전혀 사람들을 느슨한 경향이 있게 하지 않는다.

<원문분석>

1. This infallible assurance doth not so belong to the essence of faith, but that a true believer may wait long, and conflict with many difficulties

before he be partaker of it: yet, being enabled by the Spirit to know the things which are freely given him of God, he may without extraordinary revelation, in the right use of ordinary means, attain thereunto.

- This infallible assurance 이 오류가 있을 수 없는 확신
- so A~ but that B~ 'B 아닐 정도로 A하지는 않다'로 대표적인 예문은 '배울 수 없을 만큼 나이 든 사람은 없다'는 뜻의 'No man is so old but that he may learn.'이 있다.
- not so belong to the essence of faith 믿음의 본질에 속하지 않는 것은 아니다.
- may ~하기도 한다. ~하지 않을 수도 있다. (참고, can: ~할 수 있다.)
- but that a true believer may wait long before he be partaker of it that a true believer may not wait long before he be partaker of it으로 '참 신자가 그것의 참여자가 되기 전에 오래 기다리지 않을 수도 있다'라는 뜻이다.
- but that a true believer may conflict with many difficulties before he be partaker of it that a true believer may not conflict with many difficulties before he be partaker of it으로, '참 신자가 그것의 참여자가 되기 전에 많은 어려움들에 맞서 싸우지 않을 수도 있다'라는 뜻이다.
- being enabled by the Spirit to know '그 영에 의해 ~을 알 수 있게 되기 때문에'로 이유를 나타내는 분사구문이다.
- the things which are freely given him of God 하나님에게서 그에게 값없이 주어진 것들
- extraordinary revelation 비상한 계시 (참고, special revelation: 특별계시)
- in the right use of ordinary means 통상적인 수단들의 바른 사용 안에서
- attain thereunto 거기에 도달하다.
- 이 오류가 있을 수 없는 확신은 참 신자가 그것에 참여자가 되기 전에 오래 기다릴 수 없고, 많은 어려움에 맞서 싸울 수도 없을 정도로 믿음의 본질에 속하지 않는 정도는 아니지만, 그럼에도 불구하고 그가 하나님에게서 그에게 값없이 주어지는 것들을 알 수 있게 되는 것이 그 영에 의한 것이기에, 비상한 계시 없이도 통상적인 수단들의 바른 사용 안에서 거기에 도달하기도 한다.

2. And therefore it is the duty of everyone to give all diligence to make his calling and election sure; that thereby his heart may be enlarged in peace and joy in the Holy Ghost, in love and thankfulness to God, and in strength and cheerfulness in the duties of obedience, the proper fruits of this assurance: so far is it from inclining men to looseness.

- it is the duty of everyone to give all diligence 모든 노력을 가하는 것이 모든 이들의 의무이다.

- to make his calling and election sure '자신의 부르심과 선택에 확신을 갖도록' 으로 여기서 his는 앞의 everyone을 받는다.

- thereby 그것에 의해서

- that thereby his heart may be enlarged 목적을 나타내는 부사절로 보면 '그것에 의해서 그의 심정이 넓어지기 위해서'로 해석할 수 있다. 그러나 문맥을 따져 볼 때 '그것에 의해서 그의 심정이 넓어지기도 한다'로 해석하는 것도 큰 무리가 없는 듯하다.

- in peace and joy in the Holy Ghost 성령님 안에서 평화와 기쁨으로

- in love and thankfulness to God 하나님에 대한 사랑과 감사로

- in strength and cheerfulness 힘과 활기로

- the duties of obedience, the proper fruits of this assurance the proper fruits of this assurance는 the duties of obedience와 동격이기에 '이 확신의 고유한 열매들인 순종의 의무들'로 해석한다.

- proper 고유한

- be far from ~ing ~하는 것에서는 거리가 멀다. 전혀 ~가 아니다.

- incline A to B A를 B하는 경향이 있게 하다.

- so far is it from inclining men to looseness ~이기에, 그것은 전혀 사람들을 느 슨한 경향이 있게 하지 않는다.

- 그러므로 자신의 부르심과 선택에 확신을 갖기 위해 모든 노력을 가하는 것이 모든 이들의 의무인데, 그것에 의하여 그의 심정이 성령님 안에서 평화와 기쁨 으로, 하나님에 대한 사랑과 감사로, 이 확신의 고유한 열매들인 순종의 의무들

안에서 힘과 활기로 더 넓어지기도 하기에, 그것은 전혀 사람들을 느슨한 경향이 있게 하지 않는다.

＜원문＞

IV. True believers may have the assurance of their salvation divers ways shaken, diminished, and intermitted; as, by negligence in preserving of it, by falling into some special sin, which woundeth the conscience and grieveth the Spirit; by some sudden or vehement temptation, by God's withdrawing the light of His countenance, and suffering even such as fear Him to walk in darkness and to have no light: yet are they never so utterly destitute of that seed of God, and life of faith, that love of Christ and the brethren, that sincerity of heart, and conscience of duty, out of which, by the operation of the Spirit, this assurance may, in due time, be revived; and by the which, in the mean time, they are supported from utter despair.

＜번역＞

참 신자들은 그들의 구원의 확신을 흔들리고, 줄어들고, 일시 중단되는 다양한 양식들이 되게 하기도 하는데, 이는 그것을 보존할 때 태만에 의해서, 양심에 상처를 주고 성령을 슬프게 하는 약간 특별한 죄에 빠짐으로써만이 아니라, 약간의 갑작스럽고 격렬한 유혹에 의해서, 하나님께서 자신의 얼굴의 빛을 가리시고, 심지어 하나님을 두려워하는 그런 자들일지라도 어둠 속에 걷고, 빛을 갖지 못하는 것을 묵인하심으로써 그런 것인데, 그럼에도 불구하고 그들은 결코 하나님의 그 씨와 믿음의 삶과 그리스도와 형제간의 그 사랑과 심정의 진정성 그리고 의무에 대한 양심이 완전히 결핍되지는 않는데, 그것들로부터, 그 영의 작용에 의해서, 이 확신은 정한 때에 다시 살아나기도 하고, 바로 그것들에 의해서 그동안에 그들은 완전한 절망으로부터 지지를 받는다.

<원문분석>

1. True believers may have the assurance of their salvation divers ways shaken, diminished, and intermitted; as, by negligence in preserving of it, by falling into some special sin, which woundeth the conscience and grieveth the Spirit; by some sudden or vehement temptation, by God's withdrawing the light of His countenance, and suffering even such as fear Him to walk in darkness and to have no light:

- True believers may have the assurance of their salvation divers ways (which are) shaken, diminished, and intermitted 5형식 문장으로 have는 '가지다'라는 뜻이 아니라, 목적어인 the assurance of their salvation을 목적보어인 diverse ways(다양한 양식들)로 상태의 변화를 준다는 뜻이다.

-ways 양식, 습관, 버릇

- divers ways (which are) shaken, diminished, and intermitted 흔들리고, 줄어들고, 일시 중단되는 다양한 양식들

- as 이유, 근거를 나타내는 접속사로 뒤에 이어지는 총 4가지의 '원인들 때문에'라는 뜻이다.

- by negligence in preserving of it 그것을 보존할 때 태만에 의해서

- by falling into some special sin '약간 특별한 죄에 빠짐으로써'인데, sin이 단수로 쓰였기에 some은 '약간' 혹은 '어느 정도의'로 해석해야지, '몇몇의'로 해석해서는 안 된다. 여기서 말하는 죄(sin)는 죄의 양을 말하는 것이 아니라, 죄의 질을 말하는 것이다.

- , which woundeth the conscience and grieveth the Spirit 콤마(,) which는 some special sin을 선행사로 받는 계속적 용법의 주격 관계대명사이다. 따라서 문법적으로만 보면 '~인데, 이 죄는 양심에 상처를 주고, 성령을 슬프게 한다'로 해석해야 하지만, 한국어 번역상 의미에 큰 지장을 주지 않기에 '양심에 상처를 주고, 성령을 슬프게 하는'으로 해석해도 좋을 듯하다.

- **; by some sudden~** 총 네 개의 by 부사구를 나열하면서 두 번째와 세 번째 사이를 세미콜론(;)으로 나누고 있다. 이는 문법적인 구분이라기보다는 내용적인 구분으로, 앞에 있는 두 개의 by 부사구와 뒤에 있는 두 개의 by 부사구의 행동 주체나 그 근거가 확연히 구별된다는 것을 의미한다. 앞 두 by 부사구에서 말하는 근거가 신자들이라면, 뒤 두 by 부사구의 그 근거는 유혹과 하나님이다. 이러한 차원에서 여기에 사용된 세미콜론은 그 의도를 살려 '~뿐만 아니라'로 해석해 주는 것이 좋을 듯하다.

- **by some sudden or vehement temptation** 약간의 갑작스럽고 격렬한 유혹에 의해서

- **by God's withdrawing the light of His countenance** '하나님께서 자신의 얼굴의 빛을 가리심으로써'인데, 여기서 God's는 동명사인 withdrawing의 의미상 주어로 사용되었다.

- **(by God's) suffering A to B** '(하나님께서) A가 B하는 것을 묵인하심으로써' (참고로 suffer는 부정문과 의문문에서는 '참다'의 뜻이다.)

- **even such as fear Him** '하나님을 두려워하는 그런 자들일지라도'로, as는 such를 선행사로 받는 주격 관계대명사이며, fear를 통해 복수의 사람들을 말하고 있다는 것을 알 수 있다.

- **(by God's) suffering even such as fear Him to walk in darkness and to have no light** 하나님을 두려워하는 자들이 어둠 속에서 걷고, 빛을 갖지 않은 것을 하나님께서 묵인하심으로써

- 참 신자들은 그들의 구원의 확신을 흔들리고, 줄어들고, 일시 중단되는 다양한 양식들이 되게 하기도 하는데, 이는 그것을 보존할 때 태만에 의해서, 양심에 상처를 주고 성령을 슬프게 하는 약간 특별한 죄에 빠짐으로써만이 아니라, 약간의 갑작스럽고 격렬한 유혹에 의해서, 하나님께서 자신의 얼굴의 빛을 가리시고, 심지어 하나님을 두려워하는 그런 자들일지라도 어둠 속에 걷고, 빛을 갖지 못하는 것을 묵인하심으로써 그렇다.

2. yet are they never so utterly destitute of that seed of God, and life of

faith, that love of Christ and the brethren, that sincerity of heart, and conscience of duty, out of which, by the operation of the Spirit, this assurance may, in due time, be revived; and by the which, in the mean time, they are supported from utter despair.

- be destitute of ~이 결핍되다.

- they never so utterly destitute of~ '~이 그렇게 완전히 결핍되지는 않는다'는 말은 어느 정도는 결핍된 상태가 될 수도 있다는 뜻이기도 하다. 이를 또한 역으로 이해하면 비록 어느 정도는 결핍되기도 하지만 완전히 그렇게 되는 것은 아니라는 것을 부각하는 표현으로도 볼 수 있다.

- that seed of God 그 하나님의 씨

- life of faith 믿음의 삶

- that love of Christ and the brethren 그리스도와 형제간의 그 사랑

- that sincerity of heart 심정의 진정성

- conscience of duty 의무에 대한 양심

- out of which '그것들로부터'로 관계대명사 which는 that seed of God, and life of faith, that love of Christ and the brethren, that sincerity of heart, and conscience of duty 전체를 선행사로 받는다.

- by the operation of the Spirit 그 영의 작용에 의해서

- in due time 정한 때에

- this assurance may, in due time, be revived. 이 확신은 정한 때에 다시 살아나기도 한다.

- by the which '바로 그것에 의해서'로 여기서 the which는 바로 앞에서 설명한 '다시 회복되고 살아나는 확신'을 말한다.

- in the mean time 그동안에

- they are supported from utter despair from utter despair는 '완전한 절망으로부터'인데, 이 말을 그들이 완전한 절망에 의해서(by utter despair) 지지받는다고 이해해서는 안 된다. 이 표현은 그들이 완전한 절망의 그 상태에서 도움과 지지를 받는다는 뜻이다.

- 그럼에도 불구하고 그들은 결코 하나님의 그 씨와 믿음의 삶과 그리스도와 형제간의 그 사랑과 심정의 진정성 그리고 의무에 대한 양심이 완전히 결핍되지는 않는데, 그것들로부터, 그 영의 작용에 의해서, 이 확신은 정한 때에 다시 살아나기도 하고, 바로 그것들에 의해서 그 동안에 그들은 완전한 절망으로부터 지지를 받는다.

<원문으로 요약하고 성경으로 해설하기>

1. 중생하지 않은 사람들 중에 위선자들을 포함한 많은 이들이 하나님의 은총 아래 있고, 구원의 상태에 있다는 거짓된 소망이나 세속적인 추정으로 자신들을 헛되이 속이기도 한다.

   "하나님을 잊어버리는 자의 길은 다 이와 같고 저속한 자의 희망은 무너지리니 그가 믿는 것이 끊어지고 그가 의지하는 것이 거미줄 같은즉"(욥8:13,14)

   "이 저주의 말을 듣고도 심중에 스스로 복을 빌어 이르기를 내가 내 마음이 완악하여 젖은 것과 마른 것이 멸망할지라도 내게는 평안이 있으리라 할까 함이라"(신29:19)

2. 위선자들을 포함한 중생하지 않은 자들의 소망은 헛되며, 결국 무너져 내릴 것이다.

   "그 날에 많은 사람이 나더러 이르되 주여 주여 우리가 주의 이름으로 선지자 노릇 하며 주의 이름으로 귀신을 쫓아 내며 주의 이름으로 많은 권능을 행하지 아니하였나이까 하리니 그 때에 내가 그들에게 밝히 말하되 내가 너희를 도무지 알지 못하니 불법을 행하는 자들아 내게서 떠나가라 하리라"(마7:22,23)

3. 참으로 주 예수를 믿고 진정으로 그를 사랑하는 신자들은 언제나 그리스도 앞에서 선한 양심으로 살고자 노력하는 자신들의 모습을 볼 때 자신들이 은혜의 상태에 있다는 것을 분명히 확신할 수 있게 된다.

   "우리가 그의 계명을 지키면 이로써 우리가 그를 아는 줄로 알 것이요"(요일2:3)

   "우리는 형제를 사랑함으로 사망에서 옮겨 생명으로 들어간 줄을 알거니와 사랑하지 아니하는 자는 사망에 머물러 있느니라"(요일3:14)

"자녀들아 우리가 말과 혀로만 사랑하지 말고 행함과 진실함으로 하자 이로써 우리가 진리에 속한 줄을 알고 또 우리 마음을 주 앞에서 굳세게 하리니 이는 우리 마음이 혹 우리를 책망할 일이 있어도 하나님은 우리 마음보다 크시고 모든 것을 아시기 때문이라 사랑하는 자들아 만일 우리 마음이 우리를 책망할 것이 없으면 하나님 앞에서 담대함을 얻고"(요일 3:18-21)

"그의 계명을 지키는 자는 주 안에 거하고 주는 그의 안에 거하시나니 우리에게 주신 성령으로 말미암아 그가 우리 안에 거하시는 줄을 우리가 아느니라"(요일3:24)

"하나님을 사랑하는 것은 이것이니 우리가 그의 계명들을 지키는 것이라 그의 계명들은 무거운 것이 아니로다"(요일5:13)

4. 참으로 주 예수를 믿고 진정으로 그를 사랑하는 신자들은 언제나 그리스도 앞에서 선한 양심으로 살고자 노력하는 자신들의 모습을 볼 때 하나님의 영광의 소망 안에서 즐거워하며, 이 소망을 결코 부끄러워하지 않는다.

"또한 그로 말미암아 우리가 믿음으로 서 있는 이 은혜에 들어감을 얻었으며 하나님의 영광을 바라고 즐거워하느니라"(롬5:2)

"소망이 우리를 부끄럽게 하지 아니함은 우리에게 주신 성령으로 말미암아 하나님의 사랑이 우리 마음에 부은 바 됨이니"(롬5:5)

5. 참으로 주 예수를 믿고 진정으로 그를 사랑하는 신자들이 소유한 이 소망의 확실성은 오류가 있을 수밖에 없는 어떤 희망에 근거한 추측이나 텅 빈 신념이 아니다.

"우리가 간절히 원하는 것은 너희 각 사람이 동일한 부지런함을 나타내어 끝까지 소망의 풍성함에 이르러"(히6:11)

"우리가 이 소망을 가지고 있는 것은 영혼의 닻 같아서 튼튼하고 견고하여 휘장 안에 들어가나니"(히6:19)

6. 참으로 주 예수를 믿고 진정으로 그를 사랑하는 신자들이 소유한 이 소망의 확실성은 구원의 약속들에 대한 신적 진리에 기초한 것이기에 믿음에 관해 오류

가 있을 수 없는 확신이다.

"하나님은 약속을 기업으로 받는 자들에게 그 뜻이 변하지 아니함을 충분히 나타내시려고 그 일을 맹세로 보증하셨나니 이는 하나님이 거짓말을 하실 수 없는 이 두 가지 변하지 못할 사실로 말미암아 앞에 있는 소망을 얻으려고 피난처를 찾은 우리에게 큰 안위를 받게 하려 하심이라"(히6:17,18)

7. 참으로 주 예수를 믿고 진정으로 그를 사랑하는 신자들이 소유한 이 소망의 확실성은 구원의 약속들이 맺어진 그 은혜들의 내적 증거들에 기초한 것이기에 믿음에 관해 오류가 있을 수 없는 확신이다.

"이로써 그 보배롭고 지극히 큰 약속을 우리에게 주사 이 약속으로 말미암아 너희가 정욕 때문에 세상에서 썩어질 것을 피하여 신성한 성품에 참여하는 자가 되게 하려 하셨느니라 그러므로 너희가 더욱 힘써 너희 믿음에 덕을, 덕에 지식을, 지식에 절제를, 절제에 인내를, 인내에 경건을, 경건에 형제 우애를, 형제 우애에 사랑을 더하라 이런 것이 너희에게 있어 흡족한즉 너희로 우리 주 예수 그리스도를 알기에 게으르지 않고 열매 없는 자가 되지 않게 하려니와 이런 것이 없는 자는 맹인이라 멀리 보지 못하고 그의 옛 죄가 깨끗하게 된 것을 잊었느니라 그러므로 형제들아 더욱 힘써 너희 부르심과 택하심을 굳게 하라 너희가 이것을 행한즉 언제든지 실족하지 아니하리라 이같이 하면 우리 주 곧 구주 예수 그리스도의 영원한 나라에 들어감을 넉넉히 너희에게 주시리라"(벧후1:4-11)

"우리가 그의 계명을 지키면 이로써 우리가 그를 아는 줄로 알 것이요"(요일2:3) "우리는 형제를 사랑함으로 사망에서 옮겨 생명으로 들어간 줄을 알거니와 사랑하지 아니하는 자는 사망에 머물러 있느니라"(요일3:14)

"우리가 세상에서 특별히 너희에 대하여 하나님의 거룩함과 진실함으로 행하되 육체의 지혜로 하지 아니하고 하나님의 은혜로 행함은 우리 양심이 증언하는 바니 이것이 우리의 자랑이라"(고후1:12)

8. 참으로 주 예수를 믿고 진정으로 그를 사랑하는 신자들이 소유한 이 소망의 확실성은 우리가 하나님의 자녀들이라는 것을 증언하는 양자 삼음의 영의 증거에 기초하기에 믿음에 관해 오류가 있을 수 없는 확신이다.

"너희는 다시 무서워하는 종의 영을 받지 아니하고 양자의 영을 받았으므로 우리가 아빠 아버지라고 부르짖느니라 성령이 친히 우리의 영과 더불어 우리가 하나님의 자녀인 것을

증언하시나니"(롬8:15,16)

"너희가 아들이므로 하나님이 그 아들의 영을 우리 마음 가운데 보내사 아빠 아버지라 부르게 하셨느니라"(갈4:6)

9. 참으로 주 예수를 믿고 진정으로 그를 사랑하는 신자들이 소유한 소망의 확실성의 기초가 되는 양자 삼음의 영은 신자들이 받는 유업 중 가장 중대한 것이며, 그것에 의해 신자들은 구속의 날까지 인침을 받는다.
"그 안에서 너희도 진리의 말씀 곧 너희의 구원의 복음을 듣고 그 안에서 또한 믿어 약속의 성령으로 인치심을 받았으니 이는 우리 기업의 보증이 되사 그 얻으신 것을 속량하시고 그의 영광을 찬송하게 하려 하심이라"(엡1:13,14)

"하나님의 성령을 근심하게 하지 말라 그 안에서 너희가 구원의 날까지 인치심을 받았느니라"(엡4:30)

"우리를 너희와 함께 그리스도 안에서 굳건하게 하시고 우리에게 기름을 부으신 이는 하나님이시니 그가 또한 우리에게 인치시고 보증으로 우리 마음에 성령을 주셨느니라"(고후1:21,22)

10. 구원의 확신이 그 자체로 믿음의 본질은 아니다. 다시 말해 구원의 확신이 구원을 받게 되는 필수 조건도 아닐뿐더러 구원을 받았다는 증표나 보증도 아니라는 것이다. 그럼에도 불구하고 참 신자에게 이 확신은 오랜 시간 부단한 노력을 통해서라도 꼭 얻어내야 할 만큼 그 가치가 결코 낮게 평가되어서는 안 된다.
"내가 하나님의 아들의 이름을 믿는 너희에게 이것을 쓰는 것은 너희로 하여금 너희에게 영생이 있음을 알게 하려 함이라"(요일5:13)

"너희 중에 여호와를 경외하며 그의 종의 목소리를 청종하는 자가 누구냐 흑암 중에 행하여 빛이 없는 자라도 여호와의 이름을 의뢰하며 자기 하나님께 의지할지어다"(사50:10)

"곧 그 아이의 아버지가 소리를 질러 이르되 내가 믿나이다 나의 믿음 없는 것을 도와 주소서 하더라"(막9:24)

11. 참 신자는 하나님께서 성령님으로 그에게 값없이 주시는 것들을 알 수 있는 능력을 가지게 된다. 이러한 이유로 통상적인 수단들을 바르게 사용한다면 비상한 계시 없이도 구원의 확신에 이를 수 있다.

"우리가 세상의 영을 받지 아니하고 오직 하나님으로부터 온 영을 받았으니 이는 우리로 하여금 하나님께서 우리에게 은혜로 주신 것들을 알게 하려 하심이라"(고전2:12)

"그의 성령을 우리에게 주시므로 우리가 그 안에 거하고 그가 우리 안에 거하시는 줄을 아느니라"(요일4:13)

"우리가 간절히 원하는 것은 너희 각 사람이 동일한 부지런함을 나타내어 끝까지 소망의 풍성함에 이르러 게으르지 아니하고 믿음과 오래 참음으로 말미암아 약속들을 기업으로 받는 자들을 본받는 자 되게 하려는 것이니라"(히6:11,12)

"믿음으로 말미암아 그리스도께서 너희 마음에 계시게 하시옵고 너희가 사랑 가운데서 뿌리가 박히고 터가 굳어져서 능히 모든 성도와 함께 지식에 넘치는 그리스도의 사랑을 알고 그 너비와 길이와 높이와 깊이가 어떠함을 깨달아 하나님의 모든 충만하신 것으로 너희에게 충만하게 하시기를 구하노라"(엡3:17-19)

12. 모든 신자는 부르심과 선택을 확신하기 위해 최선의 노력을 해야 할 의무가 있다.

"그러므로 형제들아 더욱 힘써 너희 부르심과 택하심을 굳게 하라 너희가 이것을 행한즉 언제든지 실족하지 아니하리라"(벧후1:10)

13. 구원의 확신에 의해 신자들의 심정은 성령님 안에서 평화와 기쁨으로 더 커지기도 한다.

"그러므로 우리가 믿음으로 의롭다 하심을 받았으니 우리 주 예수 그리스도로 말미암아 하나님과 화평을 누리자 또한 그로 말미암아 우리가 믿음으로 서 있는 이 은혜에 들어감을 얻었으며 하나님의 영광을 바라고 즐거워하느니라"(롬5:1,2)

"하나님의 나라는 먹는 것과 마시는 것이 아니요 오직 성령 안에 있는 의와 평강과 희락이라"(롬14:17)

"소망의 하나님이 모든 기쁨과 평강을 믿음 안에서 너희에게 충만하게 하사 성령의 능력으로 소망이 넘치게 하시기를 원하노라"(롬15:13)

14. 구원의 확신에 의해 신자들의 심정은 하나님에 대한 사랑과 감사로 더 넓어지기도 한다.

"소망이 우리를 부끄럽게 하지 아니함은 우리에게 주신 성령으로 말미암아 하나님의 사랑이 우리 마음에 부은 바 됨이니"(롬5:5)

"찬송하리로다 하나님 곧 우리 주 예수 그리스도의 아버지께서 그리스도 안에서 하늘에 속한 모든 신령한 복을 우리에게 주시되 곧 창세 전에 그리스도 안에서 우리를 택하사 우리로 사랑 안에서 그 앞에 거룩하고 흠이 없게 하시려고"(엡1:3,4)

15. 구원의 확신에 의해 신자들의 심정은 이 확신의 열매들인 순종의 의무 안에서 더욱 힘차고 활기차게 된다.

"주께서 내 마음을 넓히시면 내가 주의 계명들의 길로 달려가리이다"(시119:32)

16. 은혜와 구원에 관한 올바른 확신은 결코 신자들을 나태하게 만들지 않고 더욱 적극적으로 죄를 피하도록 한다.

"나의 자녀들아 내가 이것을 너희에게 씀은 너희로 죄를 범하지 않게 하려 함이라 만일 누가 죄를 범하여도 아버지 앞에서 우리에게 대언자가 있으니 곧 의로우신 예수 그리스도시라 그는 우리 죄를 위한 화목제물이니 우리만 위할 뿐 아니요 온 세상의 죄를 위하심이라"(요일2:1,2)

"그런즉 우리가 무슨 말을 하리요 은혜를 더하게 하려고 죄에 거하겠느냐 그럴 수 없느니라 죄에 대하여 죽은 우리가 어찌 그 가운데 더 살리요"(롬6:1,2)

17. 은혜와 구원에 관한 올바른 확신은 결코 신자들을 나태하게 만들지 않고 더욱 의롭고 경건하게 살면서 자신을 정결하게 관리하게 한다.

"모든 사람에게 구원을 주시는 하나님의 은혜가 나타나 우리를 양육하시되 경건하지 않은 것과 이 세상 정욕을 다 버리고 신중함과 의로움과 경건함으로 이 세상에 살고 복스러운 소망과 우리의 크신 하나님 구주 예수 그리스도의 영광이 나타나심을 기다리게 하셨으니 그가 우리를 대신하여 자신을 주심은 모든 불법에서 우리를 속량하시고 우리를 깨끗하게 하사 선한 일을 열심히 하는 자기 백성이 되게 하려 하심이라"(딛2:11-14)

"그런즉 사랑하는 자들아 이 약속을 가진 우리는 하나님을 두려워하는 가운데서 거룩함을 온전히 이루어 육과 영의 온갖 더러운 것에서 자신을 깨끗하게 하자"(고후7:1)

"그러므로 형제들아 우리가 빚진 자로되 육신에게 져서 육신대로 살 것이 아니니라"(롬 8:12)

18. 은혜와 구원에 관한 올바른 확신은 결코 신자들을 나태하게 만들지 않고 하나 님을 더욱 경외하게 할 뿐 아니라, 하나님과 친밀한 사귐이 있게 한다.
    "그러나 사유하심이 주께 있음은 주를 경외하게 하심이니이다"(시130:4)

    "만일 우리가 하나님과 사귐이 있다 하고 어둠에 행하면 거짓말을 하고 진리를 행하지 아 니함이거니와 그가 빛 가운데 계신 것 같이 우리도 빛 가운데 행하면 우리가 서로 사귐이 있고 그 아들 예수의 피가 우리를 모든 죄에서 깨끗하게 하실 것이요"(요일1:6,7)

19. 참 신자들도 양심에 상처를 주고 성령을 슬프게 하는 특별한 죄에 빠짐으로써 구원의 확신은 흔들리고, 줄어들 뿐 아니라, 일시 중단되기도 한다.
    "내게 즐겁고 기쁜 소리를 들려 주시사 주께서 꺾으신 뼈들도 즐거워하게 하소서"(시51:8)

    "주의 구원의 즐거움을 내게 회복시켜 주시고 자원하는 심령을 주사 나를 붙드소서"(시 51:12)

    "하나님이여 나의 구원의 하나님이여 피 흘린 죄에서 나를 건지소서 내 혀가 주의 의를 높 이 노래하리이다"(시51:14)

20. 참 신자들도 구원의 확신을 순순하게 보존하려는 노력을 게을리하고 오히려 성령을 근심하게 하면 구원의 확신은 흔들리고, 줄어들 뿐 아니라, 일시 중단되 기도 한다.
    "하나님의 성령을 근심하게 하지 말라 그 안에서 너희가 구원의 날까지 인치심을 받았느 니라 너희는 모든 악독과 노함과 분냄과 떠드는 것과 비방하는 것을 모든 악의와 함께 버

리고"(엡4:30,31)

21. 참 신자들도 하나님께서 자신의 얼굴의 빛을 그들에게 가리시고 그들이 어둠 속에서 걷고 빛을 갖지 못하는 상황에 있는 것을 묵인하실 때 구원의 확신은 흔들리고, 줄어들 뿐 아니라, 일시 중단되기도 한다.

"내가 내 음성으로 하나님께 부르짖으리니 내 음성으로 하나님께 부르짖으면 내게 귀를 기울이시리로다 나의 환난 날에 내가 주를 찾았으며 밤에는 내 손을 들고 거두지 아니하였나니 내 영혼이 위로 받기를 거절하였도다 내가 하나님을 기억하고 불안하여 근심하니 내 심령이 상하도다 (셀라) 주께서 내가 눈을 붙이지 못하게 하시니 내가 괴로워 말할 수 없나이다 내가 옛날 곧 지나간 세월을 생각하였사오며 밤에 부른 노래를 내가 기억하여 내 심령으로, 내가 내 마음으로 간구하기를 주께서 영원히 버리실까, 다시는 은혜를 베풀지 아니하실까, 그의 인자하심은 영원히 끝났는가, 그의 약속하심도 영구히 폐하였는가, 하나님이 그가 베푸실 은혜를 잊으셨는가, 노하심으로 그가 베푸실 긍휼을 그치셨는가 하였나이다 (셀라)"(시77:1-10)

"내가 놀라서 말하기를 주의 목전에서 끊어졌다 하였사오나 내가 주께 부르짖을 때에 주께서 나의 간구하는 소리를 들으셨나이다"(시31:22)

"너희 중에 여호와를 경외하며 그의 종의 목소리를 청종하는 자가 누구냐 흑암 중에 행하여 빛이 없는 자라도 여호와의 이름을 의뢰하며 자기 하나님께 의지할지어다"(사50:10)

22. 참 신자들도 갑작스럽고 격렬한 유혹에 의해 죄에 빠짐으로써 구원의 확신은 흔들리고, 줄어들 뿐 아니라, 일시 중단되기도 한다.

"베드로가 바깥 뜰에 앉았더니 한 여종이 나아와 이르되 너도 갈릴리 사람 예수와 함께 있었도다 하거늘 베드로가 모든 사람 앞에서 부인하여 이르되 나는 네가 무슨 말을 하는지 알지 못하겠노라 하며 앞문까지 나아가니 다른 여종이 그를 보고 거기 있는 사람들에게 말하되 이 사람은 나사렛 예수와 함께 있었도다 하매 베드로가 맹세하고 또 부인하여 이르되 나는 그 사람을 알지 못하노라 하더라"(마26:69-72)

23. 참 신자는 비록 구원의 확신이 잠시 흔들릴 수는 있으나, 그 속에서 하나님의 씨가 완전히 사라지지는 않는다.

"하나님께로부터 난 자마다 죄를 짓지 아니하나니 이는 하나님의 씨가 그의 속에 거함이

요 그도 범죄하지 못하는 것은 하나님께로부터 났음이라"(요일3:9)

24. 참 신자는 비록 구원의 확신이 잠시 흔들릴 수는 있으나, 하나님께로부터 선물로 받은 믿음은 결코 사라지지 않는다.

"그러나 내가 너를 위하여 네 믿음이 떨어지지 않기를 기도하였노니 너는 돌이킨 후에 네 형제를 굳게 하라"(눅22:32)

25. 참 신자는 비록 구원의 확신이 잠시 흔들릴 수는 있으나, 신자로서 하나님 앞에서 수행해야 할 의무에 대한 양심은 결코 사라지지 않는다.

"그가 나를 죽이시리니 내가 희망이 없노라 그러나 그의 앞에서 내 행위를 아뢰리라"(욥13:15)

26. 참 신자는 비록 구원의 확신이 잠시 흔들릴 수는 있으나, 이 구원의 확신은 신자 속에서 역사하시는 성령의 작용에 의해 정한 때에 다시 살아나기도 한다.

"내게 즐겁고 기쁜 소리를 들려 주시사 주께서 꺾으신 뼈들도 즐거워하게 하소서 주의 얼굴을 내 죄에서 돌이키시고 내 모든 죄악을 지워 주소서 하나님이여 내 속에 정한 마음을 창조하시고 내 안에 정직한 영을 새롭게 하소서 나를 주 앞에서 쫓아내지 마시며 주의 성령을 내게서 거두지 마소서 주의 구원의 즐거움을 내게 회복시켜 주시고 자원하는 심령을 주사 나를 붙드소서"(시51:8,12)

27. 참 신자는 비록 구원의 확신이 잠시 흔들릴 수는 있으나, 그 어떠한 순간에도 하나님과의 사랑의 관계는 결코 변함이 없다.

"보라 주 여호와께서 나를 도우시리니 나를 정죄할 자 누구냐 보라 그들은 다 옷과 같이 해어지며 좀이 그들을 먹으리라"(사50:10)

28. 참 신자는 비록 구원의 확신이 잠시 흔들릴 수는 있으나, 하나님께서 그와 맺으신 언약은 결코 변함이 없다.

"내가 그들에게 복을 주기 위하여 그들을 떠나지 아니하리라 하는 영원한 언약을 그들에게 세우고 나를 경외함을 그들의 마음에 두어 나를 떠나지 않게 하고"(렘32:40)

"내가 잠시 너를 버렸으나 큰 긍휼로 너를 모을 것이요 내가 넘치는 진노로 내 얼굴을 네게서 잠시 가렸으나 영원한 자비로 너를 긍휼히 여기리라 네 구속자 여호와께서 말씀하셨느니라 이는 내게 노아의 홍수와 같도다 내가 다시는 노아의 홍수로 땅 위에 범람하지 못하게 하리라 맹세한 것 같이 내가 네게 노하지 아니하며 너를 책망하지 아니하기로 맹세하였노니 산들이 떠나며 언덕들은 옮겨질지라도 나의 자비는 네게서 떠나지 아니하며 나의 화평의 언약은 흔들리지 아니하리라 너를 긍휼히 여기시는 여호와께서 말씀하셨느니라"(사54:7-9)